中国社会科学院2000年度重大A类科研课题暨2001年度国家社科基金项目，得到中国社会科学院文库出版资助。

中国社会科学院文库
历史考古研究系列
The Selected Works of CASS
History and Archaeology

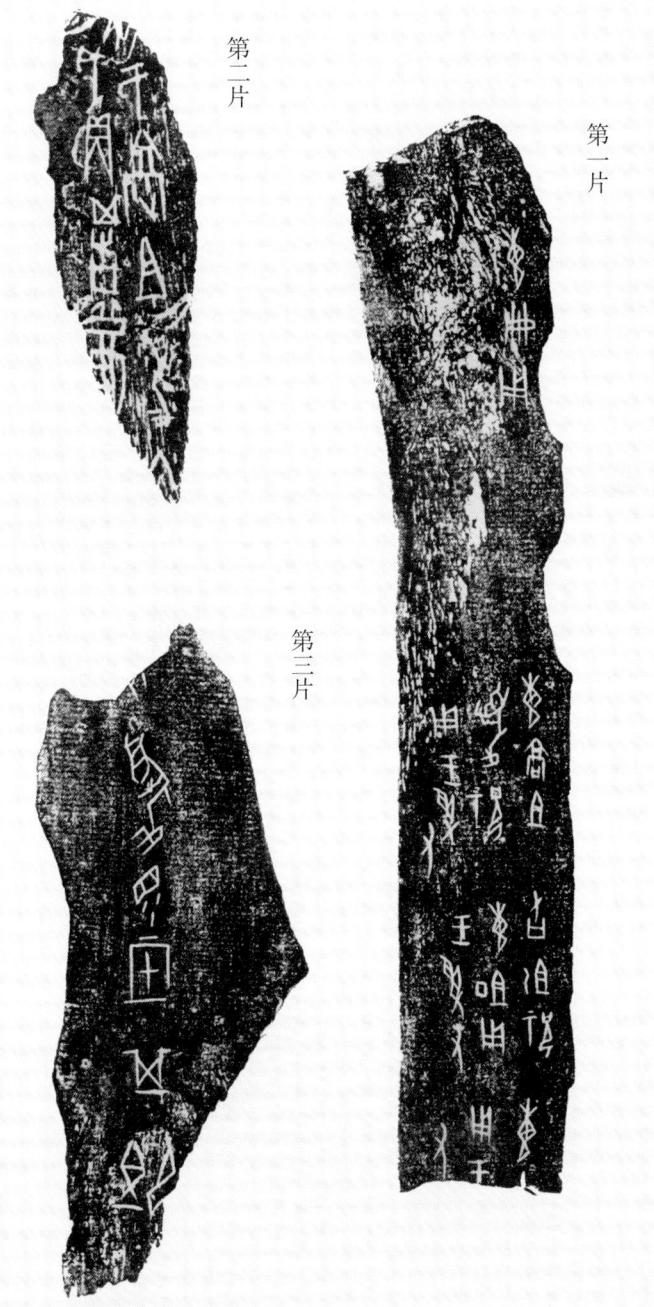

彩图1　高祖夒

合集34293

合集34294

合集34289

彩图2　王亥

彩图3 河北磁县界段营遗址先商文化陶鬲

彩图4 河北磁县下七垣遗址先商陶鬲-1

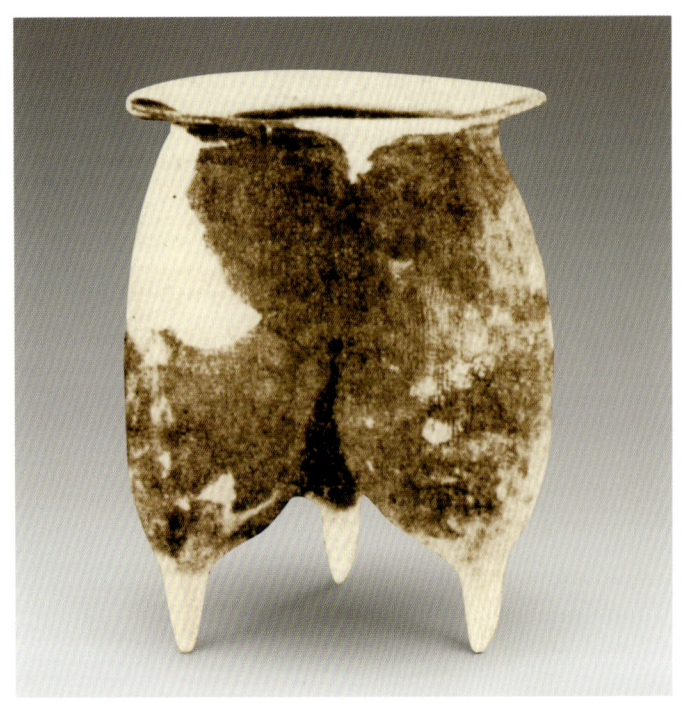

彩图5 河北磁县下七垣遗址先商陶鬲-2

深腹罐（H09∶7）  卵形瓮（H02∶5）

彩图6 河北邢台葛家庄出土先商文化陶器

彩图7 河南杞县鹿台岗遗址先商文化陶鬲

卜骨（H9∶33）

陶橄榄形罐（H39∶8）

彩图8 河南杞县鹿台岗遗址先商文化器物

彩图9 河南杞县鹿台岗遗址先商文化大口尊

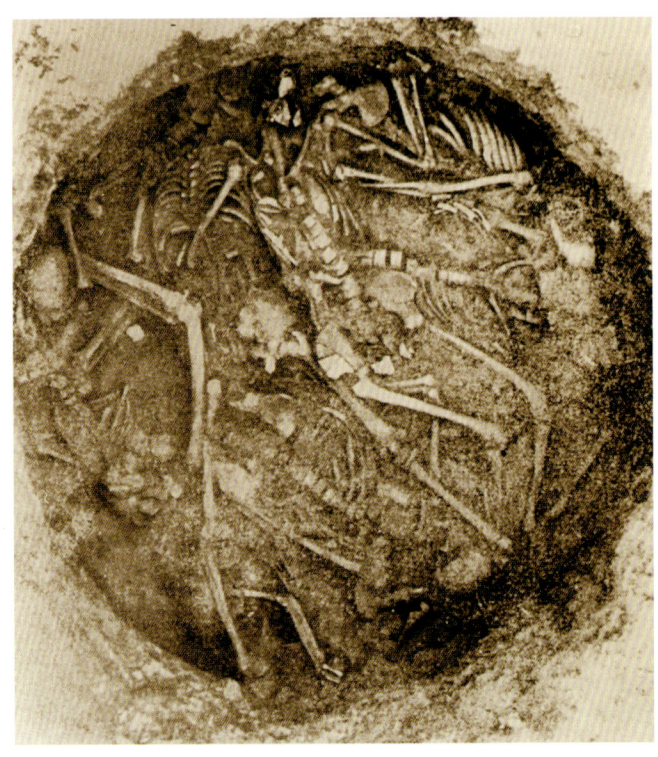

彩图10 河北邯郸涧沟龙山文化丛葬坑(H18)

T39（6B）2出土情况

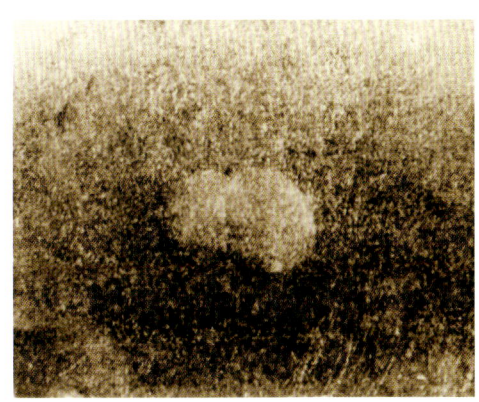
T39（6B）3出土情况

T39（6B）3

T39（6B）2

T39（6B）3

H13（4B）120

彩图11　河北邯郸涧沟龙山文化有刀割痕的人头骨

彩图12　山东莒县陵阳河遗址出土大汶口文化刻符陶尊

中国社会科学院创新工程学术出版资助项目

中国社会科学院文库 · 历史考古研究系列
The Selected Works of CASS · History and Archaeology

商代史 · 卷三

商族起源与先商社会变迁

THE ORIGIN OF SHANG TRIBE AND SOCIAL CHANGES IN PRE-SHANG PERIOD

宋镇豪 主编　王震中 著

中国社会科学出版社

图书在版编目（CIP）数据

商族起源与先商社会变迁/王震中著．—北京：中国社会科学出版社，2010.11（2014.12 重印）

（商代史·卷三）

ISBN 978-7-5004-8927-6

Ⅰ.①商… Ⅱ.①王… Ⅲ.①商文化（考古学）—研究 Ⅳ.①K871.34

中国版本图书馆 CIP 数据核字（2010）第 137327 号

出 版 人	赵剑英
责任编辑	黄燕生
特邀编辑	张　翀
责任校对	李　莉
技术编辑	戴　宽

出　版	中国社会科学出版社
社　址	北京鼓楼西大街甲 158 号（邮编 100720）
网　址	http://www.csspw.cn
	中文域名：中国社科网　01064070619
发行部	010—84083685
门市部	010—84029450
经　销	新华书店及其他书店
印　刷	北京君升印刷有限公司
装　订	廊坊市广阳区广增装订厂
版　次	2010 年 11 月第 1 版
印　次	2014 年 12 月第 2 次印刷
开　本	710×1000　1/16
印　张	12.25
字　数	190 千字
定　价	26.00 元

凡购买中国社会科学出版社图书，如有质量问题请与本社联系调换
电话：010—64009791

版权所有　侵权必究

《中国社会科学院文库》出版说明

《中国社会科学院文库》（全称为《中国社会科学院重点研究课题成果文库》）是中国社会科学院组织出版的系列学术丛书。组织出版《中国社会科学院文库》，是我院进一步加强课题成果管理和学术成果出版的规范化、制度化建设的重要举措。

建院以来，我院广大科研人员坚持以马克思主义为指导，在中国特色社会主义理论和实践的双重探索中做出了重要贡献，在推进马克思主义理论创新、为建设中国特色社会主义提供智力支持和各学科基础建设方面，推出了大量的研究成果，其中每年完成的专著类成果就有三四百种之多。从现在起，我们经过一定的鉴定、结项、评审程序，逐年从中选出一批通过各类别课题研究工作而完成的具有较高学术水平和一定代表性的著作，编入《中国社会科学院文库》集中出版。我们希望这能够从一个侧面展示我院整体科研状况和学术成就，同时为优秀学术成果的面世创造更好的条件。

《中国社会科学院文库》分设马克思主义研究、文学语言研究、历史考古研究、哲学宗教研究、经济研究、法学社会学研究、国际问题研究七个系列，选收范围包括专著、研究报告集、学术资料、古籍整理、译著、工具书等。

中国社会科学院科研局

2006 年 11 月

目 录

绪论 …………………………………………………………………………… (1)

第一章　商族的起源 …………………………………………………… (7)
第一节　商族的发祥："契封商"与"契居蕃" ………………………… (7)
第二节　帝喾并非商之始祖 …………………………………………… (12)
第三节　有娀氏、高辛氏与商族缘起 ………………………………… (17)

第二章　商族的早期迁徙 ……………………………………………… (26)
第一节　昭明居砥石与迁商 …………………………………………… (26)
第二节　相土居"商丘" ………………………………………………… (30)
第三节　王亥迁殷与上甲微居邺 ……………………………………… (32)
第四节　河伯和有易氏的居地及其与商之关系 …………………… (33)
第五节　八迁的范围不出冀南与豫北地区 ………………………… (37)

第三章　商汤灭夏前的亳邑 …………………………………………… (40)
第一节　汤居亳诸说之辨析 …………………………………………… (40)
第二节　甲骨文亳邑与郼亳 …………………………………………… (61)

第四章　先商的文化与年代 …………………………………………… (100)
第一节　关于先商文化的探讨 ………………………………………… (100)
第二节　先商文化与商先公先王的时段对应关系 ………………… (122)

第五章　先商社会形态的演进 ………………………………………… (148)
第一节　商契至王亥时期的中心聚落形态 ………………………… (148)

第二节　上甲微至成汤时期的邦国形态 …………………………（164）

第三节　成汤时期由邦国向王国的转变 …………………………（172）

后　记 ………………………………………………………………（181）

彩图目录

彩图 1　甲骨文中的高祖夒(采自《殷契粹编》)
彩图 2　甲骨文中的王亥(采自《甲骨文合集》)
彩图 3　河北磁县界段营遗址先商文化陶鬲(采自《考古》1974 年第 6 期)
彩图 4　河北磁县下七垣遗址先商陶鬲—1(采自《考古学报》1979 年第 2 期)
彩图 5　河北磁县下七垣遗址先商陶鬲—2(采自《考古学报》1979 年第 2 期)
彩图 6　河北邢台葛家庄出土先商文化陶器(采自《三代文明研究》)
彩图 7　河南杞县鹿台岗遗址先商文化陶鬲(采自《豫东杞县发掘报告》)
彩图 8　河南杞县鹿台岗遗址先商文化器物(采自《豫东杞县发掘报告》)
彩图 9　河南杞县鹿台岗遗址先商文化大口尊(采自《豫东杞县发掘报告》)
彩图 10　河北邯郸涧沟龙山文化丛葬坑(H18)(采自邹衡《夏商周考古学论文集》)
彩图 11　河北邯郸涧沟龙山文化有刀割痕的人头骨(采自邹衡《夏商周考古学论文集》)
彩图 12　山东莒县陵阳河遗址出土大汶口文化刻符陶尊(采自《文物中国史·史前时代》)

插图目录

图 1—1　甲骨文中的"夒"及"高祖夒"(采自《殷契粹编》)……………(14)
图 2—1　先商迁徙与商代迁都示意图 ……………………………………(39)
图 3—1　甲骨文"商"与"亳"之关系(采自《甲骨文合集》)………………(62)
图 3—2　甲骨文"丘商"、"兹商"等卜辞(采自《甲骨文合集》)……………(70)
图 3—3　《小臣艅犀尊》铭文(采自《殷周金文集成》)……………………(74)
图 3—4　卜辞与《禹贡》"大河示意图"(采自刘起釪《古史续辨》)………(92)
图 4—1　偃师商城商文化第一期第1段陶器(采自《考古》2000年
　　　　　第7期)………………………………………………………(102)
图 4—2　偃师商城商文化第一期第1段遗物(采自《考古》2000年
　　　　　第7期)………………………………………………………(103)
图 4—3　郑州南关外中、下层出土陶器(采自《中国考古学·
　　　　　夏商卷》)………………………………………………………(105)
图 4—4　郑州化工三厂H1出土岳石—漳河型混合文化陶器
　　　　　(采自宋豫秦《论杞县与郑州新发现的先商文化》)…………(110)
图 4—5　下七垣文化与同时期其他考古学文化分布示意图
　　　　　(采自《中国考古学·夏商卷》)…………………………………(116)
图 4—6　下七垣文化鹿台岗类型(采自《中国考古学·夏商卷》)………(117)
图 4—7　漳河型下七垣文化(采自《中国考古学·夏商卷》)……………(119)
图 4—8　邢台葛家庄早段陶器(采自《三代文明研究(一)》)……………(120)
图 4—9　邢台葛家庄晚段陶器(采自《三代文明研究(一)》)……………(121)
图 4—10　新砦期陶器(采自《中国考古学·夏商卷》)……………………(126)
图 4—11　下七垣文化陶器分期图(之一)(采自《中国考古学·
　　　　　夏商卷》)………………………………………………………(137)
图 4—12　下七垣文化陶器分期图(之二)(采自《中国考古学·

夏商卷》）……………………………………………………………（138）
图 4—13　漳河型下七垣文化与河北龙山文化涧沟型陶器
　　　　　比较图（采自邹衡《夏商周考古学论文集》）……………（142）
图 5—1　甲骨文中从"隹"和从"鸟"的王亥（采自《甲骨文》………（163）
图 5—2　含有"上甲六示"直系先王祭祀卜辞（采自《甲骨文合集》）……（167）
图 5—3　"自上甲至于多后"合祭卜辞（采自《甲骨文合集》）………（167）
图 5—4　甲骨文和金文中的"亳"字（采自高明《古文字类编》）………（173）

绪 论

在人类的文明史中,每一古老的文明民族都有自己的史前史,都是用神话传说和英雄般的史诗来描述本族的起源、迁徙、社会变迁,商族的文明序幕也正是这样拉开的。

作为商族文明的序幕,本卷所论述的商族起源、早期迁徙、先商文化以及灭夏之前商族社会形态的演变,这不仅是商族历史文化研究中不可缺少的一环,也是从五帝时代至夏商周三代的中华文明起源研究中的重要组成部分或一个重要侧面。

本卷秉承这样的架构旨趣,既深感其重要,又觉得这是一个高难度的课题。之所以这样说,这是因为本卷所涉及的商族的起源、先商时期的迁徙、考古学上先商文化的探索、先商社会形态的变迁等内容,由于它们每一个都是学术界聚讼纷纭的难题,所以,这里既需要对前人的研究认真地加以梳理、评判和取舍,又要作出属于自己的新研究,其难度应该说是很大的。

虽说难度很大,许多问题一时难以定论,是这一研究领域目前的现状,但也并非不能将问题引向深入、向前推进、并在此基础上逐渐形成某些共识,最后趋于问题的解决。在这里,笔者以为找出解决问题的正确方法和应遵循的途径是至关重要的。这一方法和途径就是将历史文献与甲骨文、考古学以及人类学这四者的结合,但在做这四个方面的结合时,就文献、甲骨文与考古学的结合而言,它要求需对考古和文献本身都有一个梳理,是在系统梳理、系统考虑、系统研究基础上的结合,而不是"贴标签"式的结合和牵强比附;就人类学理论而言,它要求既对国外人类学的理论及其成果进行吸收和借鉴,但又不能停留在简单套用的路数上,而应结合文献和考古学所提供的中国历史的实际情况,进行理论上的创新。

学术贵在创新。说到先商史研究中的理论创新,以往的著述对此是或略的。然而,我们对先商社会形态演进的探讨,实际上就是对商族文明起源的研究，作为文明起源的研究，它既是一个由考古和文献所提供的实证问题亦即考古学的实践问题，也是一个理论问题。在理论方面，以往倚重的是19世纪摩尔根等人的人类学理论，诸如母系氏族—父系氏族社会说、"血婚制—伙婚制—对偶婚制——一夫一妻制"说、"部落联盟"与"军事民主制"说，等等；也受到18世纪的空想社会主义者傅立叶提出的一夫一妻制和土地私有制是文明社会的两大特征这些观点的影响，近十几年来也有学者热衷于套用塞维斯的酋邦理论。其实，酋邦理论本身也在发展变化，就连酋邦的定义、概念，奥博格（K. Oberg）、塞维斯（M. D. Sahlins）、弗兰纳利（K. V. Flannery）、斯图尔特（J. Steward）、皮布尔斯（C. S. Peebles）、卡内罗（R. L. Carneiro）、厄尔（T. K. Earle）、克利斯蒂安森（K. Kristiansen）等学者之间就有差别，酋邦理论之外，与塞维斯齐名并属于同一时代的还有弗里德（Morton H. Fried）的社会分层学说。从考古学所反映的社会复杂化的进程的视角来说，弗里德的社会分层理论更容易与考古学相结合，而且这一理论与马克思、恩格斯的社会分为阶级和阶层的学说十分接近，在这个意义上讲，我国的学术界并不陌生。此外，关于国家产生的途径，恩格斯在《家庭、私有制和国家的起源》中曾提出古希腊人、罗马人和后来的日耳曼人所建立的国家，代表了三种不同的途径和模式，这在我国学术界影响很大，我们以往的研究每每是把恩格斯对古希腊、罗马的论断照搬到中国古代社会上来，岂不知中国古代是不同于古希腊、罗马和日耳曼的，因而我们应学习恩格斯分析问题的方法和实事求是的精神，来研究和发现中国古代国家产生的途径。

摩尔根和塞维斯、弗里德等人的理论，在当时的历史条件下有其巨大的贡献，但也有其局限性，针对这些理论的局限性，笔者于1994年初版的《中国文明起源的比较研究》一书，把聚落考古学与社会形态学相结合，提出了文明起源的聚落形态演进三阶段说，也有学者称之为"中国文明起源途径的聚落'三形态演进'说"①，其后在此基础上，笔者又提出进入阶级社会之后的作为中国古代国家形态演进的"邦国—王国—帝国三个阶段说"②，本

---

① 杨升南、马季凡：《1997年的先秦史研究》，《中国史研究动态》1998年第5期。
② 王震中：《邦国、王国与帝国：先秦国家形态的演进》，《河南大学学报》2003年第4期；王震中：《从邦国到王国再到帝国》，《中国社会科学院古代文明研究中心通讯》第7期（2004年1月），后收入王震中《中国古代文明的探索》，云南人民出版社2005年版。

卷《商族起源与先商社会变迁》在论述先商社会形态的演进时，就是应用"文明起源的聚落形态演进三阶段"说和"国家形态演进的邦国—王国—帝国三阶段"说的理论观点进行的新的探索，只是由于有关先商的考古资料中属于聚落形态的资料并不那么充分，因而限制了研究的进一步深入和展开。

在本书的第一章和第二章，关于商族的发祥、起源和先商时期的八次迁徙问题，面对已有的诸说，本书的切入点，一是认为"契封于商"之商与"契居蕃"之蕃，是一地两名，而"蕃"为战国时的番吾，在今河北省磁县境，这样，最早的"商"与"蕃"即可与此地的古漳河实即"商河"相联系。二是提出帝喾并非商之始祖，商的始祖及商族的形成始自契，契之前的有娀氏简狄，只是商族形成之前的母方支系，它属于构成商族的来源之一，而帝喾则属于商族的上帝之神被人格化、伦理化的结果，因而，以往研究中所依据那些或与帝喾有关或与简狄有关的材料，也就需要重新进行分析。

在先商时期的八次迁徙问题上，本书是对孔颖达、梁玉绳、王国维、丁山、岑仲勉以来研究的得失进行梳理、取舍和补充的基础上得出结论的，其结论是：以商契为标志的商族发祥于冀南的古漳水流域，商契之后，昭明所迁之砥石是在古泜水、石济水所径流的今石家庄以南、邢台以北一带；相土所居之商丘在今河南濮阳；商侯冥时期商族活动的中心在豫北冀南的古黄河中游；王亥居于安阳之殷；上甲微居于邺。关于汤居亳，鉴于问题的重大，书中特列一章作了专门的探讨。

书中通过对甲骨文亳邑的重新研究，并结合《吕氏春秋·具备》等篇中有关"郼薄（亳）"的记载，提出了甲骨文中的亳即内黄郼亳说。其思路是：通过对甲骨文中的"商"、"中商"、"大邑商"的系统分析，提出此"商"虽然有广义上可指"商国"，狭义上指"商都"等不同层面的含义，但它们都是以晚商时期的商都为依托，因而在征人方卜辞中距离"商"地很近的"亳"，就在殷都安阳之东、紧邻殷都的地方，亦即《吕氏春秋》中的郼亳（郼亳即殷亳，从大范围的殷地来看，它可以说是殷地之亳或靠近殷地之亳；若在殷地内进一步区分出郼地，则可以说是郼地之亳或靠近郼地之亳），其位置在内黄或内黄附近，特别是内黄靠近濮阳的地方，此即成汤灭夏之前所居之亳，也是甲骨文中唯一的亳。灭夏以后，商王虽先后建都于偃师商城和郑州商城，但在甲骨文时代即在商代晚期，商人自己并不称其为亳，甲骨文中也无后世所说的"三亳"并存的情形。

本书的第四章，探讨的是考古学上先商的文化与年代。书中论证了漳河型下七垣文化是以商族为主体所创造的商先公王亥以后的先商文化，并推论河北涧沟型龙山晚期的文化遗存有可能是商契时期即商族发祥期的先商文化，昭明、相土至王亥的年代应与新砦期、二里头文化一期的年代相当，但这一时期的先商文化目前尚未发现。

值得一提的是，在第四章中，为了论述漳河型下七垣文化究竟与先商时期的哪些商先公相关联、相对应，特意用了一节的篇幅来论述与先商并存的夏的纪年和夏文化的分期。在论述中，充分考虑了2005年以来最新的碳十四测年数据，但又指出在使用最新测年数据进行系列数据拟合年代中[①]，"新砦、二里头第一至五期的拟合"结果，不如"二里头第一至五期的拟合"结果更可靠，其理由是这两次的测年数据的拟合虽然都是所谓"系列数据共同进行数据的曲线拟合"，但二者是有差异的，在"二里头第一至五期的拟合"中，其不足是没有二里头第一期之前的数据即没有被二里头第一期地层所叠压的文化层的数据，所以二里头第一期测年数据在计算机的自动拟合中被压缩的幅度可能有限；在"新砦、二里头第一至五期的拟合"中，虽然有二里头第一期之前的测年数据，但这些数据不是二里头遗址的数据，它们与二里头遗址的那些数据根本没有地层上的叠压关系，所以其拟合的可信性也还是有疑问的。我们知道，被拟合的系列数据之间，最理想的条件是所采集的标本属于同一遗址内具有上下地层叠压关系的测年标本，只有这样的标本，其系列数据之间才具有确实无疑的前后年代关系，用这种具有确实无疑的前后年代关系的系列数据来压缩拟合，其拟合的结果才会较为可靠。然而，在"新砦、二里头第一至五期的拟合"中，新砦期的数据与二里头一期的数据是两个不同的遗址的数据，二者之间只是根据它们之间文化分期之间的年代关系，而并非依据同一遗址内的直接地层关系，所以其拟合的条件不是最理想的，何况在有的学者看来，新砦期尤其是新砦期晚段与二里头一期在年代上具有重叠交叉的关系，这样用新砦期晚段的数据来向后压缩拟合二里头一期的测年数据，其结果当然会使二里头一期的拟合日历后的年代偏晚。不仅

---

① 张雪莲、仇士华等：《新砦—二里头—二里岗文化考古年代序列的建立与完善》，《考古》2007年第8期，第82页，表十"二里头第一至五期拟合结果"，表八"新砦、二里头第一至五期拟合结果"。

二里头一期是这样，二里头二期和三期被拟合压缩的年代，也受到这种情况的影响，所以有关二里头遗址的系列样品测年数据拟合的两次结果，笔者有理由更相信"二里头第一至五期的拟合数据"。本卷也是以"二里头第一至五期的拟合数据"为依据，并结合最新的有关中原龙山文化晚期的碳十四测年数据，将夏代文化分为早中晚三期，中原龙山晚期为早期夏文化，新砦期和二里头一期为中期夏文化，二里头二期和二里头三期为晚期夏文化。早期夏文化大体是大禹、夏启、太康、中康、帝相（包括后羿和寒浞）时期的文化，时间约有131年的范围，即公元前2024—前1893年（或者公元前2043—前1912年）；中期夏文化大体上是少康、帝予（杼）、帝槐（芬）、帝芒、帝泄时期的文化，时间约有150年的范围，即公元前1893—前1743年（或者公元前1912—前1762年）；晚期夏文化大体上是帝不降、帝扃、帝廑、孔甲、帝皋、帝发、履癸（夏桀）时期的文化，时间约有190年的范围，即公元前1743—前1553年（或者公元前1762—前1572年）。由于作为先商文化的漳河型下七垣文化一、二、三期是与二里头文化的第二、三期及第四期初段的时间相当，下七垣文化第一期与二里头文化第二期相当，时间约在夏代晚期的前段，具体来说约为夏王帝不降时期，而与帝不降同时的商先公，据《竹书纪年》是王亥，因而，漳河型下七垣文化是商先公王亥以来的先商文化。

在以上有关商族的起源、先商时期的迁徙、先商的文化及其年代的论述的基础上，作为本书的第五章，论述了先商时期商族社会形态的变迁，提出商族进入初始国家的状态并非始于商汤灭夏，而是始自商先公上甲微时期；上甲微以上至商契时期，其社会性质也并非仅为所谓父系氏族社会，而至少属于"中心聚落形态"阶段，亦即弗里德所谓的"阶等至分层社会"阶段或塞维斯所谓"酋邦"阶段，甚至也有可能已进入邦国阶段，当然这要等到龙山晚期和新砦时期的先商聚落考古有新的发现，才能提到"议事日程"上来。以目前有关先商文化的聚落考古学的现状而论，笔者主要是以文献记载为主，以考古为辅，提出从商契至成汤，商族社会形态的演进，经历了由中心聚落形态走向邦国（初始国家也即早期国家）形态、再走向王国（王朝之国）形态这样一个演进过程。其中，王亥、王恒时期是中心聚落形态向邦国的过渡时期。甲骨文中在王亥之亥字上，冠以鸟形的写法，主要是表明作为第一位被称为"王"的王亥，是一位具有玄鸟神性之王，说明此时"王"的观念主要表现的是其宗教性，属于王之雏形。成汤也正是通过战争征伐和宗教祭祀这两个重要的机制，使雏形或萌芽状态的王权获得了长足的发展，并伴随着对夏王朝的推翻和取而代之，实现了由邦国向王国的转变。至于进入商代以后，商作为王朝国家，其结构和形态是由王国（即王邦，亦即"内服"之地或所谓"王畿"之地）和众多附属邦国（分布于四土即"外服"之地的侯伯等国族）组成的"复合型国家结构"，对此笔者将在《商代都邑》卷中有所论述。

第一章

商族的起源

中国上古史上的商族发祥于何地？其最初活动的地域在哪里？这是叙述商的早期历史时应该回答的话题，但也是异说纷呈、莫衷一是的问题。最初的研究主要是从文献的角度着眼的多，后来随着田野考古收获的不断增加，愈来愈多的学者都试图将这一研究与考古学上的先商文化结合起来。尽管如此，也还是见仁见智的局面。究其原因，或可能是对文献理解上的差异，或可能是考古学与文献结合的方法尚值得推敲。较为科学的结合应该是在对二者分别有一个系统研究、系统梳理基础上的结合。为此，本章首先从文献的角度对于商族的起源与商汤灭夏以前的迁徙作一系统梳理，然后再求得与考古学文化的结合。

第一节 商族的发祥："契封商"与"契居蕃"

商族原有悠久的历史，建立过强大的商王朝，被周推翻后尚保留有宋国一直到战国晚期，因而有关商族的起源及其早期的迁徙也留有一些文献资料。然而从实证史学的角度看，这些史料作为可以征信的史实，还存在着这样或那样的问题。由此，有关商族的起源也是异说迭起，诸说纷呈。大致有：1. 西方说，认为商族发祥于陕西商洛[①]或关中地区[②]；2. 东方说，认为

[①] 《书·汤誓》郑玄注："契始封商，遂以商为天下之号。商国在太华之阳。"又《史记·殷本纪》正义引《括地志》："商州东八十里商洛县，本商邑，古之商国，商鞅之子离所封也。"

[②] 顾颉刚：《殷人自西徂东说》，《甲骨文与殷商史》第3辑，上海古籍出版社1991年版。顾颉刚先生晚年则认为商族发祥于我国的东部地区，见顾颉刚《鸟夷族的图腾崇拜及其氏族集团的兴亡——周公东征史实考证四之七》，载《古史考》第六卷，海南出版社2003年版。

商族发祥于河南商丘①、或云发祥于山东②；3. 晋南说，认为商族发祥于山西永济③、或云发祥于垣曲、永济一带④；4. 河北说，认为商族发祥于河北漳水⑤、河北易水⑥、河北永定河与滱水之间⑦；5. 河北东北⑧及环渤海湾一带说⑨；6. 北京说▎；7. 东北说，认为商族发祥于辽宁西部▎、或云发祥于幽燕。▎那么，商人后裔——春秋时期的商人即宋国人是如何看待这一问题的呢？《诗·商颂·玄鸟》说：

> 天命玄鸟，降而生商，宅殷土芒芒。

---

① 王国维：《说商》，《观堂集林》卷一二，中华书局1959年版。张光直：《商名试释》，《中国商文化国际学术讨论会论文集》，中国大百科全书出版社1998年版。

② 王玉哲：《商族的来源地望试探》，《历史研究》1984年第1期；王玉哲：《中华远古史》，上海人民出版社2000年版，第187页。

③ 李民、张国硕：《夏商周三族源流探索》，河南人民出版社1998年版，第97页；李民：《关于商族起地源》，《郑州大学学报》1984年第1期；李民：《豫北是商族早期活动的历史舞台》，《殷都学刊》1984年第2期。

④ 陈昌远：《商族起源地望发微——兼论山西垣曲商城发现的意义》，《历史研究》1987年第1期；陈昌远、陈隆文：《论先商文化渊源及其殷先公迁徙之历史地理考察》（上）（下），《河南大学学报》2002年第1、2期。

⑤ 田昌五：《试论夏文化》，《文物》1981年第5期；邹衡：《论汤都郑亳及前后的迁徙》，《夏商周考古论文集》（第二版），文物出版社2001年版，第201、202页。

⑥ 李亚农：《李亚农史论集·殷代社会生活》，上海人民出版社1980年版。

⑦ 丁山：《商周史料考证》，中华书局1988年新1版，第17页。

⑧ 傅斯年：《夷夏东西说》，《国立中央研究院历史语言研究所集刊》外编，第一种，《蔡元培先生六十五岁庆祝论文集》下册，1934年版；傅斯年：《东北史纲》第一卷，中央研究院历史语言研究所1932年版，第24、124页。

⑨ 徐中舒：《殷人服象及象之南迁》，《历史语言研究所集刊》第2卷第1期。

▎ 曹定云：《商族渊源考》，《中国商文化国际学术讨论会论文集》，中国大百科全书出版社1998年版。

▎ 金景芳：《商文化起源于我国东北说》，《中华文史论丛》1978年第7期；金景芳：《中国奴隶社会史》，上海人民出版社1983年版，第51—54页。

▎ 于志耿等：《商先起源于幽燕说》，《历史研究》1985年第5期；于志耿等：《商先起源于幽燕说的再考察》，《民族研究》1987年第7期；蔺新建：《先商文化探源》，《北方文化》1985年第2期。

《诗·商颂·长发》又说：

> 有娀方将，帝立子生商。

这里的"商"是一个国族号。王国维《观堂集林·说商》一文曾说"商之国号，本于地名"，这个说法学界多数是同意的。但对于商人来说，"商"在相当多的场合，代表的是其所居的国土。① 诗中说的"宅殷土芒芒"中的"殷土"，指的就是商土。之所以称为"殷土"，是因为商代晚期国都于安阳殷墟，这样在后人的称呼中，商土又称为殷土，商与殷可以互换相称。由于商人的势力有消有长，其领土也有大有小。作为最早的发祥之地，范围自然不会太大。从这个意义上讲，说"商之国号，本于地名"，是可行的。也就是说，商族之发祥是和称为"商"的地方联系在一起的。只是由于商族的经常迁徙，这最早的商地，究竟是如郑玄《书·汤誓》注和《括地志》编者所说的在陕西商洛？还是如王国维所说的在河南商丘？抑或如《史记·郑世家》集解所引贾逵说的"商丘在漳南"？或者是如葛毅卿、杨树达、丁山等人所说的在冀南漳水流域？② 这些都尚需作进一步辨析。这三说中，第一说可称为"上洛说"，第二说可称为"宋国说"，第三说可称为"漳水说"。笔者以为作为上述三说的取舍标准，最早的"商"应该和商族的始祖契的居地是一致的，《史记·殷本纪》即说契"封于商"。《荀子·成相篇》言"契玄王，生昭明，居于砥石迁于商。"契所封的商地，也称为"蕃"或"番"。如《世本》说"契居蕃"。《水经·渭水注》引《世本》作"蕃"，而《通鉴地理志通释》引《世本》则作"番"。可见"蕃"或作"番"，二字通用。尽管随着商族的迁徙，名号为"商"地域也在不断地出现，亦即对于商人来说，不同时期有不同的商地，但与契联系的当然是最早的商地，这个商地也叫"番"或"蕃"，所以最早"商"和"蕃"是一地二名。

那么，契所居番的方位有无线索可寻？丁山曾疑惑契所居蕃"是亳字音伪"，并说"博、薄、蒲、番、蕃五个字，汉初写法，尚无刻定之形；

---

① 李学勤：《殷代地理简论》，科学出版社1959年版，第13页。
② 葛毅卿：《说滴》，《国立中央研究院历史语言研究所集刊》第7本第4分，1938年；杨树达：《释滴》，《积微居甲文说·卜辞琐记》，科学出版社1954年版，第47页；丁山：《商周史料考证》，中华书局1988年版，第13页。

所以'契居蕃'，我认为应在滱水支流的博水流域。《左传》所谓'燕亳'，也应该在蒲水的源头蒲阳山附近。"① 丁山先生的考证对于"燕亳"一地的探寻是有帮助的，但与他同时把早期的商地考定在漳水流域又是相矛盾的。其实漳水流域即有番地。如《战国策·齐策一》"秦、赵战于河漳之上，再战而再胜秦；战于番吾之下，再战而再胜秦"以及《战国策·赵策二》"秦甲涉河踰漳，据番吾，则兵必战于邯郸之下矣"中的"番吾"，就是很早被称为番的地方。"番吾"大概是"番"或"蕃"的缓读。关于番、番吾等单字与二字发音关系以及与亳的读音关系，王玉哲先生曾有过很好的考证，他说：

> 文献上这些古地名中的"博"、"蒲"、"薄"、"番"等字，以声类韵部求之，可能都是"亳"字一音之转。"亳"字为并纽铎韵字，上古声为〔b'wak〕，段玉裁定为五部。"薄"与"亳"声完全相同，可以不论。而"博"〔pwak〕字与"亳"仅清浊不同，均五部字。"蒲"为模韵，《切韵》音为〔b'uo〕，但模部字上古音应有一个浊纽〔-g〕的韵尾辅音。段玉裁也定为五部字，故与"亳"相通。"番"的韵部虽然与"亳"字音较远（番字是段氏十四部），但其声母与"亳"也是可以通转的。
>
> 至于两字名的"薄姑"、"蒲姑"、"蒲吾"与"番吾"中的"姑"和"吾"两字，一为见纽，一为疑纽，都是舌根音，发音部位相同。所以，"蒲吾"、"番吾"也就是"薄姑"。这些名字虽然写法不同，但实际上都来源于"亳"字。因为"亳"上古音是〔b'wak〕，若缓读之，韵尾辅音〔-k〕用见纽的"姑"或疑纽的"吾"字标出，即构成"薄姑"、"蒲姑"、"蒲吾"、"番吾"等两字之词。"亳"字的古音仍保存于日本，日语的吴音读"亳"为〔baku〕，与"薄姑"两字音极为相近。
>
> 由此观之，则博水、蒲水、蒲吾、番吾都可能是商族最早居地"亳"字一音之变，是商契后裔移徙时带到各地的遗迹。博水、蒲水、蒲吾等地名、水名大致的分布地域，和我们前面讨论的商、滴水、漳水、滹沱的地域也大致相同，我们认为商族最早生活在河北省中南部一

---

① 丁山：《商周史料考证》，中华书局1988年版，第16—17页。

带，若合符节。①

由上述可知，"番吾"实为"番"之缓读，至于番吾、番与亳等字的关系，暂且不论。《战国策》的《齐策》和《赵策》提到的番吾，也见于《史记》的《赵世家》与《苏秦传》。关于番吾的位置，《史记·赵世家》集解引徐广曰："常山有番吾县。"《正义》引《括地志》："番吾故城在恒州房山县东二十里。"《汉书·地理志》常山郡下有蒲吾县。《元和郡县图志》卷一〇七恒州房山县条"番吾"作"蒲吾"。《读史方舆纪要》卷一四真定府平山县蒲吾城条："县东南二十里。战国时曰番吾，为赵之重地。"根据这些说法，番吾一地已北临滹沱河。但这只是汉时的蒲吾，并非秦赵之战的番吾。其实从《战国策·赵策二》"秦甲涉河踰漳，据番吾，则兵必战于邯郸之下矣"即已可得知，番吾位于漳水与邯郸之间。《史记·廉颇蔺相如列传》说：赵悼襄王时，"封李牧为武安君。居三年，秦攻番吾，李牧击破秦军，南距韩、魏。"类似的记载也见于《赵世家》。由《战国策·赵策二》和《史记·廉颇蔺相如列传》等记载，可以肯定番吾就在漳河附近、今河北省磁县境。

番吾一地得以确定，那么，番吾附近有无名为商的地方？我们认为就在古漳河地区。②殷墟卜辞中有叫做"滴"的河流，葛毅卿《说滴》一文以"滴"读为"漳"。③杨树达《释滴》也是以滴为漳水。④ 丁山⑤、王玉哲诸先生也主此说。⑥ 李学勤先生指出以滴为漳水，只是以声类比附，缺乏证据。他早年据卜辞中的地名排比，最后考定"滴在商西盂东，是一条较大的河流，显然即是沁水"。⑦ 然而，后来据钟柏生的研究，卜辞中有两个盂地，与滴相联系的盂，不在商西，而是商东春秋时代的敛盂，位于今濮阳市东

---

① 王玉哲：《中华远古史》，上海人民出版社2000年版，第181页。
② 原漳水在河北临漳之北，近代漳水南移，临漳隔在了漳水之北。
③ 葛毅卿：《说滴》，《国立中央研究院历史语言研究所集刊》第7本第4分，1938年。
④ 杨树达：《释滴》，《积微居甲文说·卜辞琐记》，科学出版社1954年版，第47页。
⑤ 丁山：《商周史料考证》，中华书局1988年版，第13—14页。
⑥ 王玉哲：《商族的来源地望试探》，《历史研究》1984年第1期。
⑦ 李学勤：《殷代地理简论》，科学出版社1959年版，第13页。

南①。郑杰祥先生也认为"卜辞已记有沁水,卜辞沁水也就是后世的沁水,因此它不可能又称作滴水"。② 他考证卜辞所记的滴水很有可能就是后世的清水。此外,李学勤先生当年认为滴水就是沁水,是与他把商王征人方卜辞排谱排在西方相联系的,近年他已改变了这一看法,认为卜辞中的人方即夷方,在山东。③ 这样,若卜辞中的人方在山东,会不会也要影响到李先生滴水即沁水的看法?总之,卜辞中的水名滴究竟在何地,学术界还难以取得一致,但诚如邹衡先生所说,商与章古字相通是毋庸置疑的④,而《水经·河水注》漳水下游确有水名商河,俗称小漳河,郦注曰:"商、漳声相近,故字与读移耳"。"商人所以称商,大概是因为商人远祖住在漳水,而最早的漳水或者就叫做商水"。⑤

契所居番为今河北磁县的番吾,紧邻磁县的漳水最早或者就叫商水,那么与"天命玄鸟,降而生商"、"有娀方将,帝立子生商"相关联的商地,即应该在漳水流域至磁县一带,商族的发祥地就在这里。显然,这一立论的基础是把《诗·商颂》所说的商族的诞生与古籍中契封于商、契居番的记载相结合。与此相关联的是,商族的始祖是契而非帝喾,有娀氏也只是契之前即商族形成之前的母方支系。那些由帝喾来立论商族起源的说法,是值得商榷的。而通过有娀氏或商族的鸟图腾崇拜来论证商族的起源,也需要作一些说明和澄清。

第二节　帝喾并非商之始祖

先说帝喾问题。《史记·殷本纪》曰:"殷契,母曰简狄,有娀氏之女,为帝喾次妃。"《大戴礼记·五帝德篇》说帝喾是高辛氏。王国维说帝喾是

---

① 钟柏生:《殷商卜辞地理论丛》,台北艺文印书馆1989年初版。
② 郑杰祥:《商代地理概论》,中州古籍出版社1994年版,第55页。
③ 李学勤:《重论夷方》,《民大史学》(1),中央民族大学出版社1996年版,又收入《当代学者自选文库·李学勤卷》,安徽教育出版社1999年版;李学勤:《夏商周与山东》,《烟台大学学报》第15卷第3期,2002年7月。
④ 《韩非子·外储说左下》"夷吾不如弦商",《吕氏春秋·勿躬篇》中"弦商"作"弦章"。王念孙《读书杂志·荀子三》也曾说:"商与章古字通"。
⑤ 邹衡:《夏商周考古学论文集》(第二版),科学出版社2001年版,第202页。

《山海经》中的帝俊，也就是甲骨文中商人的"高祖夒"。① 王国维的这一说法，对后世有一定的影响。但相当多的古文字学家有不同的看法，如丁山认为："简狄，一名娀简，即卜辞所常见的高祖夒，此商人原始的图腾。"② 陈梦家在《殷虚卜辞综述》中说：徐仲舒、容庚、唐兰、杨树达都不相信王国维的这一说法，"而徐、容、杨均以为是'禼'字，徐氏说'以形观之，与禼为近'"。③ 卜辞"高祖夒"之夒（图1—1），最早王襄即认为是"古禼字，段茂堂先生云：殷玄王以为名，见《汉书》。俗改用偰契字"。④ 饶宗颐先生释此字为"夒"而谓读为禼，他考证后也认为是殷之先祖契。⑤《史记·三代世表》、《汉书·古今人表》都将殷始祖契写作禼。卜辞中称为高祖者，有高祖夒、高祖河、高祖王亥、高祖乙，高祖即远祖。笔者认为商族的始祖实际上只能从契算起，而不能从帝喾算起，因而若以卜辞中的高祖夒为商的始祖的话，那也只能是契，而不能是喾。⑥

帝喾为何不能作为商的始祖？理由有三。其一，《史记·殷本纪》虽说简狄为帝喾的次妃，但在《周本纪》中说"姜原为帝喾元妃"，在《五帝本纪》中还说"帝喾娶陈锋氏女，生放勋。娶娵訾氏女，生挚。"《大戴礼记·帝系》说得更明白："帝喾卜其四妃，而皆有天下。上妃，有邰氏

---

① 王国维：《殷卜辞中所见先公先王考》、《续考》，《观堂集林》卷九，中华书局1959年版。
② 丁山：《商周史料考证》，中华书局1988年版，第41页。
③ 陈梦家：《殷虚卜辞综述》，中华书局1988年版，第338页。
④ 《类纂》正编第十四，第62页。
⑤ 饶宗颐：《殷代贞卜人物通考》，香港中文大学出版社1959年版，第272—273页。
⑥ 2008年7月18—22日，笔者出席了由北京大学震旦古代文明研究中心、河南省文物考古研究所、郑州市文物考古研究院联合主办的"早期夏文化学术研讨会"，在研讨会上，北京大学考古文博学院的葛英会教授提交了一篇《"夏"字形义考》论文，该文把甲骨文中的"高祖夒"之"夒"考证为夏族之"夏"，说"卜辞的夏应指夏后氏大禹，与《诗·商颂·玄鸟》'降而生商'以商为契是一致的。《商颂·长发》即大禹与商先祖同祭的乐歌"。葛教授的考证是有道理的。卜辞中的"高祖夒"，若是商的始祖的话，当然只能是契（禼），而若不是商的始祖，则释其为夏后氏之夏，在字形上是合适的。如此说来，在卜辞中将夏即夏后氏大禹称为"高祖"，就像卜辞中将河伯族之"河"称为"高祖"一样，是不足为奇的。正如伊藤道治教授所指出，这些原本为异族的神，之所以受到殷王朝的直接的祭祀或者是被纳入了殷的祖先神的系列中加以祭祀，是因为这些族都被纳入了殷的支配之下的缘故，这是商王朝维持对异族支配的一个手段和纽带。对此在第二章讲到河伯与"高祖河"时还将有进一步的论述。

图1—1　甲骨文中的"夒"及"高祖夒"
(1.《殷契粹编》第1片　2.第3片　3.第5片)

之女,曰姜原氏,产后稷;次妃,有娀氏之女,曰简狄氏,产契;次妃曰陈隆氏,产帝尧;次妃曰娵訾氏,产帝挚。"据此我们只能说帝喾是四个部族的始祖而非仅仅为商族一族的始祖。更何况在《史记》和《大戴礼记》中,姜原为帝喾的元妃而简狄仅为次妃。实际上,帝喾为四个部族的始祖正说明这些族中哪一族他都不是其始祖,这一点后面再说。

其二,在商族的古史传说中,有一个以玄鸟为图腾的始祖诞生神话。《史记·殷本纪》云:"殷契,母曰简狄,有娀氏之女,为帝喾次妃。三人行浴,见玄鸟坠其卵,简狄取吞之,因孕生契。"《吕氏春秋·音初》:"有娀氏有二佚女,为之九成之台,饮食必以鼓。帝令燕往视之,鸣若谥隘,二女爱而争搏之，覆以玉筐，少选，发而视之，燕遗二卵北飞，遂不反。"《楚辞·天问》也说："简狄在台，喾何宜？玄鸟致贻，女何喜？"这些都可以视为是对"天命玄鸟，降而生商"和"有娀方将，帝立子生商"的很好说明。由于在商人部族诞生神话中，其始祖商契来源于玄鸟，故商契又称为"玄王"。如《诗·商颂·长发》云："玄王桓拨"，毛传曰："玄王，契也。"《国语·周语》云："玄王勤商，十有四世而兴。"韦昭注："玄王，契也。"朱熹《诗集传》说："玄王，契也，或曰以玄鸟降而生也。"商的这一始祖诞生神话，有不少学者认为它反映了商族曾有过只知其母不知其父的时代，或者认为契时经历了由母系向父系的转变。对于这些我们暂且不论，但简狄因吞玄鸟卵而生契的神话传说本身说明殷契是没有父亲的，把简狄说成是帝喾之妃的说法，显然是在这个神话传说产生之后附加上去的，是次生形态的①，其时代应在进入周代以后。

其三，王国维说《山海经》中的帝俊就是帝喾，也是不能证明帝喾为商族的始祖。王国维举出帝俊即帝喾的证据是：一、"夋者帝喾之名。《史记·五帝本纪·索引》引皇甫谧曰：'帝喾名夋'；《初学记》九引《帝王世纪》曰：'帝喾生而神异，自言其名曰夋'"。王国维说这个夋就是《大荒经》及《海内经》中的帝俊。二、"帝俊之子中容、季釐，即《左氏传》之仲熊、季狸，所谓高辛氏之才子也。'有子八人'又《左氏传》所谓'高辛氏有才子八人'也。"三、"《诗·大雅·生民》疏引《大戴礼记·帝系篇》曰'帝喾下妃娵訾之女曰常仪，生挚'，《家语》、《世本》，其文亦然"。王国维因此说常仪即帝俊妃常羲。又说："曰羲和，曰娥皇，皆常仪一语之变。"②郝懿行也举出过类似的证据。③帝喾有可能确实是帝俊，但这也不能证明他是商族的始祖。在《山海经》中，帝俊虽有人帝的一面，但更具有上帝的性质。如《大荒东经》说："羲和者，帝俊之妻，生十日"。又说："帝俊妻常羲，生月十有二"。帝俊显然在日神月神之上，并含有自然神的性格。徐旭生先生对

---

① 胡厚宣：《甲骨文商族鸟图腾的遗迹》，《历史论丛》第一辑，1964年。
② 王国维：《殷卜辞中所见先公先王考》，《观堂集林》卷九，中华书局1959年版。
③ 《山海经·大荒东经》郭璞注："俊亦舜字假借音也。"郝懿行疏云："《初学记》卷九引《帝王世纪》云：'帝喾生而神异，言其名曰夋。'疑夋即俊也，古字通用。郭云俊亦舜字，未审何据。《南荒经》云：'帝俊妻娥皇。'郭盖本此说。然《西荒经》又云：'帝俊生后稷。'《大戴礼记·帝系篇》以后稷为帝喾所产，是帝俊即帝喾矣。但经内帝俊叠见，似非专指一人。"

帝俊曾有过专门研究，他说："帝俊这个人物，在《山海经》里面，可以说是第一烜赫的了。里面载他的事，多至十六（在《经》里面只有帝颛顼多至十七事，可是他与九嫔葬处一事三见，那只剩下十五事。此外黄帝十事，炎帝四事，帝喾三事，帝尧二事，帝舜九见八事，帝丹朱二事，帝江一事，帝鸿一事。其余的人没有帝称）"。①通过这十六项的帝俊故事可以看出，第一，他东西南北，无所不至；第二，古代重要的大发明，差不多全出于他的子孙；第三，包括姬姓、姜姓、姚姓在内许多氏族都是由他分出；第四，太阳是他的儿子，月亮是他的女儿，在他之下有"人面、犬耳、兽身，珥两青蛇，名曰奢比尸"的神人和"五采之鸟"的"下友"。根据这些，笔者认为《山海经》中的"帝俊"实际上就是商代"上帝"的化身，是上帝的人格化，帝俊的下友"五采之鸟"就是卜辞中的"帝使凤"②。大概我国的东部地区在把商代的上帝人格化、人性化过程中，将其称为帝俊，而且对他的所谓"妻"以及由他分出的许多氏族并没有区别所谓"元妃""次妃"的等次。帝俊就是帝喾，帝喾之喾，《管子·侈靡篇》、《史记·三代世表》和《封禅书》亦作俈，《集韵》："俈，通作喾。"喾与俈都从告声。太皞的皞，《楚辞·远游》作皓，《淮南子·览冥训》作浩，皓与浩也都从告声。太皞，《世本》和《帝王世纪》亦作太昊。所以，喾、俈、皓、皞、昊可以通用，表达的是日月昊天的意思。帝喾的出现，大概是周人把商代的上帝转换成周人的昊天，并加以人格化的结果。周王称作天子，不也是把皇天上帝人格化的做法？由于这一转换工作是周人做的，所以在人为地给帝喾配的四妃中，只有周人的姜原为元妃。这种转换工作也是对古史或古史传说、神话传说的一种新的整合、综合工作，但由于地区和文化背景的不同，使得其整合或综合亦略有差异，有一些细微的特点，如《山海经》中的帝俊与儒家典籍中的帝喾就是同中略有异。前者反映了东部地区的国族在把商代上帝人格化为帝俊时，尚保留有较多的自然神的性格，而后者则反映了周人的这一转化所含的伦理化程

---

① 徐旭生：《中国古史的传说时代》，科学出版社1960年版，第67页。
② 学术界一般多认为卜辞中的"帝"是商代的最高神或至上神，然而，晁福林先生在《先秦社会形态研究》（北京师范大学出版社2003年版）中认为，"帝只是殷代诸神之一，而不是诸神之长。"（第164页）晁先生的论证有一定的道理。笔者以为卜辞中的帝比较特殊，说它是殷人的至上神，有些特征又不太完整，它处于正走向至上神的发展的途中。

度更高。①

由上述可以得出帝喾并非商族的始祖，因而在有些著述中，或者认为"契父帝喾都亳"，在山西南部之蒲山②；或者认为契"父为帝喾，亦即太皞"，属于东方之族③，对于诸如此类的论述，笔者认为凡是用有关帝喾的材料来作为商族起源于某地的证据之一，都是值得重新考虑的，也是不太靠得住的。

第三节 有娀氏、高辛氏与商族缘起

谈了帝喾之后，我们再来谈有娀氏的问题。有娀氏与商的关系，见于《诗·商颂·长发》④、《楚辞》的《离骚》⑤和《天问》⑥、《吕氏春秋·音初》⑦、《史记·殷本纪》⑧等文献。根据这些文献，契母为有娀氏之女，在先秦时期的神话传说中是明确的，据此，若追溯契以前的商族渊源，可以追溯到有娀氏。然而，既然商族的始祖是契，商族的形成以契的出现为开端，那么契以前的有娀氏就只能是商族渊源中的母方支系。这正像周族始祖后稷，其母姜原为有邰氏之女，属于姜姓炎帝族系统，我们由此可以探讨周与姜姓的关系，还可以说有邰氏是周族渊源中的母方支系，但不能说姬姓的周族起源于姜姓的炎帝族。同样的道理，有娀氏只能是商族的渊源之一，从而

---

① 顾颉刚先生也曾指出："帝喾是商人崇奉的上帝"。参见顾颉刚《鸟夷族的图腾崇拜及其氏族集团的兴亡》，载于《古史考》第六卷，海南出版社2003年版，第85页。在该文中，顾颉刚先生和胡厚宣先生一样，也认为较为在原始的"玄鸟生商"的神话故事中，简狄是没有丈夫的。但他受王国维所谓甲骨文"高祖夒"即帝喾之说法的影响，说："神权时代的商人，他们向上帝请下来，把自己假想中的形象替他定名为夒或喾，燎了若干头牛，举行盛大的祭礼，奉之为'高祖'"（《古史考》第六卷，第74页）。这又等于说商人所奉的始祖是喾或夒，而非商契。

② 李民：《关于商族的起源》，《郑州大学学报》1984年第1期；李民、张国硕：《夏商周三族源流探索》，河南人民出版社1998年版，第97页。

③ 胡厚宣：《甲骨文商族鸟图腾的遗迹》，《历史论丛》第一辑，1964年。

④ 《诗·商颂·长发》："有娀方将，帝立子生商。"

⑤ 《楚辞·离骚》："望瑶台之偃蹇兮，见有娀之佚女。……凤凰既受诒兮，恐高辛之先我。"

⑥ 《楚辞·天问》："简狄在台，喾何宜？玄鸟致贻，女何喜？"

⑦ 《吕氏春秋·音初》："有娀氏有二佚女，为之九成之台，饮食必以鼓。帝令燕往视之，鸣若谥隘，二女爱而争搏之，覆以玉筐，少选，发而视之，燕遗二卵北飞，遂不反。"

⑧ 《史记·殷本纪》曰："殷契，母曰简狄，有娀氏之女，为帝喾次妃。"

商族起源于晋南说中，把《史记·殷本纪》正义"按《纪》云：'桀败于有娀之墟'，有娀当在蒲州也"，作为其证据之一，也可作重新解释。因为我们说"有娀当在蒲州"，或许只是说商族形成之前，构成商族的母方支系曾活动于晋南的蒲州，而不能说整个商族发祥于晋南，商族形成时，构成其族源的，并非仅仅是有娀氏一支，它还有东部地区的鸟图腾和高辛氏等问题。也就是说，作为商族的重要渊源之一，有一支或许来自晋南，但不能说商族就发祥于晋南地区。当然，有娀氏本身究竟是在晋南还是在其他什么地方，也是需要讨论的。

其实，"有娀当在蒲州"，也只是一说。《淮南子·地形训》云："有娀在不周之北，长女简翟，少女建疵。"高诱注："有娀，国名也。不周，山名也。娀，读如嵩高之嵩。简翟、建疵姊妹二人在瑶台，帝喾之妃也。天使玄鸟降卵，简翟吞之以生契，是为玄王，殷之祖也。"简翟即简狄，并明确地说有娀氏在不周山之北。那么，不周山又在何地？《地形训》又说："西北方曰不周之山，曰幽都之门。"还说："玄爥、不周、申池在海隅。"据此，不周山位于幽都之地，靠近海隅。说到"幽都"，《地形训》曰："北方之美者，有幽都之筋角焉。"高注："古之幽都在雁门以北，其畜宜牛马羊，出好筋角，可以为弓弩。"战国、秦汉时的雁门，在今山西省右玉县一带，其北部即为内蒙古的黄旗海、岱海，《地形训》说的不周山"在海隅"之"海隅"，是否即为岱海之海隅？值得考虑。高诱注也说："海隅，薮也。"这个不周山也就是《天文训》所说的"共工与颛顼争为帝，怒而触不周之山"的不周山。[①] 而与共工联系在一起的，也有"幽州"或"幽都"之地。《尚书·尧典》、《庄子·在宥篇》、《韩非子·外储说右上》等都有尧流共工于幽州或幽都的说法。《孟子·万章上》谓"舜流共工于幽州"，《史记·五帝本纪》谓舜"言于帝（尧）请流共工于幽陵，以变北狄"。幽州、幽都、幽陵，指的都是一地。《尔雅·释地》："燕曰幽州。"《周礼·职方》："东北曰幽州。""燕"指战国燕地，即今北京市、河北北部及辽宁一带。这样看来，有娀氏所在的不周山之北，不出今山西北部、内蒙古岱海到河北北部、燕山南北乃至辽西一带。这一带的民族古称"戎狄"。而有娀之娀也即戎，《国语·周语下》引《尚书·泰誓中》说"戎商必克"，称商为戎。《逸周书·世俘解》："甲寅，谒戎殷于牧野。"《尚书·康诰》："天乃大命文王殪戎殷。"均称殷商

[①]《淮南子·原道训》则说共工与高辛争为帝，"触不周之山"。

为戎。郭沫若、范文澜先生①说这是出于周人对于殷人的恶称，恶称固然是恶称，但何以称为戎而不称为夷或蛮呢？诚如陈梦家先生所言，这大概与"殷人自称其始妣为有娀氏"有关②。所以，有娀氏是北方戎狄的一支，它是由北方南下来到中原的。若考虑到"有娀当在蒲州"的说法，有娀氏南下有两条路线可寻，一是太行山东侧的华北平原，一是太行山西侧的汾水沿线。至于这两条路线究竟走的是哪一条，应当根据先商文化最早时期的遗存所含的成分中，是属于冀北的因素多还是属于山西的因素多来决定。

关于商族鸟图腾问题，胡厚宣③、于省吾④等先生都做过很好的研究。在主张商族起源于东方或东北方的学者中，有相当多的人也是以远古商族的鸟图腾为依据的。然而，就图腾起源本身而论，鸟图腾崇拜只能视作商族与东方关系方面的间接线索，而不能视为直接证据。这是因为在图腾起源中恰恰是不承认其父亲作用的。依据笔者的研究，图腾崇拜的核心观念是：根本不认为怀孕生育是男女性交的结果，只认为是图腾物进入或作用于母体的缘故。例如，居住在澳大利亚中部的阿兰达人（Aranda）即认为，怀孕与性交及父亲的作用没有任何关系，而只是"图腾精灵进入母体的结果"，因此，"当一个阿兰达人的妻子为他生了一个混血儿的时候，他并不感到任何惊异或忧虑，而可能认为这仅仅是由于她吃了由欧洲人那里获得的面粉的缘故。"⑤商人的始祖诞生神话也是这样。《诗·商颂·玄鸟》说："天命玄鸟，降而生商。"这里若剔除商周时期加进去的"天命"思想，则可以看出，商人自认为商族是因玄鸟而衍生的。对此，《史记·殷本纪》说：商族始祖契，"母曰简狄，有娀氏之女……三人行浴，见玄鸟坠其卵，简狄取吞之，因孕生契。"这种因其女祖先吃了某一动植物或同其有过接触而生出其后裔的观念，正是原始民族图腾崇拜中最基本的信念。这一观念，一方面反映了人类最初并不知道性交与怀孕的关系；一方面又反映了远古先民曾存在过"原

---

① 范文澜：《范文澜历史论文选集》，中国社会科学出版社1979年版，第237页。
② 陈梦家：《西周铜器断代》（二），《考古学报》第十册，1955年。
③ 胡厚宣：《甲骨文商族鸟图腾的遗迹》，《历史论丛》第一辑，1964年；胡厚宣：《甲骨文所见商族鸟图腾的新证据》，《文物》1977年第2期。
④ 于省吾：《略论图腾与宗教起源和夏商图腾》，《历史研究》1959年第11期。
⑤ 乔治·彼得·穆达克：《我们当代的原始民族》，四川省民族研究所1981年版，第28页。

(前)逻辑的互渗感应思维"。① 我们知道,由动物进化而来的人类,其最初只是在本能上有性交方面的生理要求和感情冲动,而并不知道这类行为所带来的怀孕结果。所以远在旧石器时代中期氏族组织和制度尚未出现的时期,人类尚不具备关于性交与怀孕关系方面的知识。这一方面是男女性交这一受孕行为和怀胎的现象(如初次明显的胎动等)距离太远;另一方面,他们性交关系十分随便,而且性交未必皆生子,所以,认为性交与怀孕生子没有关系是很自然的事。然而,人类的求知欲又促使他们力图对怀孕生子现象作出自认为合乎道理的解释。在当时那种"原逻辑"的"互渗思维"机制的作用下(即世界上可见的和不可见的所有事物都是互相联系、互相渗透、互相感应、互相转化的),妇女们很自然地会将母体胎儿明显的胎动与当时所看见、所接触或所吃的东西联系起来,构成原始人的因果推理,从而认为怀孕和生育是这一动植物或自然现象进入或作用于母体的结果。所以,我们说,图腾崇拜起源于原始社会的妇女对其怀孕生育现象的解释,也是原始人在不了解性交与怀孕有何关系的情况下对人类自身来源的一种解释,它受原始思维中人与自然、自然物与自然物之间都可以互渗感应转化这样一种思维机制的支配,它在原始人祈求人丁兴旺、绵绵不绝的要求下得到了充分的发展,形成了独具一格的崇拜形式。② 只是商族在契时,其图腾崇拜已不是图腾崇拜起源时期的形态,而属于氏族制长足发展后的图腾崇拜,它要解释和说明的是氏族部落始祖诞生而不是族内一个一个个人的出生,但作为图腾崇拜的核心观念,依然是不承认父亲在怀孕生子方面的作用。所以,我们很难通过"鸟图腾"这一现象来直接判断与有娀氏通婚的、商契的父系支系是谁?以往的学者每每通过商族与海岱地区的少皞、太皞族中都有鸟图腾这一现象来论证商族起源于东方或东北方,现在看来是将复杂的问题简单化了。

说到少皞族的鸟图腾,也就涉及到少皞挚。《左传》昭公十七年郯子说:"我高祖少皞挚之立也,凤鸟适至,故纪于鸟,为鸟师而鸟名。凤鸟氏,历正也。玄鸟氏,司分也。伯赵氏,司至者也。青鸟氏,司启者也。丹鸟氏,

---

① 关于"原逻辑"的互渗感应思维这一概念,可参见[法]列维-布留尔著、丁由译《原始思维》,商务印书馆1981年版。

② 王震中:《图腾与龙》,收入王震中《中国古代文明的探索》,云南人民出版社2005年版。

司闭者也。祝鸠氏，司徒也。鴡鸠氏，司马也。鸤鸠氏，司空也。爽鸠氏，司寇也。鹘鸠氏，司事也。五鸠，鸠民者也。五雉，为五工正，利器用，正度量，夷民者也。九扈，为九农正，扈民无淫者也。"九扈的扈字，《尔雅·释鸟》作㕜，从鸟。《说文》作雇，说："雇，九雇，农桑候鸟，扈民不淫者也。"可见雇扈也是一种鸟名。郯子的一番话充分说明，少皞挚众族众官无一不是以鸟命名，作为远古鸟图腾残留的形迹，以少皞族最为明显。少皞族的首领一度名挚，《帝王世纪》亦说："少昊帝名挚"，有时也写作"质"，如《逸周书·尝麦解》："乃命少昊清司马鸟师，以正五帝之官，故名曰质。"而《世本》云："少昊名契"。为此，郭沫若先生和胡厚宣先生认为"少皞契"就是"少皞挚"，亦即殷祖契。郭沫若先生说："少昊金天氏帝挚，其实当即是契。古挚契同部。挚之母常仪，契之母简狄，实系一人。"① 胡厚宣先生认为"这种说法是正确的"，并进一步说："少皞名挚，《逸周书·尝麦解》作少昊名质。《路史·后记七》说，'少昊名质，是为挈'。罗苹注，'挈本作契，乃契刻字。'《诗·大雅·绵》'我契我龟'，《周礼·輈人》注引郑司农诗和《汉书·叙传》集注引诗，契都作挈。《周礼·菙氏》'掌共燋契'，《仪礼·士丧礼》注引契作挈。……是少皞名挚，挚即契，即殷契之契。"② 但陈梦家先生提出不同的意见："我们从前也主张契、挚、质、少皞是一人之说。今以为须分别之，契是传说上的人王，而挚是少皞之神。《封禅书》述秦襄公'自以为主少皞之神，作西畤，祀白帝'。少皞乃是白帝。少皞名挚或质，而此二字都和折通：朱骏声《说文通训定声》以为'挚'、'鸷'都可以假作折，而'质'可以假作挚、执、晳。《说文》析一训折，恶《玉篇》、《广韵》均从析，所以'析'、'折'古可通用。卜辞'帝于东方曰析'，《大荒东经》说'东方曰折'。挚、折、析是一，则卜辞东方之帝曰析即少皞之挚或质。由于卜辞明确的有东方之帝曰析，它应该相当于少皞之挚。少皞之虚在曲阜（《左传》定四），《大荒东经》'东海之外大壑，少昊之国'，而与秦同族的嬴姓多在东方，都说明少皞是东方之神。契的传说和名号虽在许多方接近于挚，但是卜辞中的王亥或夋只能相当于契而不是析。"③ 曹定云先生也认为郭沫若和胡厚宣之说存在明显的疑点："据《史记》所载，契之母简狄是有娀

---

① 郭沫若：《中国古代社会研究》，人民出版社1954年版，第201页。
② 胡厚宣：《甲骨文商族鸟图腾的遗迹》，《历史论丛》第一辑，1964年。
③ 陈梦家：《殷虚卜辞综述》，中华书局1988年版，第340页。

氏之女，而挚之母常仪是娵訾氏之女。其母不同，其子怎么会是一人呢？"①当然，曹先生说"'少皞契'与'少皞挚'有可能是同时并存的两个人，此二人都出自'少皞'部落。换言之，'少皞契'与'少皞挚'是出于同一胞族的两个氏族。"以及"商族源出少皞"，"'少皞'部落是从'太皞'部落中分立出来的"，"商族之根在太皞"的说法②，我们也是不能同意的。胡厚宣先生也说过："少皞为太皞之后，少皞是契，则太皞即当为帝喾。"③ 其实，太皞与少皞虽说都属于史前的东夷集团，但它们并非族源上的衍生关系。太皞与少皞都名为皞，只表明它们都曾崇拜太阳或光明。太皞风姓，少皞嬴姓，二者属于东夷集团中不同的氏族部落。甲骨文假凤为风，所以即使说太皞风姓之风即凤，也不无可能，但这也只说明太皞族中也有鸟崇拜或鸟图腾，而无法进一步说少皞族来源于太皞族，说二者有衍化关系。至于进一步推演说子姓的殷契就是嬴姓的少皞挚，则似乎走得更远，更为靠不住。在少皞族的传说故事中，只有少皞挚、少昊质、少昊清而不见少皞契，少昊清即少昊质，亦即少皞挚，而说少皞挚与少皞契为同时并存的两人的推测，根据也是不足的。《世本》"少昊名契"的说法，很可能是少皞挚之挚或质，经"折"、"析"、"挚"，音变而来④，原为少皞挚或质。少皞挚之挚，也通作鸷。《左传》僖公二十六年说："我先王熊挚有疾"，《史记·三代世表》作熊鸷。《史记·白圭传》说："趋时若猛兽挚鸟之发"，挚鸟即鸷鸟。《夏小正》六月："鹰始挚"，洪震煊《夏小正疏义》说："挚读曰鸷"。《说文》："鸷击杀鸟也"，段玉裁注："古字多假挚为鸷。"可见少皞挚之挚，通作鸷，乃是一种厉害的鸟名⑤。若结合《左传》昭公十七年郯子说其"高祖少皞挚之立也……纪于鸟，为鸟师而鸟名"，以及《逸周书·尝麦解》说"乃命少昊

---

① 曹定云：《商族渊源考》，《中国商文化国际学术讨论会论文集》，中国大百科全书出版社1998年版。

② 同上。

③ 胡厚宣：《甲骨文商族鸟图腾的遗迹》，《历史论丛》第一辑，1964年。

④ 如上文陈梦家先生所说，"析"、"折"古可通用，挚、折、析是一。而"析"与"挈"也可通假，如《尔雅·释天》："蜺为挈贰"，《文选·西都赋》李注引《尸子》曰："虹蜺为析翳"。"挈"又转为"栔"、"契"，《路史·后纪七》："少昊名质，是为挈。"注云："挈本作栔，乃栔刻字，故《年代历》云少昊名栔，或名契。"

⑤ 胡厚宣：《甲骨文商族鸟图腾的遗迹》，《历史论丛》第一辑，1964年。

清司马鸟师,以正五帝之官,故名曰质",可以判断少皞挚之挚或少昊质之质,原本为"鸷",是一种厉害的猛禽。

由以上的辨析可知,一些学者主张殷契即少皞挚、帝喾即太皞,并因此而证明商族起源于东方或东北方乃至北方的说法都是难以成立的。但商族与东方也不是没有关系。商族的玄鸟图腾崇拜与东方广泛存在的鸟图腾崇拜,在类型上还是相近的;商人历法中一旬十日的纪日法、卜旬卜辞以及用天干十日为商王庙号的习俗等反映出的对太阳十日的崇拜,与东方的十日神话①所反映的对十日太阳的崇拜,也是相通的。此外,高辛氏与商族的渊源关系,也是不能忽视的。

《楚辞·离骚》:"望瑶台之偃蹇兮,见有娀之佚女。……凤凰既受诒兮,恐高辛之先我。"王逸注:"帝喾次妃有娀氏之女生契。"《天问》:"简狄在台喾何宜,玄鸟致贻女何喜。"王逸注:"简狄,帝喾之妃也。玄鸟,燕也。贻,遗也。言简狄侍帝喾于台上,有飞燕坠遗其卵,喜而吞之,因生契也。"《九章·思美人》:"高辛之灵盛兮,遭玄鸟而致诒。"王逸注:"喾妃吞燕卵以生契也。"这是战国时代的玄鸟生商神话,是更次生的形态。与春秋时的《诗经·商颂·玄鸟》和《商颂·长发》"无父而生"等现象相比,其变化,一是这时的简狄已经成了帝喾之妃,商的始祖契有了父亲;二是高辛氏与商

---

① 如《山海经·大荒南经》:"东南海之外,甘水之间,有羲和之国。有女子名曰羲和,方浴日于甘渊。羲和者帝俊之妻,生十日。"《海外东经》:"汤谷上有扶桑,十日所浴,在黑齿北,居水中。有大木,九日居下枝,一日居上枝。"《大荒东经》:"汤谷上有扶木,一日方至,一日方出,皆载于乌。"袁珂《山海经校注》说:《大荒南经》"经文'东南海之外',《北堂书抄》卷一四九引无南字,无南字是也。"并指出《大荒南经》此节疑当在《大荒东经》"有甘山者,甘水出焉,生甘渊"之下,"乃简册错乱,误脱于彼也。此经甘渊实当即《大荒南经》羲和浴日之甘渊,其地乃汤谷扶桑也。"袁珂先生的校注是对的。《大荒东经》的开卷即说:"东海之外大壑,少昊之国。少昊孺帝颛顼于此,弃其琴瑟。有甘山者,甘水出焉,生甘渊。"上引《山海经》中的十日神话,反映的是对十个太阳的崇拜,它为帝俊之妻羲和所生,其存在和运转也很有秩序:"九日居下枝,一日居上枝";"一日方至,一日方出"。这一崇拜应出自包括少皞族在内的东夷集团,属于东部地区的神话传说。而对于东方之外的人们来说,其说法则不是这样。如《淮南子·本经训》曰:"逮至尧之时,十日并出,焦禾稼,杀草木,而民无所食。猰貐、凿齿、九婴、大风、封豨、修蛇,尧乃使羿诛凿齿于畴华之野,杀九婴于……上射十日而下杀猰貐……万民皆喜,置尧以为天子。"这大概是出自中原地区的神话传说,其对十日的态度就不是崇拜而是射杀。《楚辞·天问》"羿焉弹日,乌焉解羽",也大概是由中原传至楚国的神话。

有关系；三是玄鸟似乎就是凤凰。在战国时期，帝喾与高辛氏是联系在一起的，每每称为"帝喾高辛氏"。但这些都是有问题的。如前所述，帝喾与帝俊都是由商代的上帝转化而来的，是商代的上帝人格化、人性化的结果，只是如《山海经》中所反映的东部的民族在把上帝转化为帝俊时，尚保留有较多的自然神的性格，而周人在把上帝或帝俊转化为帝喾时，其被伦理化的程度更高，而且还把周人的姜嫄安排为帝喾的元妃，把商人的简狄安排为帝喾的次妃。帝喾既非商人的始祖，也非周人的始祖，玄鸟生商是这一神话的较为原生的形态，简狄为帝喾之妃的说法是后加上去的。同时，帝喾与高辛氏的关系，正如徐旭生先生所指出，除颛顼之为高阳、帝尧之为陶唐、帝舜之为有虞，无大问题外，太皞之为伏羲、少皞之为金天、帝喾之为高辛等，在古书中全未考出证据，均属可疑，二者之间的连名，"全是作综合工作的人工作的结果"①。大概高辛氏是原有的，帝喾乃后人追加的尊号②。所以，帝喾的因素可以从这一神话中剔除出去。至于，玄鸟究竟是燕子还是凤凰，可暂且存而不论。《楚辞》中提到的商与高辛氏关系的问题，很值得探讨。

　　《左传》昭公元年子产说："昔高辛氏有二子，伯曰阏伯，季曰实沈，居于旷林，不相能也，日寻干戈，以相征讨。后帝不臧，迁阏伯于商丘，主辰。商人是因，故辰为商星。迁实沈于大夏，主参，唐人是因，以服事夏、商。"这里的阏伯与高辛氏是否真为具体的父子关系，不必拘泥，但它表明二者应有氏族间的分化衍生关系。阏伯居于商丘，用大火星定时节，商人沿袭这种历法，除在居地相因袭的因素外，是否还有族属上的渊源关系？又据《左传》襄公九年，居于商丘的高辛氏之子的阏伯，当时担任陶唐氏之火正，"祀大火而火纪时焉，相土因之，故辰为商星"。这样，因袭阏伯的是商先公相土。若联系上引《楚辞·离骚》、《九章·思美人》等所讲到的商与高辛氏的关系，我们可以进一步说，商人、商先公相土之所以能因袭阏伯来祭祀大火星和以大火星纪时，固然有居地的原因，但也不排除有族属上的渊源关

---

① 徐旭生：《中国古史的传说时代》，科学出版社1960年版，第71页。
② 《左传》文公十八年说"高辛氏有才子八人……天下之民为之八元"，其中之一为"季狸"，而《山海经·大荒南经》说："帝俊生季狸"；此外，《海内经》说："帝俊有子八人，是始为歌舞"，与高辛氏八子之说也相合，这样，似乎可证帝俊也是高辛氏，连起来就不就成为"帝俊高辛氏"？再结合"帝喾高辛氏"的说法，这一方面可证帝喾即帝俊；另一方面也与笔者所说的帝俊帝喾均为商代至上神上帝转化而来的考辨相一致。

系。若推测当时的情形应该是：有娀氏来到漳水流域的番地亦即商地之后，与来自东夷集团的一支人们因通婚而融合，形成了契及其之后的商族，而这支东夷集团的人们很可能就是高辛氏，商族中所含有的东方海岱文化的一些因素，也是由此而带来的。

综上所述，在谈到商族的形成时，首先需要明确的是商族的始祖是契而非帝喾，也不是有娀氏简狄。帝喾不是商族的始祖，他是由商代的上帝转化而来。所以，以往利用帝喾的一些材料探讨商族的起源，是靠不住的。至于有娀氏，笔者认为它只是商族渊源中的母方支系，是商族渊源之一，不能据此而说商族起源于晋南的蒲州或"幽都"之地的"不周之北"。商族的始祖是契，商族的形成也以契的出现为开端。在商族历史上，最早的"商"和"蕃"是一地二名，商即漳，在冀南的漳水流域；蕃即战国时的番吾，在漳水边上的今河北磁县境。所以，商族发祥于冀南的古漳水流域地区。

商契时期的商族居于漳水流域，而构成商族的是有娀氏与高辛氏，亦即商族是由北方的有娀氏与中原东部的高辛氏在漳水地区相融合而形成。高辛氏是从东部进入中原地区的部族，故而商文化中有东方文化的因素。有娀氏究竟是从山西北部、内蒙古岱海到河北北部、燕山南北乃至辽宁一带，经太行山东侧的华北平原南下至磁县附近的漳水流域的？还是沿着太行山西侧的汾水沿线南下，经晋南的蒲州后来到磁县附近的漳水流域的？应当根据先商文化最早时期的遗存所含的成分中，是属于冀北的因素多还是属于山西的因素多来决定，总之商族中含有北方戎狄文化的因素，也是不能忽视的。

第二章

商族的早期迁徙

第一节 昭明居砥与迁商

以上是对商族的起源及其发祥地的考辨和梳理，然而，殷人屡迁，《史记·殷本纪》："自契至汤八迁"，是说从契到汤时，商族的活动中心转移了八次之多。

商人这八次迁徙地望，孔颖达《尚书正义》只考出四地，说："《商颂》云，帝立子生商，是契居商也。《世本》云，昭明居砥石，《左传》称相土居商丘，及汤居亳。事见经传者，由此四迁，未详闻也。"梁玉绳在《史记志疑·殷本纪》中列出有八迁之地，其云："考《书》疏曰：《世本》昭明居砥石，《荀子·成相》曰昭明居砥石，迁于商，《左传》相土居商丘，是三迁也，（商与商丘不同，见《左》襄九年疏）。《竹书》帝芒三十三年商侯迁于殷（冥之子振也），帝孔甲九年，殷侯复归商丘，是五迁也。《路史·国名纪》云：上甲居邺，是六迁也。而《水经注》十九又引《世本》云：契居蕃，是七迁也。并汤为八迁。"

王国维也对这八迁之地作了一番考证，它们是：一、契居蕃，说"契本帝喾子，实本居亳，今居于蕃，是一迁也"。蕃地，王氏认为即"《汉志》鲁国之蕃县"，汉时鲁国之蕃县在今山东滕县。二、昭明迁于砥石。砥石地望王氏无说。三、昭明再迁于商。四、相土居商丘。五、相土迁于泰山脚下的东都。王氏认为商、商丘、宋是一地的不同称呼，地在今河南商丘，对于昭明迁于商与昭明子相土居商丘的这一矛盾，王氏的解说是：相土时，泰山脚下为东都，商丘乃其西都，"昭明迁商后，相土又东徙泰山下，后复归商丘，是四迁五迁也。"六、夏帝芬三十三年商侯迁于殷。这条材料出自今本《竹书纪年》，但王氏认为"《山海经》郭璞注引真本《纪年》有殷王子亥、殷主甲微，称殷不称商，则今本《纪年》此事或可信。"殷地在今河南安阳，此"商侯"为何人，王氏在该文中无说，但他在《今本竹书纪年疏证》中的意思是王亥。七、孔甲九年，殷侯复归于商丘。八、汤居亳，从先王居。此亳王氏认为在今山东曹县。①

王国维的考证虽也凑成了"八迁"之数，但其疑点也是很多的。对于王国维两次征引今本《竹书纪年》，丁山先生认为，"与其引今本《纪年》'商侯迁于殷'，不如引古本《纪年》的'殷王子亥宾于有易'，以证明商人曾居易水流域。与其引今本《纪年》'殷侯复归于商'，不如引《路史·国名纪》云：'上甲微居邺'（此说出于《世本》）。以实八迁说，较为有据。"②丁山先生采用梁玉绳之说，补"上甲微居邺"为一迁，是可行的；但他把王亥"宾于有易"即旅居作客于有易，理解为迁徙于有易，又是不对的。此外，王国维所说的"契为帝喾子"以及契所居之蕃"即《汉志》鲁国之蕃县"的说法也是有问题的。这一点上文已作辨析，不再赘述。

商契之后是昭明。《荀子·成相》说："契玄王，生昭明，居于砥石迁于商。"《世本》也云："昭明居砥石。"关于砥石的地望，王国维无说，丁山先生考证甚详。丁山认为："砥为泜字传写之误。泜石，即泜水与石济水的混名。……由于石济水入泜水，以'互摄通称'例之，泜水自然可名为泜石水了。由于泜石互摄，而以泜水即石水；所以今本《荀子》与《世本》佚文均误为砥石了。泜水，今于河北隆平县北入宁晋泊。宁晋泊于冀县北入滹沱河。在古代，应如《浊漳水注》云：'泜水东入泜湖'。泜湖东注衡水。衡水者，横漳也"。③《山海经·北山经》说泜水出自敦与之山。《汉志》中说石济水出常山郡房子县赞皇山，东流入泜。故泜水与石济水可合称泜石水。今石济水已不存，而泜水犹在。其地在今河北元氏、平乡一带。1978年在元氏县西张村出土了一批西周铜器，其中叔趯父卣和尊的铭文有"女飒用乡乃辟軧侯"文句。臣谏簋铭文有"唯戎大出〔于〕軧"、"亚旅处于軧"文句。学者认为，此軧侯

---

① 王国维：《说自契至于成汤八迁》，《观堂集林》卷十二。
② 丁山：《商周史料考证》，中华书局1988年版，第15页。
③ 同上书，第17—18页。

即由其封于泜水而得名，这是可信的①。依据上述，古泜水、石济水所流经的今河北省石家庄以南、邢台以北一带，亦即《汉书·地理志》元氏县"泜水"之泜，这也许就是昭明由"蕃"亦即最早的"商"向北迁徙的砥石所在地。

关于砥石的另一说法是《淮南子·地形训》谓："辽出砥石"。高注："砥石，山名，在塞外，辽水所出，南入海。"《水经·大辽水注》也说："辽水出塞外卫白平山，东南入塞，过辽东襄平县西。"郦注："辽水亦言出砥石山。"据此，再结合"燕亳"等因素，一些学者主张商族起源于我国的北方的幽燕之地或东北方。但如上文所述，若契居蕃之蕃地亦即最早的商地在磁县、漳水一带的话，那么远在关外的辽水之地为昭明所居之砥石，过于偏远，实属不可能。《史记·殷本纪》说："契兴于唐、虞、大禹之际。"又说："契长而佐禹治水有功，帝舜乃命契曰：'百姓不亲，五品不训，汝为司徒而敬敷五教，五教在宽。'"《史记》的这段话取自《尚书·尧典》，《尧典》谓："帝（舜）曰：'契，百姓不亲，五品不逊，汝作司徒。敬敷五教，在宽。'"《国语·鲁语上》也说："契为司徒而民辑，商人禘舜而祖契。"在这里，《尧典》因大一统思想、大一统史学观而把原本属于不同部族的伯禹、周稷、殷契、皋陶等安排在一个朝廷：伯禹作司空，契作司徒，周弃作后稷，皋陶作士，益作虞，伯夷作秩宗，夔作典乐，龙作纳言等。剔除了这种大一统史学观后，我们认为《尧典》等典籍作这种安排的基础是：当时的夏禹、殷契、皋陶等所代表的诸部族，相互之间是有关系、有交往的，其交往的舞台主要应在黄河的中游地区。所以，以殷契活动在黄河中游而论，契子昭明也不能居于关外辽水之地的"砥石"，然后再迁回到黄河中游的"商"。契所居之砥石，还应以丁山的考证为是。实际的情形应该是，契居蕃即商，地在冀南的磁县至漳水一带，昭明由此地迁于河北省石家庄以南、邢台以北即元氏县一带的古泜水、石济水流域，后又迁回到磁县至漳水流域的商地。

说到昭明，也有学者依据昭明与朝鲜夫余、高句丽国的朱蒙（或称为"东明"）在卵生神话等方面的联系，认为商族起源于东北地区。例如，《论

---

① a. 李学勤、唐云明：《元氏铜器与西周的邢国》，《考古》1979年第1期。
b. 田昌五：《中华文化起源志》，上海人民出版社1998年版，第239页。

衡·吉验篇》曰：

> 北夷橐离国王侍婢有娠，王欲杀之。婢对曰："有气如大鸡子，从天而下，我故有娠。"后生子，捐于猪溷中，猪以口气嘘之，不死。复徙置马栏中，欲使马藉杀之，马复以口气嘘之，不死。王疑以为天子，令其母收取，奴畜之，名东明，令牧牛马。东明善射，王恐夺其国也，欲杀之。东明走，南至掩滹水，以弓击水，鱼鳖浮为桥，东明得渡。鱼鳖解散，追兵不得渡。因都王夫余，故北夷有夫余国焉。（亦见《搜神记》卷十四和《魏志·夫余传》注引《魏略》）

《魏书·高句丽传》曰：

> 高句丽者，出于夫余。自言先祖朱蒙。朱蒙母河伯女，为夫余王闭于室中，为日所照，引身避之，日影又逐。既而有孕，生一卵，大如五升。夫余王弃之与犬，犬不食。弃之与豕，豕又不食。弃之于路，牛马避之。后弃之野，众鸟以毛茹之。夫余王割剖之，不能破，遂还其母。其母以物裹之，置于暖处，有一男破壳而出。及其长也，字之曰朱蒙。其俗言"朱蒙"者，善射也。夫余人以朱蒙非人所生，将有异志，请除之。王不听，命之养马。……夫余之臣又谋杀之，朱蒙母阴知，告朱蒙曰："国将害汝，以汝才略，宜远适四方。"朱蒙乃与乌引、乌违等二人弃夫余东南走。中道遇一大水，欲济无梁，夫余人追之甚急。朱蒙告水曰："我是日子，河伯外孙，今日逃走，追兵垂及，如何得济？"于是鱼鳖并浮，为之成桥。朱蒙得渡，鱼鳖乃解，追骑不得渡。朱蒙遂至普述水……遂居焉，号曰高句丽，因以为氏焉。

《高丽好大王碑》曰：

> 惟昔始祖邹牟王之创基也，出自北夫余，天帝之子，母河伯女郎，剖卵降出。生子有圣□□□□□□命驾巡东南下，路由夫余奄利大水。王临津言曰："我是皇天之子，母河伯女郎，邹牟王，为我连葭浮龟。"应声即为连葭浮龟，然后造渡于沸流谷忽本东西城山上而建都焉。永乐□位，因遣黄龙来下迎王，王于忽本东冈黄龙负升天。

在这一始祖诞生神话中,有三项因素与商族祖先的神话传说有关联。其一是日神崇拜。朱蒙、东明与昭明本身就含有崇拜日神的意思,《魏书·高句丽传》更是直接说"我是日子,河伯外孙"。商族先公先王以十日天干为名,以及卜辞中宾日、告日、御日、拜日之礼,祭祀"出日"、"入日"之礼等,都表现出对日的崇拜。其二是卵生神话。《论衡·吉验》所说的"有气如大鸡子,从天而下,我故有娠",《魏书·高句丽传》所谓"既而有孕,生一卵,大如五升",以及《高丽好大王碑》"剖卵降出,生子有圣"之类卵生神话,与商的女始祖简狄吞玄鸟卵而"因孕生契"的卵生神话是吻合的。其三是"河伯"方面的线索。《魏书·高句丽传》说"朱蒙母河伯女"、"河伯外孙",《高丽好大王碑》所谓"母河伯女郎",与商族祖先上甲微借师于河伯以伐有易的传说,以及甲骨文中商王对"高祖河"的祭祀①,都是一致的。这些都说明东北方向的朝鲜夫余、辰韩等古国与商族是有关系的,但这种关系并非商族来自东北,而恰恰相反,夫余、辰韩等古国的这类神话传说来自中原地区的商族。其理由有二。一是在朝鲜夫余方面,日神崇拜、卵生神话、河伯传说都是集中于朱蒙一身的,而在商族方面,则分属于不同的先公、不同的时期。也就是说,夫余方面的神话传说是商族不同时期的神话传说积淀和综合的结果,与商族相对来讲,它并非原生的。二是二者都有的"河伯"传说,其原生地在黄河中游地区,有关"河伯"的传说绝不会由东北传自中原,而只能是由中原传自东北,仅凭这一点,就不能以朝鲜夫余方面的卵生等神话来证明商族起源于东北。

第二节 相土居"商丘"

昭明之后是相土,相土居商丘。《左传》襄公九年说:"陶唐氏之火正阏伯居商丘,祀大火,而火纪时焉。相土因之,故商主大火。"《世本》也云:"契居蕃,相土徙商丘。"只是这个商丘在何地?尚有三说。一说为宋国之商丘,地在今河南商丘县;另一说是卫地,在今河南濮阳县;第三说是《史记·郑世家》集解引贾逵曰:"商丘在漳南。"三说中以前两说为学界所瞩

---

① 关于"河伯"与"高祖河"的问题,详后。

目，争论也较大。说在宋国之商丘者，为《左传》之本身。《左传》昭公元年和襄公九年说商先公相土因袭高辛氏之子阏伯，在商丘主持祭祀辰星。"故辰为商星。"昭公十七年又说："宋，大辰之虚也。"所以，按照这一说法，商丘在宋地，它指的就是今河南省商丘县。《汉书·地理志》、唐《括地志》等古地理书和近代的王国维等学者多承此说①。说为濮阳者，主要是根据古本《竹书纪年》"帝相即位，处商丘。"这里的"商丘"，在《左传》里为"帝丘"，而"帝丘"则在濮阳。《左传》僖公三十一年："冬，狄围卫，卫迁于帝丘，卜曰三百年。卫成公梦康叔曰：'相夺予享'。公命祀相，宁武子不可。曰：'鬼神非其族类，不歆其祀，杞、鄫何事？相之不享于此久矣，非卫之罪也。'"杜预注："帝丘，东郡濮阳县。"这里所说的相，就是《竹书纪年》的帝相，指的是夏王朝第四代君王。《水经·瓠子河注》："河水旧东决，迳濮阳城东北，故卫也，帝颛顼之墟。昔颛顼自穷桑徙此，号曰商丘，或谓之帝丘，本陶唐氏之火正阏伯之所居，亦夏伯昆吾之都，殷之相土又都之。故《春秋传》曰：'阏伯居商丘，相土因之'是也。"《说苑·敬慎》也说："卫迁于商丘。"《竹书纪年》是地下出土的战国时的资料，其可信度颇为学界所公认。岑仲勉先生在《黄河变迁史》中即论证"商代（不是周代）的商丘，就现时所知，应在濮阳而不在归德"②。郑杰祥《商代地理概论》更是力主商丘在濮阳而不在今商丘市③。

在说到商丘时，也有人认为宋、商、商丘三名为一地。杜预《春秋释地》即说"宋、商、商丘三地一名。"王国维《观堂集林·说商》也说宋、商、商丘三名一地。但是从《史记·宋微子世家》的记载已可以看出，宋地在微子未封前名宋，不名商丘。《国语·吴语》④、《庄子·天运》⑤等用"商"来表示"宋"，是因为周朝封商的微子于宋，此后，宋为商的后裔，所以在两周时代，宋也被称为商，但这并不表示周代之前的宋地即称为商。在商代的甲骨文中就有"宋"，例如，"己卯卜，王贞：鼓其取宋伯盉，鼓祸？叶朕事，宋伯盉从鼓。二月"（《合集》20075）；"己卯卜……令……受

---

① 王国维：《说自契至于成汤八迁》，《观堂集林》卷一二。
② 岑仲勉：《黄河变迁史》，人民出版社1957年版，第94页。
③ 郑杰祥：《商代地理概论》，中州古籍出版社1994年版，第20—24页。
④ 《国语·吴语》：吴王夫差"阙为深沟，通于商、鲁之间。"这里的"商"指的是宋国。
⑤ 《庄子·天运》："商大宰荡问仁于庄子。"这里的"商"指的也是宋国。

夫……于宋"（《合集》7898）；"丙子……侑子宋"（《合集》20032）；"乙巳卜，王侑子宋"（《合集》20034），等等。诚如郑杰祥先生所言，卜辞的宋地应当就是西周时期的宋国所在地。① 《史记·宋微子世家》："周公既承成王命，诛武庚，杀管叔，放蔡叔，乃命微子开代殷后，奉其先祀，作《微子之命》以申之，国于宋。"《集解》引《世本》曰："宋更曰睢阳。"《水经·睢水注》："睢水又东迳睢阳县故城南，周武王封微子启于宋以嗣殷后，为宋都也。"杨守敬疏：睢阳故城"在今商丘县南三里。"清代商丘县即在今河南省商丘县，古宋城当位于今商丘县南郊。卜辞中也有地名为"丘商"（《合集》776②、7838），很可能就是位于濮阳曾被称为帝丘的商丘。③ 与今河南商丘县相比，濮阳距离商都安阳殷墟要近得多，所以，卜辞记载商王曾多次贞问要在这里举行大祭，以及商王的妇妌还曾在这里主持农业生产等。④ 总之，濮阳之商丘得名应较早，它在商代也许被称为丘商，它就是相土所居之商丘。

第三节　王亥迁殷与上甲微居邺

今本《竹书纪年》曰："帝芒三十三年，商侯迁于殷。"⑤ 王国维于此作为先商时期商族的一迁。丁山先生认为"与其引今本《纪年》'商侯迁于殷'，不如引古本《纪年》的'殷王子亥宾于有易'，以证明商人曾居易水流域。"⑥ 商人是否确曾居于易水流域？这一点我们后面再说。帝芒三十三年时的商侯是谁？王国维在其《今本竹书纪年疏证》中说："此因《山

---

① 郑杰祥：《商代地理概论》，中州古籍出版社1994年版，第191页。

② 在这版卜辞中，"丘商"与"兹商"见于同版，如"己丑卜，㱿贞：戠于丘商？四月。贞：勿龠戠于丘商？……壬寅卜，㱿贞：不雨？隹兹商有作祸？贞：不雨？不隹兹商有作祸？"因卜问的是两件事，这里的"丘商"与"兹商"并非对贞，二者应该是两地。也有人认为二者见于同版，兹商应当就是指的丘商的代称。

③ 郑杰祥：《商代地理概论》，中州古籍出版社1994年版，第20—24页。

④ 如卜辞记载："辛丑卜，㱿贞：妇妌乎黍丘商受……"（《合集》9530）

⑤ 王国维在《说自契至于成汤八迁》一文中说："今本《竹书纪年》云'帝芬三十三年，商侯迁于殷'。"而在他自己作的《今本竹书纪年疏证》中却又为："帝芒三十三年，商侯迁于殷"。应以帝芒三十三年为是。

⑥ 丁山：《商周史料考证》，中华书局1988年版，第15页。

海经》引《纪年》'有殷王子亥'，故设迁殷一事"，王国维的意思是说此商侯为王亥。依据今本《竹书纪年》下文"帝泄十二年，殷侯子亥宾于有易，有易杀而放之"，亦可知此商侯是王亥。因为若不是王亥而是冥的话，冥最初是与少康同时代①，从少康到帝芒已历三代，应该是不可能的。帝芒三十三年的商侯即王亥所居之殷，应该就是安阳，如《春秋地名考略》及《方舆纪要》卷四十九引《都城记》曰："安阳一名殷中，即北蒙也。"

王亥之子为上甲微，其居地，《路史·国名纪卷三》说："上甲微居邺。"此说本于《世本》。② 上甲微所居之邺，一般认为在今河北临漳西南邺镇东。此邺地，春秋时齐桓公曾筑邺城，战国魏置县，西门豹曾为邺令。西汉置魏郡，治邺。东汉末后又先后为冀州、相州治。建安十八年（213），曹操为魏公，定都于邺。曹丕代汉，定都洛阳，邺仍为五都之一。十六国时后赵、前燕、北朝东魏、北齐皆定都于此。但也有人根据《史记·项羽本纪》"项羽乃期洹水南、殷墟上"句下《集解》、《索隐》所转引之《竹书纪年》"殷墟南去邺三十里"等线索，认为汉之魏郡城在今安阳近郊，与后世所称邺城并非一处，邺之初筑，在魏郡城处，位于小屯北边的洹水北岸。③ 只是，位于临漳西南的"邺"与位于洹水北岸魏郡城处的"邺"，相距并不远。甚至有学者考证，历史上安阳与邺，实为一体，"上古均为殷地，盘庚迁殷后，均为都畿地"。④ 尽管如此，"殷侯迁于殷"与"上甲微居邺"，毕竟是两地，这两地很可能属于商契至商汤八迁中的二次迁徙。

第四节　河伯和有易氏的居地及其与商之关系

说到王亥和上甲微的居地，每每要涉及他们与河伯和有易氏关系。如

---

① 今本《竹书纪年》曰："帝少康十一年，使商侯冥治河。""帝杼十三年，商侯冥死于河。"
② 参见丁山《商周史料考证》第 15 页及邹衡《夏商周考古学论文集》（第二版）第 198 页。
③ 张之：《邺之初筑是否在古邺城处》，收入张之《安阳考释——殷邺安阳考证集》，新华出版社 1997 年版，第 42—55 页。
④ 同上书，第 69—85 页。

《山海经·大荒东经》云："有人曰王亥，两手操鸟，方食其头。王亥托于有易、河伯仆牛。有易杀王亥，取仆牛。"晋郭璞注引《竹书纪年》曰："殷王子亥宾于有易而淫焉，有易之君緜臣杀而放之。是故殷主甲微假师河伯以伐有易，灭之，遂杀其君緜臣也。"这一事件也见于《楚辞·天问》和《易经》。① 王亥宾于有易，其子上甲微又借河伯之师以灭有易，都说明王亥和上甲微距离有易与河伯不远。

关于河伯的传说，在《山海经》、《竹书纪年》、《庄子·秋水》和《楚辞·九歌》等先秦文献中都有记载。汉代《淮南子》中的《齐俗训》、《原道训》、《说山训》、《说林训》诸篇和《史记》的《晋世家》、《河渠书》也都提到河伯，特别是褚少孙补《滑稽列传》河伯娶妇一章记载的更是具体而生动。在商代的甲骨文中也有祭祀"高祖河"的卜辞。这个"高祖河"指的就是与王亥、上甲微有过关系的"河伯"，他本来是居于黄河边上的一个部族的首领之名，后来转为该部族的族神，或者是他既为部族首领之名称，同时亦为该族的族神（居住在黄河边上的、以黄河之神为族神的部族之神）。对于殷人来说，他是异族之神，何以能在甲骨文中加入了殷的先公之行列，而被称为"高祖"呢？我们以为有两个原因。其一是在商族的早期历史上，河伯与王亥、上甲微为盟友关系，并借师给上甲微，对上甲微复仇，伐灭有易起过至关重要的作用。其二是正如吾师伊藤道治先生所说，在殷代，诸如"河"、"岳"等各地的异族之神，都有自己的祭祀地，也有把这些神作为族神祭祀的族，而且在殷王朝的贞人集团中，亦可以见到来自这些族的贞人，如贞人"何"。这些原本为异族的神，之所以受到殷王朝的直接的祭祀或者是被纳入了殷的祖先神的系列中加以祭祀，是因为这些族都被纳入了殷的支配之下的缘故，这是殷维持对异族支配的一个手段和纽带。在殷王朝看来，各地小的方国和殷一样，一切都是由神主宰的，而各地小国的贞人则是他那个方国里具有判断人们行动善否能力的人，殷从这些被征服的国家里，把这样的贞人召到首都，使得殷王室在占卜上也具备了优越于其他国家的力量，这样，与把异族神纳入殷的祭祀

---

① 《易经·大壮》六五爻辞："丧羊于易，无悔。"《易经·旅》上九爻辞："丧牛于易，凶。"顾颉刚先生在《周易卦爻辞所见故事》中认为《周易》所讲的"丧羊于易"就是王亥宾于有易而被杀的事件。

系统一道，殷在精神领域也统治着当时的世界。① 所以，甲骨文中"河"和"高祖河"卜辞的存在，证明了文献中有关王亥、上甲微与河伯之关系的这一传说的可信。河伯与上甲微和王亥关系之特殊或者说关系之密切，还可以从一些其他卜辞得到印证。例如，在卜辞中可以看到，上甲与河，或者王亥、上甲与河，每每是被安排在一起进行祭祀的：

(1) 其又桒于河眔（暨）上甲。（《库》16）
(2) 燎于河、王亥、上甲十牛，卯十宰。五月。（《合集》1182）
(3) 贞：燎于上甲于河十牛。（《合集》1186）
(4) ……河眔上甲。在十月有二。（《合集》32663）
(5) 辛巳卜，贞：来辛卯酚河十牛，卯十宰，王亥燎十牛，卯十宰，上甲燎十牛，卯十牛。（《屯南》1116）

再如，我们还可以看到，常常有王亥、上甲即于河宗的卜问：

(6) 辛巳卜，贞：王亥、上甲即于河［宗］。（《合集》34294）
(7) 辛巳卜，贞：王亥、上甲即宗于河。（《屯南》1116）
(8) 辛未卜，叀上甲即宗于河。（《屯南》2272）

商王刻意将上甲与河或者是王亥上甲与河安排在一起祭祀，又特别占卜王亥上甲是否即于河宗或是否唯有上甲即于河宗，这些都说明王亥、上甲与河有着特殊的关系，这种特殊关系即起因于：先是"王亥托于有易、河伯仆牛"（《山海经·大荒东经》）；后来上甲微"假师河伯以伐有易，灭之"（《竹书纪年》），并因此而取代了王恒，登上了王位的宝座。

那么，这个"河伯"的居地在何处？一般认为河伯娶妇的故事，发生在滨于漳河的邺地。如《水经注·浊漳水》过邺县西条曰："漳水又北迳祭陌西。战国之世，俗巫为河伯取妇，祭于此陌。"《太平寰宇记》卷五十五河北道相州邺县条："浊漳水在县东北，有永乐浦。浦西五里，俗谓紫

---

① ［日］伊藤道治著、江蓝生译：《中国古代王朝的形成》"第一部 殷代史研究"，中华书局2002年版；又见王震中《伊藤道治与古史研究》，载李学勤主编《国际汉学漫步》下卷，河北教育出版社1997年版。

陌河，此即俗巫为河伯娶妇处。"然而，我们知道，"河伯"之"河"指的是黄河①，所以结合邺地河伯娶妇的故事，河伯的居地应在近于邺地的黄河流域。此外，一般根据《史记·河渠书》："西门豹引漳水灌邺，以富魏之河内"，认为西门豹溉邺所引之水为漳水。然而，《吕氏春秋·乐成》载："史起对曰：魏氏之行田也，以百亩，邺独二百亩，是田恶也。漳水在其旁，而西门豹弗知用，是其愚也。"这是说西门豹不曾引漳水溉邺，班固《汉书》采用了这一说法。《史记·滑稽列传》则说西门豹溉邺所引之水是黄河之水，曰："西门豹即发民凿十二渠，引河水灌民田，田皆溉。"据考证，西门豹开十二渠口，所引黄河之水，并非当时黄河水道中水，乃黄泽中水，而黄泽中水，原即黄河水。②清胡渭《禹贡锥指》卷四十"北过降水，至于大陆"句下云："（黄）泽大，方数十里，当接安阳县界，疑此地也禹河之所经，河徙，乃锺为黄泽耳。"这是说黄泽为黄河故道，那么黄泽水即为黄河故道之余水。《方舆纪要》则解释为："旧志云：永定城东有鲧堤，鲧治水时所筑，以捍孟门溢河，今谓之三刃城。"此鲧堤指安阳、内黄、汤阴间之鲧堤③，"以捍孟门溢河"之意，是说黄泽之水，乃大河溢出之水，筑鲧堤以防之。所以，诚如张之先生所言，今安阳、汤阴间之广润陂洼地，即古黄泽之遗迹，黄泽之水，无论为黄河故道之余水，或为黄河泛滥溢出之水，皆黄河水也。④发生"河伯娶妇"故事的邺地近于黄河，位于汉内黄之西、今安阳、汤阴间的黄泽为黄河故道之余水或溢水，那么正像我们后面还要讲到的那样，第一次改道之前的古黄河，在流经河南省浚县，经河南北部、河北中部，折东至天津入海的河道中，有一段是在内黄之西、安阳之东或安阳之东

---

① 《山海经·海内北经》："中之极渊深三百仞，维冰夷恒都焉。冰夷人面，乘两龙。"郭璞注云："冰夷，冯夷也。《淮南子》云：'冯夷得道，以潜大川。'即河伯也。《穆天子传》所谓'河伯无夷'者，《竹书》作冯夷，字或作冰也。"《楚辞·九歌·河伯》洪兴祖补注引《抱朴子·释鬼篇》："冯夷以八月上庚日渡河溺死，天帝署为河伯。"《博物志》云："昔夏禹观河，见长人鱼身出曰：吾河精。岂冯伯也？冯夷得道成仙，化为河伯，道岂同哉？"这些神话传说中，有些细节虽为后起之说，但河伯之河为黄河、河伯为黄河之神的核心内容是一致的。

② 张之：《邺下古渠考》，收入张之《安阳考释》，第86—95页。

③ 参见嘉靖《内黄县志》鲧堤条。

④ 张之：《邺下古渠考》，收入张之《安阳考释》，新华出版社1997年版，第90页。

极近处由南向北流经的①，为此，与王亥、上甲微有关系的河伯之居地，应是安阳之北漳河附近的黄河地域。而王亥居殷和上甲微居邺都表明，当时的商族与河伯为邻。

至于有易氏的居地，一般认为在今河北省北部的易水一带，《周礼·职方》和《战国策·燕策一》中的易水就在这里。也有学者指出易水古有北、中、南三易。北易、中易多无异议，即在今易水一带。南易据《燕赵记》说指漳水，班固、阚骃则以呼沱河为南易。三易虽说都在邺地之北，但漳水说首先应该排除。因为，如前所述，由于河伯一族居于有漳水注入的黄河流域，亦即漳河地区应属河伯族的势力范围，有易氏当然不能把此地作为自己的领地。同时，当时王亥也只是赶着牛羊，"宾于有易"，即作为客人，旅居来到有易之地②，这表明当时商族的中心地带与有易氏居地应有一定距离。由此笔者认为先商时期的有易部落的活动范围很可能是在易水至滹沱河地区，而以易水流域为其中心地带。据研究，甲骨文中有称为"易"的国族或国族人，甲骨文记载的"易人"③、"易人二十"④，就是名为易之国族或该族之代表人物易人向商王国贡纳、入贡的记录。甲骨文中的易，很可能就是活动在今河北易县、易水地区的商代的易族，即夏代有易氏之后裔⑤。

第五节 八迁的范围不出冀南与豫北地区

与相土居商丘相比，殷侯（王亥）迁殷和上甲微居邺，表明商族的活动中心又回到了河内之地。当然，在商契至商汤的八迁中，有相当多的商

---

① 刘起釪：《卜辞的河与〈禹贡〉大伾》，载刘起釪《古史续辨》，中国社会科学出版社1991年版。谭其骧：《黄河与运河的变迁》，《地理知识》1955年第8期；顾颉刚：《禹贡（全文注释）》，载侯仁之主编《中国古代地理名著选读》，科学出版社1959年版；张之：《安阳考释》第192页及同书注④。

② 《易·旅》上九："旅人先笑后号咷，丧牛于易，凶。"这里的"旅人"也是指王亥旅居作客于有易。

③ 松丸道雄：《东京大学东洋文化研究所藏甲骨文字》，东洋文化研究所纪要别册，1983年。

④ 《甲骨文合集》第三册5637反，中华书局1978年版。

⑤ 彭邦炯：《从甲骨文的易说到有易与易水》，《殷都学刊》1999年第2期。

先公都是活动在黄河中游的大河之滨的。例如，商的第六代先公冥，《国语·鲁语上》说："冥勤其官而水死。"今本《竹书纪年》也说："帝少康十一年使商侯冥治河"、"帝杼十三年商侯冥死于河"。冥的业绩在于治理河水，而春秋中叶以前的黄河水道是走河北从天津入海，并不走山东境内，因而此时商族的活动中心也应近于豫北冀南的黄河中游。可见，无论是"治河"且"死于河"的商侯冥，还是夏"帝芒三十三年"迁于殷的"商侯"，以及居于邺并假师河伯诛杀有易之君绵臣的上甲微，其活动中心集中在漳河流域至安阳地区：邺在漳河之南、殷在洹水南北[①]，河也是靠近安阳东部的古黄河地段。从商侯冥到上甲微，商族的活动和居住中心应该是清楚的。

上甲微之后，从报乙、报丙，到报丁，其居地史无记载，考虑到商汤始居亳，所以报乙、报丙、报丁的居地可能还是在邺或殷。

总之，"契居蕃"在河北磁县；"昭明，居砥石"在石家庄以南、邢台以北的古泜水、石济水流域，亦即今日的河北元氏县一带，后又迁回磁县漳河流域的商地；相土所居商丘在河南濮阳；商侯冥时商族活动的中心在豫北冀南的古黄河流段；王亥所迁之殷在安阳；上甲微居于邺；成汤所居之亳依据本书第三章的考辨是在河南内黄（内黄靠近濮阳）的郼地之亳，这一切都说明在商族的早期历史上，尽管有被称为"八迁"之多的迁徙，但迁徙的范围不出冀南和豫北地区（图2—1），而这些恰和被称为先商文化的下七垣文化（也有人称为"漳河型先商文化"或"漳河型下七垣文化"）分布范围的中心地带相一致。诚然，如笔者将在第四章所述的那样，下七垣文化并不能填满整个先商时期的时间段落，它只是先商文化中期和后期的文化，而且在下七垣文化的分布范围内，也不仅仅只有商族一族的存在，至少居住于漳水附近的黄河地段的"河伯"族和居住于今河北北部易水至滹沱河的"有易"族就在下七垣文化的分布范围内，但若把下七垣文化的族属概念规范为以商族为主体所创造的物质文化，依据笔者对商族的起源及其早期的迁徙的考证，二者在分布地域上还是吻合的。

---

① 由于洹北商城的发现，使得殷墟的范围向北有所扩大。关于洹北商城的年代和性质，目前有两说。一说认为是河亶甲所都之相；另一说认为是盘庚所迁之殷。若以后一说为是，殷墟的范围显然要扩大到洹北商城一带。详见《商代史》卷五《商代都邑》第四章"晚商初期的王都与地方族邑"。

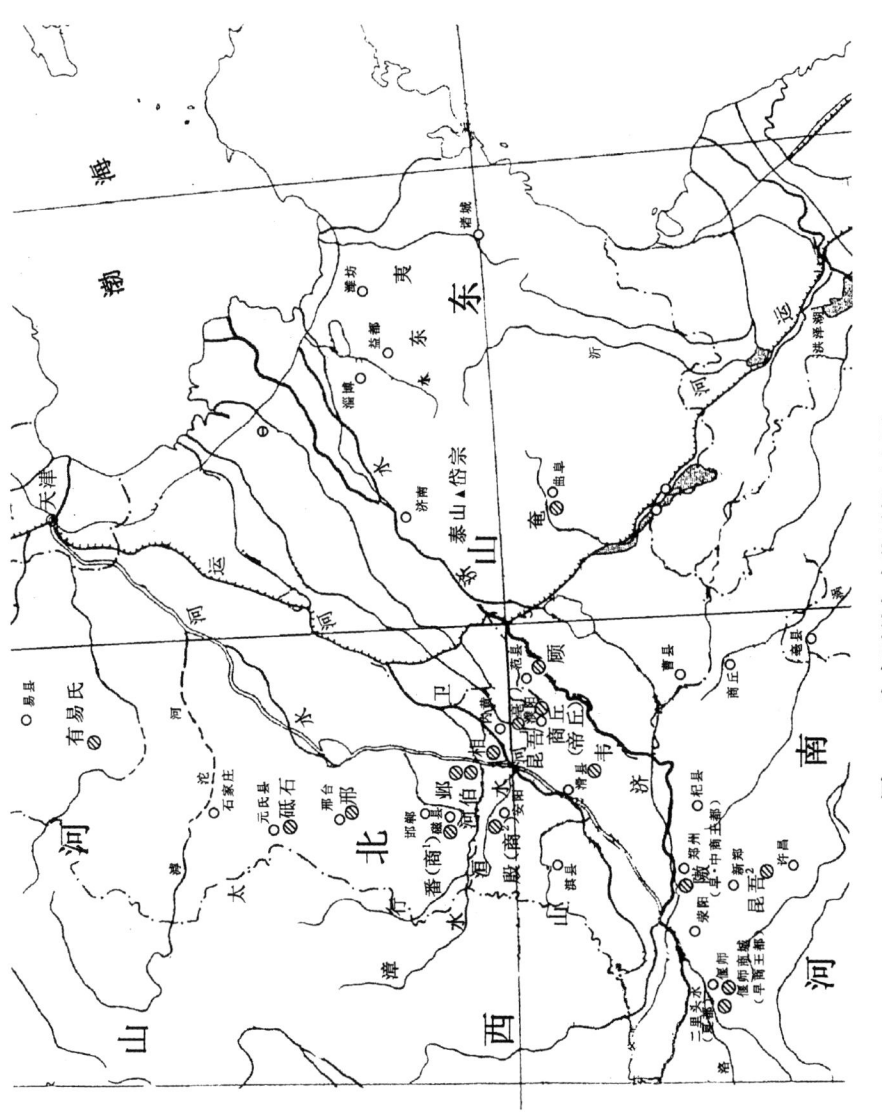

图2—1 先商迁徙与商代迁都示意图

第三章

商汤灭夏前的亳邑

第一节 汤居亳诸说之辨析

汤居亳，史有明文记载，但商汤所居之亳究竟在何地？却是学术界聚讼纷纭的一大难题。在传统的说法中，以陕西关中的杜亳说、陕南的商州说、河南商丘北曹县一带北亳说、商丘东南谷熟一带的南亳说和偃师的西亳说，较有影响。20世纪50年代以来，先后又提出了位于河南内黄县的黄亳说，位于山东泰安市东南的博县说，位于河南郑州的郑亳说，位于山西垣曲的垣亳说，位于濮水流域的濮亳说，位于定陶之东、成武县北境的济亳说，位于商丘以北的蒙泽附近的蒙地说等。

一 杜亳说、商州说、垣亳说、博县说、黄亳说、濮亳说

杜亳说是由《史记》的说法引起的。《史记·六国年表》："夫作事者必于东南，收功实者常于西北。故禹兴于西羌，汤起于亳。"《集解》引徐广曰："京兆杜县有亳亭。"《史记·封禅书》："于社（杜）亳，有三社（杜）主之祠。"《索隐》引徐广说，同上。又引《地理志》曰："杜祠，故杜伯国，有杜主祠四。"《正义》引《括地志》曰："杜祠，雍州长安县西南二十五里。"《说文》五下高部："亳，京兆杜陵亭也。"《史记·秦本纪》载："宁公二年，公徙居平阳，遣兵伐荡社。三年，与亳战，亳王奔戎，遂灭荡社。"以上为商汤所都之亳在陕西长安的主要依据，清代学者俞正燮力主此说。[①]

---

① 俞正燮：《癸巳类稿》卷一《汤从先王居义》。

与杜亳说相近的，是皮锡瑞、魏源等认为商汤所居之亳在今陕西商县的商州说①。皮锡瑞《今文尚书考证》卷三十云："亳非一地，《殷本纪》曰：'契封于商。'《集解》：'郑玄曰：商国在太华之阳。皇甫谧曰：今上洛商是也。'《六国表》：'汤起于亳。'徐广曰：'京兆杜陵有亳亭。'是汤所起之亳在西方，即契所封之商。《商颂》称契为'玄王'，故曰'从先王居'。……契始封商，汤又起于商州，故国号曰商，必非以相土之商丘得名。"魏说见于魏源《书古微》卷二《商书》，虽说文中列有八证，但其核心还是曰："郑注谓契本封商国，在太华之阳，为战国商於之地，今陕西商州。故《史记·六国表序》言'禹兴西戎，汤起于亳……'是汤都西亳，为玄王契始封商州之地，故曰从先王居。"

对于杜亳说，清代钱大昕已有驳论，他引用皇甫谧之语，认为京兆之亳，乃戎王号汤者之邑，属西夷之国，非殷也②。李学勤先生在《荡社、唐土与老牛坡遗址》一文中，首先肯定了孙诒让《唐杜氏考》把荡社、荡杜、汤杜，与唐杜联系起来的做法，也就是说，杜亳说中的"亳"与"汤"可与《左传》襄公二十四年范宣子（士匄）所云"昔匄之祖，自虞以上为陶唐氏，在夏为御龙氏，在商为豕韦氏，在周为唐杜氏，晋主夏盟为范氏"中的陶唐氏相联系。李先生还认为卜辞中"作大邑于唐土"的唐土，当即唐杜，唐杜、亳在汉杜陵一带范围内，近年在西安东郊发现的老牛坡商代遗址，西去杜陵只约20公里，商代在唐杜作大邑，很可能和这里有关③。

至于皮锡瑞、魏源等人的商州说，其根据更是薄弱。若抛开对《史记·六国年表》中"禹兴于西羌，汤起于亳"等可有不同的理解外，商州说的依据，主要是因陕南有带"商"的地名和郑玄注解《殷本纪》"契封于商"时说"商国在太华之阳"，皇甫谧亦曰"今上洛商是也"。事实上，郑玄注的依

---

① 参见顾颉刚《殷人自西徂东札记》，载《甲骨文与殷商史》第三辑，上海古籍出版社1991年版，第242、248、256页。皮锡瑞、魏源的这一说法，主要是考虑到《史记·殷本纪》殷契"封于商"下，《集解》引郑玄曰："商国在太华之阳。"皇甫谧曰："今上洛商是也。"《正义》引《括地志》云："商州东八十里商洛县，本商邑，古之商国，帝喾之子离所封也。"

② 钱大昕：《史记考异》卷二。

③ 李学勤：《荡社、唐土与老牛坡遗址》，《周秦文化研究》，陕西人民出版社1998年版，第105—107页。

据何在，根本不清楚。若综合考虑多方面的条件，例如汤之邻国和《诗·商颂》"韦顾既伐，昆吾夏桀"的作战或经略路线等，成汤伐夏桀是自东而西的，若成汤居长安或商州，伐桀时必自西而东，这些与商州说和杜亳说都难以吻合，对此邹衡先生在辩驳杜亳说时已有指出。①

关于垣亳说，清人俞正燮曾认为在今山西垣曲县西北有亳城。② 近年在山西垣曲县的古城镇发现一座商代前期商城，陈昌远先生将此与文献中的亳城相联系，认为这是"汤始居亳"的最早的"亳"都。③ 对此，有学者认为，垣曲商城规模太小，且无文献根据，不可能是早商的亳都。④ 而且，成汤若在垣曲，也与他的"韦顾既伐，昆吾夏桀"的经略路线不符。所以，垣曲商城有可能是商代前期由商王或商的诸侯控制的一座军事边镇，而不是商汤所都的王都。

博县说由丁山先生所提出，他在《商周史料考证》中认为："学者必欲探寻成汤的故居，由'韦顾既伐，昆吾、夏桀'两句诗的方位测之，疑即春秋时期齐国的博县。"⑤ 齐国的博县在今山东泰安市东南。丁山先生的考虑是，春秋时齐鲁之地都有亳称，如《左传》定公六年："阳虎盟公及三桓于周社，盟国人于亳社"，可见鲁国有亳社。《左传》昭公二十年："晏子对齐景公曰：'昔爽鸠氏始居此地，季荝因之，有逢伯陵因之，蒲姑氏因之，而后大公因之。'"这个"蒲姑"即《书序》"成王既践奄，将迁其君于蒲姑。周公告召公，作《将蒲姑》"之蒲姑，"将"为祭名，"蒲姑"乃亳社的音讹。换言之，齐也有亳称。他认为"韦顾既伐，昆吾夏桀"，实自东徂西的远征，而不是如王国维说的自南而北的进取，而春秋时齐国的博县位于豕韦、有扈、昆吾之东，故主张齐国之"博"为成汤所居之亳。我们说，春秋时期齐鲁之地有亳社，可以是商

---

① 邹衡：《论汤都郑亳及其前后的迁徙》，见所著《夏商周考古学论文集》，文物出版社1980年版。

② 俞正燮：《汤从先王居义》，《癸巳类稿》卷一。

③ 陈昌远：《商族起源地望发微》，《历史研究》1987年第1期；陈昌远、陈隆文：《论先商文化渊源及殷先公迁徙之历史地理考察》（上）（下），《河南大学学报》2002年第1、2期。

④ 邹衡：《汤都垣亳说考辨》，《国学研究》第一卷，北京大学出版社1993年版；邹衡：《综述早商亳都之地望》，《中国商文化国际学术讨论会论文集》，中国大百科全书出版社1998年版。

⑤ 丁山：《商周史料考证》，中华书局1988年版，第27页。

人之后裔在此地缘故，未必与成汤有关系。"韦顾既伐，昆吾夏桀"，总体上是由北往南，再由东往西，其出发点不必在齐国之博县。若出发点在博县，"韦顾既伐"应改为"顾韦既伐"。所以，丁山先生的论证非常薄弱，难以成立。

黄亳说指得是河南内黄县，这是岑仲勉先生50多年前在《黄河变迁史》一书中首先提出的。① 岑先生的文献依据主要是《古今图书集成·方舆汇编·职方典·大名府部汇考》的一些记载，如该书卷136记内黄县有"亳城集"；卷142说内黄县有"亳城在县西南二十五里。按《书》殷有三亳：蒙为北亳，偃师为西亳，谷熟为南亳，皆殷故都。此为北亳，中宗陵近焉。"又说："商中宗陵在县西南二十五里亳城东。"同书卷140说："商中宗庙在内黄西南二十里冢上。庙前有隆碑，高二余丈，宋开宝七年建，明洪武七年命有司修治碑亭、厨舍……"又说："汤王庙有三：一在内黄天一村，金章宗泰和四年建。东海郡侯太安元年、元世祖至元二十一年俱尝修葺之；嘉靖六年，知县张古复移建于楚王镇。清丰、魏县亦皆有之。"岑先生认为，《古今图书集成》所采辑的，"无疑是明代的方志，则亳在黄河北边，金、明时代早有这样的传说。"他又根据《史记》《世本》中商汤名"天乙"，在卜辞中写作"大乙"；卜辞中的"大邑商"在文献中亦写作"天邑商"，则"天乙"与"大乙"可以互换为一，认为"内黄的天一村又天乙村的异称，可见来源颇古"。此外，岑先生指出："《皇览》称，'帝喾冢在东郡濮阳顿丘城南亳阴野中'，帝喾之冢无疑是附会，但附会也有其环境的背景，顿丘在今清丰西南二十五里，正与内黄的东南相接，野称亳阴，相信由亳城而得名。《皇览》辑于三国时代，由此知'亳阴'、'亳城'的名称最迟起自东汉；即是说，内黄亳城之历史，比南亳还要早。"②

据《读史方舆纪要》大名府内黄县内黄旧城条载："在县西北十八里，战国时魏之黄邑。"只是据研究，《纪要》所称之"县"，若为清内黄即今内黄，则方位不准；而若指唐内黄，则唐内黄之西北十八里是汉内黄，战国时之黄邑，方是所谓"内黄旧城"。也就是说，内黄原为战国时魏之黄邑，即"廉颇伐魏取黄"之黄，汉初，始置县于今汤阴之故城村。后来，偶有废省，

---

① 岑仲勉：《黄河变迁史》，人民出版社1957年版，第95—102页。

② 同上书，第100—101页。

为时皆暂。隋初复置,方移治于今内黄之故县村处。至南宋"淳熙十六年(金大定二十九年),河决,漂内黄县",始移今治。① 既然内黄原为战国时魏之黄邑,那么把内黄之"亳"称为"黄亳说",是可以的。黄亳说50多年前由岑仲勉先生提出后,由于其文献依据不是我国古代早期的典籍,故一直不为学界所认同。②

与黄亳说相近的是濮亳说。濮亳说即濮水流域之亳说,由吾师田昌五先生提出。濮亳说的主要证据,一是认为"亳与薄可通用,而薄与濮亦可通用"。二是《吕氏春秋·具备》有"汤尝约于郼薄矣",郼即古之韦国,在今河南滑县,其南即为濮水,故韦亳并称。三是《诗·商颂·长发》"韦顾既伐,昆吾夏桀"中的韦、顾、昆吾都在濮水流域或距濮水不远。③ 濮亳说的证据也有点薄弱,但它可以与黄亳说结合起来。

二 西亳说、郑亳说、曹亳说、济亳说、蒙地说、南亳说

西亳说亳都在今河南偃师市。《汉书·地理志》河南郡偃师县下班固自注:"尸乡,殷汤所都。"郑玄在《尚书·书序》中注曰:"亳,今河南偃师县有汤亭。"《帝王世纪》云:"偃师为西亳。"《元和郡县图志》云:"偃师西亳,汤都也。"《括地志》亦云:"河南偃师为西亳,帝喾及汤所都,盘庚亦徙都之。"西亳说为传统说法之一,今日之所以特别受重视,先是由于偃师二里头文化及其宫殿遗址发现的缘故④,后来偃师尸乡沟商城的发现,使得

---

① 张之:《黄泽与内黄》,收入张之《安阳考释》,新华出版社1997年版,第146页。
② 邹衡:《内黄商都考略》,《中原文物》1992年第3期。
③ 田昌五:《先商文化探索》,《华夏文明》第三集,北京大学出版社1992年版。
④ a. 徐旭生:《1959年夏豫西调查"夏墟"的初步报告》,《考古》1959年第11期。
  b. 中国科学院考古研究所洛阳发掘队:《河南偃师二里头遗址发掘简报》,《考古》1965年第5期。
  c. 中国科学院考古研究所二里头工作队:《河南偃师二里头早商宫殿遗址发掘简报》,《考古》1974年第4期。
  d. 方酉生:《论汤都西亳》,《河南文博通讯》1979年第3期。殷玮璋:《二里头文化再探讨》,《考古》1984年第4期。
  e. 郑光:《二里头遗址与夏文化》,《华夏文化》第一集,北京大学出版社1987年版。

持这一观点的学者有所增加①，并与郑亳说形成对峙的格局。

对于偃师西亳说，自清以来就有学者表示不赞成，其理由邹衡先生曾概括有三：其一，西亳不与葛为邻。其二，偃师之亳，不见于东汉以前的文献。班固所指的尸乡，从东周至西汉皆称"尸"或"尸氏"，而无称亳者。其三，西亳与"韦—顾—昆吾—夏桀"的作战顺序不合。如果汤居偃师，则完全倒转过来而成为"夏桀—昆吾—顾—韦"了。②但今日的西亳论者指出，在今日发现的商代前期的两座属于都城规格的遗址中，偃师商城的年代早于郑州商城，偃师商城又恰位于文献和墓志所记的偃师尸乡汤都地望之处；偃师西亳是汤灭夏以后所建，灭夏之前，作为夏末方国的商汤所居之亳都，不在偃师，在其他地方，从而"与葛为邻"及"韦—顾—昆吾—夏桀"的作战顺序等问题也就迎刃而解。只是，在班固《汉书·地理志》的自注中，偃师尸乡虽称为"殷汤所都"，但并未称之为亳，从东周到西汉，尸乡皆被称为"尸"或"尸氏"，而无称亳者，这也实际情况。

---

① a. 赵芝荃、徐殿魁：《河南偃师商城西亳说》，《全国商史学术讨论会论文集》，《殷都学刊》增刊，1985年2月。

b. 赵芝荃、刘忠伏：《试谈偃师商城的始建年代并兼论夏文化的上限》，《华夏文明》第一集，北京大学出版社1987年版。

c. 黄石林：《关于偃师商城的几个问题》，《中原文物》1985年第3期。

d. 黄石林：《对偃师商城的再认识》，《中国商文化国际学术讨论会论文集》，中国大百科全书出版社1998年版。

e. 方酉生：《论偃师商城为汤都西亳》，《江汉考古》1987年第1期。

f. 方酉生：《论偃师尸乡沟商城为商都西亳》，《中国商文化国际学术讨论会论文集》，中国大百科全书出版社1998年版。

g. 方酉生：《论"汤始居亳，从先王居"之亳都即偃师商城——兼与〈论"郑亳"之失名与"西亳"之得名〉一文商讨》，《殷都学刊》2000年第4期。

h. 王学荣：《偃师商城与二里头遗址的几个问题》，《考古》1996年第5期。

i. 杜金鹏、王学荣、张良仁、谷飞：《试论偃师商城东北隅考古新收获》，《考古》1998年第6期。

j. 安金槐、杨育彬：《偃师商城若干问题的再探讨》，《考古》1998年第6期。

② 邹衡：《论汤都郑亳及其前后的迁徙》，《夏商周考古学论文集》（第二版），科学出版社2001年版，第178页。

郑亳说由邹衡先生于20世纪70年代末首先提出[①],陈旭[②]、郑杰祥[③]、王立新[④]等学者也持有这一看法。郑亳说者指出:首先,在先秦文献中,郑地即有亳。《左氏春秋经》襄公十一年曰:"公会晋侯……伐郑。秋,七月,己未,同盟于亳城北。"杜注:"亳城,郑地。"其后,《续汉书·郡国志》河南尹条下记载:"荥(荥)阳有薄亭,有敖亭。"此"薄亭"应即是"亳亭"。此外,《史记·晋世家》集解引服虔云:"九合诸侯,同盟于亳城北。"《国语·晋语七》韦注:"会于亳城北。"说的也是郑地之亳。其次,郑州商城出土的陶文证明东周时期郑州商城名亳、亳城或亳丘。第三,汤都亳的邻国及其地望与郑州商城相合。文献记载亳"与葛为邻",郑地有葛乡城、葛伯城、缛葛、长葛等,距郑州商城均不远,它们之中总或有一个是"亳"与之为邻的那个葛。对于文献所说商汤"韦—顾—昆吾—夏桀"的作战路线中,郑亳说认为,韦地就在今郑州,顾在今黄河以北的原阳、武陟一带,昆吾在今新郑、密县一带。商汤自北沿太行山东麓南下,先占领今黄河沿岸(顾),再攻占郑州(韦),然后攻打入夏的门户(昆吾),最后进入伊洛地区(夏桀)。第四,郑州商文化遗址发现的情况与成汤居郑地之亳相合。郑州商城东城墙探沟7第2—5层出的木炭,经炭十四测定,其树轮校正年代为公元前1620—前1595年,与古文献所载成汤都亳之年相差不很远。郑州早商文化显然是从先商文化南关外型直接发展来的,而又受到夏文化很大的影响。整个郑州商代遗址的总面积约25平方公里,约稍大于殷墟(24平方公里)。这表明郑州商城只有殷墟能与之相比,作为商代前期最主要的王都(亳都),也是相称的[⑤]。在邹衡先生提出郑亳说之后,也有学者结合商末商王征伐人方的甲骨文中由"商"地到"亳"地仅为一天的路程,来证明郑亳说的成

---

　　① 邹衡:《郑州商城即汤都亳说》,《文物》1978年第2期;邹衡:《夏商周考古学论文集·论汤都郑亳及其前后的迁徙》,文物出版社1980年版。

　　② 陈旭:《郑州商文化的发现与研究》,《中原文物》1983年第3期;《关于郑州商城汤都亳的争议》,《中原文物》1993年第3期。

　　③ 郑杰祥:《商汤都亳考》,《中国史研究》1980年第4期;《夏史初探》第四章《商汤都亳的考证》,中州古籍出版社1988年版。

　　④ 王立新:《早商文化研究》,高等教育出版社1998年版。

　　⑤ 邹衡:《论汤都郑亳及其前后的迁徙》,邹衡《夏商周考古学论文集》(第二版),科学出版社2001年版,第178页。

立。但该论者先是认定这个"商"地是今河南武陟县东南的商村[①]，后来又论证这个"商"地指的是今河南省淇县的古朝歌[②]。

在郑亳说的反对者中，最初一些学者认为考古学上的二里头文化是商代的早期文化，偃师二里头遗址为汤都西亳，而郑州商城所在的二里岗文化为商代中期文化，郑州商城是商王仲丁的隞都[③]。1983 年，偃师商城发现后，包括原主张偃师二里头遗址为汤都西亳说的一些学者在内，不少学者认为商汤灭夏后的亳都不在郑州而在偃师尸乡，偃师商城是商汤所都的西亳。总括学者们对于郑亳说商榷的理由是[④]：

（一）关于"古代文献中记载有东周时期郑地之亳"，有三处可商。一是《春秋》经文中提到亳有二处，提到薄（同亳）有一处，《左传》提到亳有十处，薄有三处。其地望从注疏中能看出来的，一处在偃师，五处在曲阜，七处在商丘和曹县一带，一处可能在陕西，只有一处在郑地。何以见得汤都之亳一定是郑地之亳。二是《春秋》襄公十一年经文中提到的"亳城"，确切地望并未确定。杜预虽注为"郑地"，但并未指出在郑国何处，郑国范围甚大，何以亳城就在郑州。三是亳城或为京城之误。《春秋》和《左传》中关于"同盟于亳城北"的记载，在《公羊传》和《穀梁传》中却写的是"秋，七月，己未，同盟于京城北。"历代学者考证亳、京篆文相似易混，"亳城"当是"京城"之讹。京城是春秋时期郑国的重要城池，而亳城在郑何处无考。

（二）"郑州商城出土的陶文证明东周时期郑州商城名亳、亳城或亳丘"有三处可商。一是甲骨文和金文中的亳字与陶文中的亳字不同，从字

[①] 郑杰祥：《夏史初探》第八章"商汤都亳的考证"，中州古籍出版社 1982 年版。
[②] 郑杰祥：《商代地理概论》，中州古籍出版社 1994 年版，第 18、358 页。
[③] a. 安金槐：《试论郑州商代城址——隞都》，《文物》1961 年第 4、5 期。
　　b. 石加：《"郑亳"说商榷》，《考古》1980 年第 3 期。
　　c. 方酉生：《郑州商城即仲丁都隞说》，《武汉大学学报》（社会科学版）1991 年第 1 期。
　　d. 杨育彬：《商代王都考古研究综述》，《中原文物》1991 年第 1 期。
[④] a. 石加：《"郑亳说"商榷》，《考古》1980 年第 3 期。
　　b. 杨育彬：《谈谈夏文化的问题——兼对"郑州商城即汤都亳说"一文商榷》，《河南文博通讯》1980 年第 4 期。
　　c. 杨育彬：《商代王都考古研究综论》，《中原文物》1991 年第 1 期。
　　d. 辛德勇：《关于成汤都邑位置的历史文献研究》，《九州》第三辑，商务印书馆 2003 年版。

形、文字结构及战国亭市制度分析,这种陶文应释为"亭"而不应释"亳"。二是陶文若确是亳字,但不一定指亳城,很可能指的是亳社。《礼记·郊特牲》郑玄注:"薄(亳)社,殷之社,殷始都薄(亳)。"亳社应是商代遗留下来的社坛祭祀之处,起始于亳都,后来流行于各地。甚至到了东周时期,殷人后裔所居之处还有亳社的存在。《春秋》哀公四年:"六月,辛丑,亳社灾。"《左传》定公六年:"阳虎……盟国人于亳社。"这说明春秋时期鲁国曲阜一带有亳社。《左传》昭公十年:"秋,七月,平子伐莒,取郠献俘,始用人于亳社。"表明江苏徐州附近也有亳社。而郑州这些带亳字的陶豆,出土于大型战国夯土建筑基址附近,这也当是亳社的遗存。在山东同样发现有与郑州相似的亳字陶文,也只能与曲阜一带的亳社有关。甲骨文中的亳土即亳社。三是郑州这个地方至少在西周被称为"管",周武王把其弟叔鲜封在这里,而作为管国的都城。终周朝一代名称一直未改,并未曾叫过什么"亳城"。

（三）在郑州商城遗址出土的陶文中,有一个"鄫"字与"亳"字同在一块陶片上,若谓"亳"是该遗址所在地的邑名,那么对于与此"亳"同在一器上的"鄫"字理应同样作出合理的解释。邹衡先生的解释是:今流经郑州商城遗址的金水河,也有可能即古潧水名,因《水经注》云古潧水又名郐水,所以"其在东周之时,或可名为会,而印戳陶文上所见的'鄫',可能是今白家庄一带近于古潧（或郐）水的一个小地名。总之,印有'鄫'字的陶器并非他地移入,应该就是商城附近的产品"。对此,有学者指出,潧水见于《水经》,乃为洧水支流,流经新郑（郑城）北,在其东侧入洧。郦道元作《水经注》,谓潧水即溱水同音异书;又因溱水是在古郐邑西侧东南流入洧,不在新郑东侧,所以郦道元认为《水经》所记潧水流路有误,是错把新郑东侧的黄崖水当做潧水。清人全祖望、赵一清等错误地理解郦道元的本意,把郦道元所说的《水经》潧水入洧地点有误,误解成"潧水不得入洧"。邹衡由此推衍,把潧水改为北流入后世贾鲁河之今金水河,其依据看来不够可靠。况且谓潧水别名郐水,其说本出自《水经注》,盖与郦道元所记潧水流经郐邑西侧正相吻合。若谓潧水北流,则自与郐邑无涉,又何以会有"郐水"的别名？总之,假若对此"鄫"字陶文作不出合理的解释,就很难令人信服"亳"字陶文用以表示当地地名亳邑[①]。

[①] 辛德勇:《关于成汤都邑位置的历史文献研究》,《九州》第三辑,商务印书馆2003年版。

（四）"汤都亳的邻国及其地望与郑州商城相合"，此条亦可商。孟子所说的"汤居亳，与葛为邻"，一般据《地理志》"葛，今梁国宁陵之葛乡"而判定葛在今河南宁陵县，但古代葛地不止这一处，郑亳说指出这一点不无道理。也就是说，古葛国既可以说成是宁陵之葛乡，也可以说成是宁陵之外的其他各地。然而，若以韦在河南滑县、顾在河南原阳、武陟一带（一说在山东鄄城）、昆吾在河南许昌而论，"韦—顾—昆吾—夏桀"的灭夏行军路线，显然先是由北而南，灭了昆吾之后，又由东而西。若把亳城放在郑州，其合理性和必要性是要受到质疑的。

（五）据不断深入的偃师商城的考古发掘，偃师商城大城内的小城建于二里头文化第四期，早于二里岗下层早段亦即早于郑州商城①。若先有偃师商城后有郑州商城，那么灭夏后的汤都首先应该是偃师而不应该在郑州。

此外，用商王征伐人方的甲骨文中由"商"地到"亳"地仅为一天的路程，来证明郑亳说也是有疑问的。在此证据中，若说征人方卜辞中的"商"就是今河南武陟县东南的商村，那么，帝辛时期何以要把作为国族名和国都名的"商"放在今河南武陟县东南？若说这个"商"指的是今河南淇县的古

---

① a. 杜金鹏、王学荣、张良仁、谷飞：《试论偃师商城东北隅考古新收获》，《考古》1998年第6期。

　b. 中国社会科学院考古所河南二队：《河南偃师商城小城发掘简报》，《考古》1999年第2期。

　c. 中国社会科学院考古所河南二队：《河南偃师商城宫城北部"大灰沟"发掘简报》（《考古》2000年第7期）明确提出"偃师商城商文化第1段文化遗存，与二里头遗址Ⅲ区H23、Ⅴ区H53为代表的二里头文化第四期文化遗存之间，共同拥有一组特征相同的器物，故而其时代应属同时。……根据偃师商城和二里头遗址的有关考古发现，我们认为商文化的上限，已进入二里头文化第四期"。

　d. 杜金鹏：《郑州南关外中层文化遗存再认识》（《考古》2001年第6期）一文认为"偃师商城的商文化第1段大约相当于二里头文化第四期的偏晚阶段"。

　e. 安金槐、杨育彬：《偃师商城若干问题的再探讨》（《考古》1998年第6期）一文也认为"偃师尸乡沟商城始建年代至迟应在二里头四期而比二里岗下层要早"，"偃师尸乡沟商城始建年代要早于郑州商城"。

　f. 张文军、张玉石、方燕明：《关于偃师尸乡沟商城的考古学年代及相关问题》（载于《青果集》，知识出版社1993年版）、《关于郑州商城的考古学年代及若干问题》（载于《郑州商城考古新发现与研究》，中州古籍出版社1993年版）两文，虽认为偃师商城和郑州商城都建于二里岗下层，"但因郑州商城夯土城墙下压有属于尸乡沟商城一期Ⅰ段的遗迹，故其始建年代当稍晚于尸乡沟商城"。

朝歌，那么，从淇县的朝歌到郑州市，其直线距离也在100公里以上，远非古代的一日行军所能达到。

自郑亳说提出之后，西亳与郑亳之争，一直是学界一重要话题。然而，多年来，北亳说与南亳说也有许多学者在坚持，只是，随着研究的深入，人们对北亳与南亳的具体地望，又提出了一些新的看法。

习惯所说的北亳说，实际上可具体称之为曹亳说。《左传》庄公十二年云："宋万弑闵公于蒙泽……立子游，群公子奔萧，公子御说奔亳。"《春秋经》僖公二十一年云："公会诸侯，盟于薄，释宋公。"《左传》同年曰："楚执宋公以伐宋，冬，会于薄，以释之。"又《左传》哀公十四年曰："魋先谋公，请以鞌易薄。景公曰：'不可。薄，宗邑也。'"薄即亳，古字相通。凡此皆指周时宋国之亳邑，旧说即汉山阳郡薄县，如《诗·商颂·玄鸟》孔颖达疏引《汉书音义》："臣瓒案：'汤居亳，今济阴薄县是也。'今薄有汤冢，己氏有伊尹冢，皆相近。"《汉书·地理志》山阳郡薄县条下，颜师古注："臣瓒曰：'汤所都。'"《续汉书·郡国志二》梁国薄县条下曰："薄，故属山阳，〔汤〕所都。"汉山阳薄县，即今山东曹县境。近人雷学淇①、王国维等力主此说。王国维先生在上引《左传》等资料之外，又以汤之邻国葛在宁陵，以及汤伐国韦、顾、昆吾、夏桀皆在北方为由，论证汤都亳在曹县境②，并对后人产生较大影响。

由传统北亳说衍生出的另一说，可称为"济亳说"。济亳说主要是不同意旧说把东周宋国之亳的地望定为汉代山阳郡薄县即今山东曹县而立论的。杜金鹏先生在《先商济亳考略》一文中指出，《史记·樊郦滕灌列传》等云"出亳南"乃述秦末事，而秦无薄县。并且，成武与杠里间并无险阻，本可直达，若樊哙南辕北辙，举师绕道百余里出薄县南，徒劳士卒，贻误战机，岂不怪哉！《史记》中没有"薄"这个地名，我们无法以《史记》考证其亳与薄之关系。但《汉书·地理志》中山阳郡有薄县，同时其他章节中屡见亳地，是亳非薄也。依《地理志》惯例，汉县名下往往注出旧地名，如于鲁县下自注"伯禽所封"，于邹县下注云"故邾国"，于薛县下注曰"夏车正奚仲所国，后迁于下邳，汤相仲虺居之"，等等。若薄县即成汤亳邑，班固必自注"故殷汤亳邑"云云，犹于偃师县注曰"尸乡，殷汤所都"。既不注，益

---

① 雷学淇：《商都殷亳考》，《介庵经说》卷二。
② 王国维：《说亳》，《观堂集林》卷一二。

明薄非亳也。因此，说周时宋国之亳邑即汉薄县，在今山东曹县之说，恐系晋以来附会之言。该文还据《逸周书·殷祝》"以薄之居，济民之贱"以及《盐铁论》中"济亳"连言，认为宋国之亳邑应称为"济亳"，提出济亳说，并考证此"济亳"在定陶之东、成武县北境①。

作为北亳说之另一种，近来有学者提出商丘以北蒙泽附近的蒙地说，这也是因不满意北亳的地望在曹县而从传统的北亳说衍生出的另一种说法。②蒙泽蒙地说者也认为，东周时的宋地之亳，由于该地的地理沿革极其复杂，汉代的文献与东周文献，难以十分吻合，所以，雷学淇、王国维等学者的考证及今人的论述是否正确，仍需仔细斟酌。蒙地说依据《诗·曹风》、《春秋》经文以及方志等资料，指出曹县为春秋曹国之地，宋国的薄邑不应在曹国之地，亦即宋国薄邑不是汉代薄县的位置，而在其南。又对照《左传》③与《国语》，④提出亳、蒙为一地，二者同地异名，其地望应在蒙泽附近。《左传》庄公十二年年曰："宋万弑闵公于蒙泽。"杜预注："蒙泽，宋地，梁国有蒙县。"这样，蒙地说者认为春秋和商代的亳地在商丘以北的蒙泽附近。

上述曹亳说、济亳说和蒙地说可以统称为"北亳三说"，也就是说，它们都以上引《左传》庄公十一年、僖公二十一年、哀公十四年等资料为依据，只是东周时的这个宋地之亳，究竟在什么地方、是否就是汉代的薄县，各说的意见不一。春秋时期的宋国确有亳地，这个亳地大概是宋之宗邑，但它是否也曾为成汤所居，学者间的看法是不一样的。王国维的看法是：商之始祖契封于商，这个商即今河南东部商丘县境的宋之商丘，宋乃商后，春秋时期宋之宗邑即商之宗邑。而邹衡先生的看法则是：宗邑里的确应立有先君宗庙，宋的宗庙中固然可以供奉商的始祖，但它毕竟是微子降周、受周王朝的分封后才立的，与成汤时的商宗庙根本不是一回事。因此所谓宋宗邑至多

---

① 杜金鹏：《先商济亳考略》，载于《殷都学刊》编辑部选编《甲骨文与殷商文化研究》，中州古籍出版社1992年版。

② 程平山、周军：《商汤居亳考》，《中原文物》2002年第6期。

③ 《左传》昭公十一年："（楚灵）王曰：'国有大城，何如？'对曰：'郑京、栎实杀曼伯，宋萧、亳实杀子游。'"

④ 《国语·楚语上》："国有大城，未有利者。昔郑有京、栎，卫有蒲、戚，宋有萧、蒙……宋萧、蒙实弑昭公。"

也只能是宋始封之地的宗邑，绝不会是什么商宗邑。王国维把两者混为一谈，显然是站不住脚的。① 王国维除了举出宋地之亳外，还以汤之邻国以及汤之经略北方来证其说。关于汤之邻国葛，邹衡先生考证古代名葛的地点很多，他认为皇甫谧等人因为首先假定成汤居东方，然后再找一个距商丘或曹县较近的葛地而已。② 所以，对于宋地北亳说而言，宁陵县葛乡这条材料可以作为其论据之一，但又不是绝对的。若其他地方名葛之地，也能与汤居亳的有关材料相吻合，自然也可以为其他说法立论。至于商汤"韦顾既伐，昆吾夏桀"的经略，情形也是这样。对于北亳三说而言，这一由北而南再转向西的进军路线，是勉强可以说的过去的。但若将之用于位于内黄一带的黄亳说，这一进军路线不是更顺理成章吗？

因甲骨文中有"亳土（亳社）"、"亳"地，所以，也有学者用帝辛征人方的卜辞材料来论证北亳说。③ 用甲骨文中的"亳"来证明和验证已有的诸亳说中某一说或另立新说，都是很好的。但在这里，一是征人方卜辞中与"亳"相联系的"商"是否就在商丘，是很值得探讨的。二是按照论者对征人方的排谱，排出的是先到"商"地（被认为是现在商丘一带），再折向北边的"亳"地，然后再转向南边。这里不禁要问：如果说今日的商丘和商丘北之"亳"是征人方时必须去的，那么按照排谱者把人方推定为淮夷的做法，也应该先走到商丘北的亳地，完成其应做之事后，继续向南边的商丘行进，然后再继续向南。有何必要先到商丘后，又折向其北，然后又转向其南？种种迹象表明，征人方卜辞中的"商"和"亳"究竟在何地，尚需重新探讨。

南亳说为西晋皇甫谧首创。《尚书·立政》有"三亳阪尹"之语，皇甫谧在其所著《帝王世纪》中说："殷有三亳：二亳在梁国，一亳在河南。南亳、偃师，即汤都也。"又说："梁国谷熟为南亳，即汤都也。"其后，北魏郦道元《水经注》承袭其说。《水经注·淮水》："（涣水）又迳亳城北，《帝

---

① 邹衡：《论汤都郑亳及其前后的迁徙》，《夏商周考古学论文集》（第二版），科学出版社2001年版，第176页。

② 同上书，第177页。

③ a. 张永山：《卜辞诸亳考辨》，《出土文献研究》第三辑，中华书局1998年版。
　　b. 罗琨：《殷墟卜辞中的亳——兼说汤始居亳》，《九州》第三辑，商务印书馆2003年版。
　　c. 罗琨："汤始居亳"再探讨》，《殷商文明暨纪念三星堆遗址发现七十周年国际学术研讨会论文集》，社会科学文献出版社2003年版。

王世纪》曰：谷熟为南亳，即汤都也。《十三州志》曰：汉武帝分谷熟置。"唐代的《括地志》说的更具体："宋州谷熟县西南三十五里南亳故城，即南亳，汤都也。"

南亳说不见于先秦文献，经王国维等人非议其之后[①]，这一说法在学界受到很大削弱。后来，董作宾、陈梦家根据征人方卜辞中从"商"地到"亳"地仅为一天的路程，他们认为帝辛所征的人方就是淮夷，并判断此"商"为今日的商丘，认为从卜辞中的"商"到"亳"是继续向南走，故而赞成南亳说。只是，董作宾将亳定在谷熟以南的亳州[②]，陈梦家则将亳定在谷熟。[③] 董、陈二说虽略有区别，但还是可以统称为"宋地南亳说"。在这里，问题的关键依然是征人方卜辞中的"商"究竟在何地？其所指是否就是今日的商丘？如果包括第五期卜辞在内，殷墟卜辞中作为地名的"商"，指的依然是商代晚期的商都或以商都即王都为中心的京畿地区的话（详后），那么，用卜辞中的"亳"来证南亳说、北亳说乃至郑亳说，都是难以成立的。

三 偃师商城、郑州商城的始建年代与西亳和郑亳之争

以上对诸亳说中各自的依据及其存在的问题，一一作了剖析。通过上述论述我们可以看到，诸说大多首先是以文献来立论，其中也有用考古发现和甲骨文来证其说者。依据考古发现来证其说，最明显的是郑亳说的提出，偃师商城西亳说也是这样。而在郑亳说、北亳说和南亳说中，又都有利用殷墟卜辞中的"亳"来说明问题的。从方法论的角度讲，欲对汤居亳研究有所突破，考古学和甲骨学研究的介入，是必不可少的。但介入的前提是与此有关的考古学和甲骨学其自身的研究是正确的或接近实际的。否则，依然不会获得正确的结果。为此，在这里，我们也从考古学的角度，对这一问题再作一些探讨。又由于通过上述可以看出，在考古学方面，诸说以偃师西亳说与郑亳说的讨论最为热烈，所以，我们也从这两座城邑说起。

偃师商城和郑州商城，从其规模和规格看，都可视为王都，也都有文献

---

① 王国维：《说亳》，《观堂林集》卷一二。
② 董作宾：《卜辞中的亳与商》，《大陆杂志》第六卷第一期。
③ 陈梦家：《殷虚卜辞综述》，中华书局1988年版，第259、306页。

上的一些依据。由于一些学者把这两座商城看成是大体同时，因而王都与别都或离宫别馆说①、数都并存说②、"两京制"说③、主都与辅都说④等纷纷问世。但随着偃师商城考古工作的逐步深入，愈来愈多的材料证明，两座商城虽然有相当长的一段时间是同时并存的，但它们的始建年代是不一样的，从而为我们作出何者是商代最早的都城即何者由成汤所建这样一个判断，提供了可能。

郑州商城的始建年代，一般根据发掘报告所提供的资料：夯土墙下叠压有南关外期文化层，夯土墙上覆盖有二里岗下层文化层，夯土层中包含有二里岗下层陶片，认为郑州商城始建于二里岗下层时期⑤。鉴于二里岗下层代表着一个较长的历史阶段，随着研究的加深和新资料的不断发现，后来学者们又分别以 C1H9 和 C1H17 为代表，把二里岗下层细分为早、晚两段或称第一期、第二期，叠压打破城墙夯土及其附属堆积的是 C1H17 时期的文化遗存，城墙下所叠压的文化层中和城墙内所包含的少量二里岗下层陶片是 C1H9 时期的文化遗存。这样，关于郑州商城的始建，就可以细分为：有的

---

① a. 邹衡先生在《偃师商城即太甲桐宫说》（《北京大学学报》1984 年第 4 期）提出偃师商城"实为太甲所放处桐宫，乃早商时期商王之离宫所在"。

  b. 其后，邹衡先生在《桐宫再考辨——与王立新、林沄两位先生商谈》（《考古与文物》1998 年第 2 期）认为，偃师商城不仅仅是太甲所放之处，它在早商时代还可能"一直是商都的别都（即陪都或离宫）"。

  c. 关于"别都"或"陪都"、"辅都"的概念，最早丁山已涉及，他在《商州史料考证》（第 12 页）中提出"殷商时代，可能有两个以上的都城，'大邑商'是首都，那么，'中商'该是陪都。"后来，杨宽在《中国古代都城制度史研究》（上海古籍出版社 1993 年版，第 32、35、38—39 页）中认为："牧即沫，是商代晚期的别都"；"郑州商城即阚或管，是商代前期的别都"。而"汤居亳，在今山东曹县南"。

② 李民先生在《南亳、北亳与西亳的纠葛》（见《夏商史探索》，河南人民出版社 1985 年版）一文中，提出夏商时期两都或数都并存的观点，以此论证"三亳"相并存。

③ a. 许顺湛：《中国最早的"两京制"——郑亳与西亳》，《中原文物》1996 年第 2 期。

  b. 张硕国：《郑州商城与偃师商城并为亳都说》，《考古与文物》1996 年第 1 期。

④ 张国硕：《夏商时代都城制度研究》，河南人民出版社 2001 年版。

⑤ a. 河南省博物馆等：《郑州商代城遗址发掘报告》，《文物资料丛刊》第 1 辑，文物出版社 1977 年版。

  b. 邹衡先生认为："郑州商城是成汤所居的亳都，其始建年代，大体在成汤居亳以后（商城压在'南关外期'之上）。"见《夏商周考古学论文集》，文物出版社 1980 年版，第 108 页。

认为是二里岗下层偏晚阶段（下层第二期）[①]，有的认为是二里岗下层偏早阶段（下层第一期）[②]，有的认为是二里岗下层早段偏晚（下层第一期晚段）[③]，也有的认为是南关外期[④]。由于商城是压在南关外期之上，夯土层内又包含有少量二里岗下层偏早的陶片，说郑州商城始建于南关外期尚嫌证据薄弱。而在C1H9到C1H17的范围内，那些主张城墙始建于C1H17时的学者，实际上是认为C1H17时期的地层单位叠压打破的城墙是同期叠压打破关系；主张城墙始建于C1H9时的学者，实际上是认为被城墙所叠压的C1H9时期地层单位，属于同期叠压关系。也就是说，同样都依据考古学上所谓叠压打破关系的理论方法，得出的结论却并不一样。问题的症结是C1H9与C1H17之间是否真的"紧密衔接"？近年，有学者通过对位于南关外期之上的"南关外中层"[⑤]的进一步研究，把南关外中层文化遗存从C1H9所代表的文化期段中分离出来，确认南关外中层文化早于C1H17而晚于C1H9，从而构成

[①] a. 安金槐：《对于郑州二里岗期遗存分期和郑州商城修用时期的初步认识》，"夏、商前期考古年代学研讨会"论文，1997年10月。该文认为郑州商城始建于以二里岗C1H17为代表的"二里岗下层二期"。

b. 李经汉：《郑州二里岗商文化的来源及其相关问题的讨论》，《中原文物》1983年第3期。

[②] a. 仇士华：《关于郑州商代南关外期及其他》，《考古》1984年第2期。

b. 李伯谦：《先商文化探索》，《庆祝苏秉琦考古五十年论文集》，文物出版社1989年版。

c. 张文军、张玉石、方燕明：《关于郑州商城的考古学年代及其若干问题》，载《郑州商城考古新发现与研究》，中州古籍出版社1993年版。

[③] 杨育彬、袁广阔主编：《20世纪河南考古发现与研究》，中州古籍出版社1998年版，第344页。

[④] 郑州商城始建于南关外期说，是陈旭先生首先提出的。见《郑州商文化的发现与研究》，《中原文物》1983年第3期；《郑州商城宫殿基址的年代及其相关问题》，《中原文物》1985年第2期。郑杰祥持相同意见。见《关于偃师商城的年代和性质问题》，《中原文物》1984年第4期。后来，邹衡先生修正了原来的观点，改从陈旭、郑杰祥的意见。见《夏商周考古学论文集（续集）》，科学出版社1998年版，第110、156、177页。

[⑤] 南关外遗址位于郑州旧城的南墙以外，属于郑州商城近郊的一处重要遗址。南关外遗址的发掘者把该遗址的所谓"商代遗存"分为上、中、下层三个时期，并认为南关外下层是早于二里岗下层的一种新遗存，命名为"南关外期"。由于发掘报告的原上层含有中层遗物，中层含有下层遗物，故而为保证各层遗存在年代上的单纯性，笔者赞成以南关外遗址H62来代表南关外中层文化遗存。参见安金槐《对于郑州商代南关外期遗存的再认识》，《华夏考古》1989年第1期；杜金鹏：《郑州南关外中层文化遗存再认识》，《考古》2001年第6期。

由 C1H9 到 C1H17 的过渡和传承，并把郑州商城始建年代卡在 C1H9 至 C1H17 之间的南关外中层，这样，不但解决了同样是依据考古学上的叠压打破理论而得出的结论却不同这一矛盾现象，而且对于郑州商城文化分期的研究也是一个推进①。

关于偃师商城的始建年代，在偃师商城大城内的小城被发现以前，主要有两种意见。第一种意见认为此城始建于二里岗下层之前，或曰二里头第三、四期②。第二种意见认为偃师商城的始建年代应为二里岗下层③。其中在第二种意见中，有的认为偃师商城与郑州商城大体同时，有的则认为偃师商城略早于郑州商城④。1996 年以后，偃师商城在原先发现的城圈（现称之为大城）内，又发掘出一个时代更早的城圈（现称之为小城），在大城东北隅的城墙下面发掘出一处商代早期的青铜冶铸作坊遗址，在宫城北部发掘出一条地层关系清楚、年代前后紧密衔接、能反映器物早晚演变轨迹的"大灰沟"（即祭祀场）⑤。小城和"大灰沟"的发现，为偃师商城商文化分期及其年代的研究，奠定了坚实的基础。根据"大灰沟"内文化

---

① 杜金鹏：《郑州南关外中层文化遗存再认识》，《考古》2001 年第 6 期。

② a. 黄石林：《关于偃师商城的几个问题》《中原文物》1985 年第 3 期）认为"这座城址的筑造年代应相当于二里头三期"。

b. 赵芝荃、徐殿魁：《偃师尸乡沟商代早期城址》（《中国考古学会第五次年会论文集（1985年）》，文物出版社 1988 年版）认为"尸乡沟商城修建于二里岗下层之前，延用到二里岗上层，经历至少百余年"。

c. 愚勤：《关于偃师尸乡沟商城的年代和性质》（《考古》1986 年第 3 期）认为"偃师商城的始建年代早于二里岗下层，约当二里头四期或二里头三期"。

d. 安金槐、杨育彬：《偃师商城若干问题的再探讨》（《考古》1998 年第 6 期）认为"偃师尸乡沟商城始建年代至迟应在二里头四期而比二里岗下层要早"。

③ a. 郑杰祥：《关于偃师商城的年代和性质》，《中原文物》1984 年第 4 期。

b. 邹衡：《偃师商城即太甲桐宫说》，《北京大学学报》1984 年第 4 期；邹衡：《西亳与桐宫考辨》，《纪年北京大学考古专业三十周年论文集（1952—1982）》，文物出版社 1990 年版。

c. 张文军、张玉石、方燕明：《关于偃师尸乡沟商城的考古学年代及相关问题》，《青果集——吉林大学考古专业成立二十周年考古论文集》，知识出版社 1993 年版。

④ 张文军、张玉石、方燕明：《关于偃师尸乡沟商城的考古学年代及相关问题》，《青果集——吉林大学考古专业成立二十周年考古论文集》，知识出版社 1993 年版。

⑤ 依据后来的发现，所谓"大灰沟"实即专门的"祭祀区"，或称为"祭祀场"。见中国社会科学院考古研究所《河南偃师商城商代早期王室祭祀遗址》，《考古》2002 年第 7 期。

层的堆积，再结合偃师商城其他地点的有关发掘，偃师商城的发掘者把偃师商城的商文化遗存分为三期七段：第一段（或称第一期早段）是叠压在"大灰沟"T28⑧之下的T28⑨、⑩层所代表的遗存，它在年代上超出了传统认识的二里岗期商文化，是目前所知最早的商文化，大约相当于二里头文化第四期。发掘者认为偃师商城的小城始建于此时或至迟建于第二段时期。第二段（或称第一期晚段）以"大灰沟"T28⑧、大城东北隅H8、H9为代表，它与郑州二里岗C1H9的年代基本相同，此时偃师商城已经有了城垣、宫殿和铸铜作坊等，商文化遗存相当丰富，分布范围遍布整个遗址。第三段（或称第二期早段）以T27与T33的第7A—7C层及开口于这些地层下的灰坑H90、H62等为代表，它与介于郑州二里岗C1H9—C1H17之间的郑州南关外中层（以南关外H62为代表）的年代相同，是偃师商城之大城的建造年代。第四段（或称第二期晚段）以T27、T28、T33第6C、6B、6A层及开口于这些地层下的灰坑H54，以及大城东北隅开口于第2层路土下的M29、小城北城墙中段的M12为代表，时代与郑州二里岗C1H17相近。第五段（或称第三期早段）以H177、H182、T51第5层和T103的7A、7B层为代表。第六段（或称第三期中段）以H172、M6为代表，时代相当于郑州二里岗上层早段。第七段（或称第三期晚段）以T103第5层和6A层、M8为代表，时代相当于郑州二里岗上层晚段，即白家庄期[①]。

关于偃师商城第一期第一段即早商文化开始的年代，发掘简报认为它相当于二里头文化第四期[②]，杜金鹏先生说它至少相当于二里头文化第四期偏晚阶段[③]。笔者认为偃师商城第一期第一段究竟是只相当于二里头文化第四

[①] a. 中国社会科学院考古所河南二队：《河南偃师商城东北隅发掘简报》，《考古》1998年第6期。

　　b. 中国社会科学院考古所河南二队：《河南偃师商城小城发掘简报》，《考古》1999年第2期。

　　c. 中国社会科学院考古所河南二队：《河南偃师商城Ⅳ区1996年发掘简报》，《考古》1999年第2期。

　　d. 中国社会科学院考古所河南二队：《河南偃师商城宫城北部"大灰沟"发掘简报》，《考古》2000年第7期。

　　e. 杜金鹏：《郑州南关外中层文化遗存再认识》，《考古》2001年第6期。

[②] 中国社会科学院考古所河南二队：《河南偃师商城宫城北部"大灰沟"发掘简报》，《考古》2000年第7期。

[③] 杜金鹏：《郑州南关外中层文化遗存再认识》，《考古》2001年第6期。

期晚段还是相当于整个二里头文化第四期？还可以作进一步的研究。之所以这样说，主要有两个方面的考虑，一是偃师商城第一期第一段碳十四测定的年代数据，既与文献上商代开始的年代相吻合，又与二里头文化第四期新的碳十四测定的年代相一致；二是单从陶器的形制上将二里头文化第四期再区划为早段和晚段，操作起来比较困难。

  偃师商城第一期第一段的碳十四测年，夏商周断代工程公布了四组数据，其编号为 ZK5417 的常规碳十四测年是 BP3220±36 年，拟合后日历年代是公元前 1600—前 1565 年和公元前 1525—前 1506 年；编号为 ZK5416 的常规碳十四测年是 BP3219±34 年，拟合后日历年代是公元前 1600—前 1560 年和公元前 1525—前 1505 年；编号为 SA00052 的 AMS（加速器质谱计）测年是 BP3190±55 年，拟合后日历年代是公元前 1605—前 1540 年和公元前 1525—前 1515 年；编号为 SA00053 的 AMS 测年是 BP3290±50 年，拟合后日历年代是公元前 1606—前 1535 年。这四组数据中，ZK5417、ZK5416、SA00052 的拟合后日历年代都各有两组数据，其前一组都与 SA00053 的 AMS 测年数据接近，而后一组则相差甚远，故从概率的角度看，前一组的可信性更大。ZK5417，拟合后日历年代即公元前 1600—前 1565 年的中间值是公元前 1582 年；ZK5416，拟合后日历年代即公元前 1600—前 1560 年的中间值是公元前 1580 年；SA00052，拟合后日历年代即公元前 1605—前 1540 年的中间值是公元前 1572 年；SA00053，拟合后日历年代即公元前 1605—前 1535 年的中间值是公元前 1570 年。这四组数据拟合后日历年代的中间值都非常接近，约在公元前 1582—前 1570 年之间，这个年代与商代开始的年代为公元前 1553 年或公元前 1572 年[①]也很接近。

---

① 古本《竹书纪年》记载："自武王灭殷以至幽王，凡二百五十七年。"以此从公元前 770 年平王东迁上推 257 年，则武王克商在公元前 1027 年。古本《竹书纪年》又记载："汤灭夏，以至于受，二十九王，用岁四百九十六年。"29 王之积年，不足《史记·殷本纪》商代 30 王之数，有学者认为"汤灭夏以至于受"可能是指从汤至帝即位，29 王不包括未立而卒的大丁和帝辛。《夏商周断代工程 1996—2000 年阶段成果报告》（简本）据晚商祀谱的排比，认为帝辛在位 30 年，如是，则商积年为 496+30（帝辛在位年数）=526 年。526 年与《孟子》所说的"由汤至于文王，五百有余岁"是一致的。这样，由公元前 1027 年的武王克商之年，再加上 526 年的商积年，即由公元前 1027 年上推 526 年就是成汤灭夏之年：公元前 1553 年。此外，若取用《夏商周断代工程 1996—2000 年阶段成果报告》（简本）有关武王克商在公元前 1046 年，由此上推 526 年，则成汤灭夏在公元前 1572 年。

关于二里头遗址第四期的碳十四测年，《夏商周断代工程 1996—2000 年阶段成果报告》（简本）所公布的四组拟合后日历年代的数据①，都已进入早商的年代范围，最近公布的二里头遗址的碳十四系列测年的数据中，其二里头第四期的年代也已进入早商的年代范围。② 综合考虑上述偃师商城商文化第一期第一段的测年数据、文献所载商王朝开国年代以及二里头遗址第四期的测年数据这些因素，笔者以为偃师商城发掘队中一些学者的意见以及安金槐、杨育彬等先生所说的"早商文化始于二里头第四期"的观点是值得考虑的，也就是说，作为早商文化最早阶段的偃师商城第一期第一段，也许与二里头文化第四期的大部分年代相当，而不仅仅是与二里头第四期晚段相当，亦即也许在二里头文化第四期开始不久某一时段就进入了早商文化的年代。诚然，鉴于目前这些意见都还未成为定论，故我们这里保留两种说法，即偃师商城商文化第一期第一段相当于二里头文化第四期的大部时间或至少相当于第四期晚段。

通过对比偃师商城与郑州商城考古文化的分期和编年，可以看出前者的始建年代要早于后者。郑州商城始建于二里岗 H9 至 H17 之间，亦即始建于以南关外 H62 为代表的郑州南关外中层这一时期，而此时在偃师商城已属该城文化分期的第三段即第二期早段，是偃师商城大城的建造年代。在此之前，偃师商城还有两个文化期，即第一段和第二段，其第一段即第一期早段相当于二里头文化第四期。若偃师商城小城的始建年代可以推至第一段，偃师商城的建造当然远早于郑州商城，即使偃师商城建于第二段亦即建于二里岗 H9 时期，按照偃师商城发掘者的意见，也早于郑州商城。此外，即使在认为郑州商城始建于二里岗下层早段即二里岗 H9 时期的学者中，有人经过系统地对比研究两地商文化的分期后，考虑到"郑州商城夯土城墙下压有属于尸乡沟商城一期Ⅰ段的遗迹"，也认为郑州商城的始

---

① ZK5255：1560BC—1529BC；ZK5229：1561BC—1525BC；ZK5242a：1564BC—1521BC；ZK5242b：1560—1529，参见夏商周断代工程专家组《夏商周断代工程 1996—2000 年阶段成果报告》（简本），世界图书出版社 2000 年版，第 77 页。

② 仇士华、蔡莲珍、张雪莲：《关于二里头文化的年代问题》；杜金鹏、许宏主编：《二里头遗址与二里头文化研究——中国·二里头遗址与二里头文化国际学术研讨会论文集》，科学出版社 2006 年版。

建略晚于偃师商城。① 作为郑州商城的发掘者并对郑州二里岗商文化作过系统分期的安金槐先生，他认为郑州商城始建于二里岗下层偏晚的 H17 时期，同时他虽然应用的是偃师商城小城和"大灰沟"简报发表之前的资料，但也得出"偃师尸乡沟商城始建年代至迟应在二里头四期而比二里岗下层要早"的结论。② 诚然，偃师商城与郑州商城的始建年代孰早孰晚的争论还会继续下去，只是以两地现有的资料而论，应该说偃师商城的始建要早于郑州商城。

值得指出的是，我们现在比较偃师商城与郑州商城孰早孰晚，主要是比较这两座城邑城垣建造的早晚，即偃师商城小城（内城）城墙与郑州商城内城③城墙孰建造的早孰建造的晚。在这里，被城墙所压的、城墙内所包含的、压在城墙之上或打破城墙的遗物遗迹的年代，都是决定性的。至于城内早期宫殿下叠压或打破更早的夯土基址，是难以说明城垣建造年代的。因为我们不能排除商人在建筑该内城城垣之前，这里已有人居住过，已建筑过宫殿宗庙等夯土建筑物。以郑州商城为例，今郑州和新密市、新郑市一带在夏朝晚期，都属于夏王朝面向东方的门户地带，虽说作为夏伯的昆吾可以考证在今许昌、新郑、新密市一带，但在郑州的位置不可能没有夏的其他与国，《诗·商颂》"韦顾既伐，昆吾夏桀"所列举的只是夏的代表性的与国而已，因为《孟子·滕文公下》还讲过成汤"十一征而无敌于天下"，所以在夏代，在郑州或其附近，很可能有我们尚不知名的夏的与国存在，自然也会留下二里头文化时期的夯土建筑乃至城垣遗迹。此外，成汤在灭昆吾之前，首先占据的应是郑州一带，郑州理应是成汤最后攻灭夏桀前的重要据点，是夏商之际成汤的军事重镇，因而在郑州商城之下、在二里岗下层文化之前，残留一些商人灭夏前建筑的夯土基址，也应在情理之中。但一个周长近 7 公里、城内面积达 300 万平方米的郑州商城

---

① a. 张文军、张玉石、方燕明：《关于偃师尸乡沟商城的考古学年代及相关问题》，《青果集——吉林大学考古专业成立二十周年考古论文集》，知识出版社 1993 年版。

b. 张文军、张玉石、方燕明：《关于郑州商城的考古学年代及相关问题》，《郑州商城考古新发现与研究》，中州古籍出版社 1993 年版。

② 安金槐、杨育彬：《偃师商城若干问题的再探讨》，《考古》1998 年第 6 期。

③ 因在郑州商城已发现外郭城，故原来城垣周长约 7 公里、城内面积约 300 万平方米的郑州商城可称为内城。

内城，成汤是无暇在四处征伐之际仓促建成的。所以，若考古发掘能在郑州商城的二里岗下层文化之下发现一些夯土建筑基址，无论这些建筑基址是夏与国的遗迹还是先商文化遗迹，它们都与已发掘出的郑州商城不是一回事，以此是无法证明郑州商城建筑年代的。

从城垣的修建角度来看，偃师商城的始建若早于郑州商城，这意味着成汤推翻夏朝后最早建设的都城就只能在偃师而不是郑州，那么，用郑州商城的考古发现就难以证明郑亳说。因为在郑州商城问题上，彻底的郑亳说当然是：作为亳邑该城应建于灭夏之前，灭夏之后又作为商王朝的第一座都城而继续使用。但现在郑州商城的始建若晚于偃师商城，那它首先无法作为成汤灭夏后最早的都城，从而作为灭夏之前、先商范畴的亳邑也就更无从谈起。偃师尸乡沟商城的始建早于郑州商城，假若夏、商的分界也以能偃师商文化的开始为界，而不是以二里头第二、三期或第一、二期为夏与商的分界，那么偃师尸乡沟商城就可以视为商王朝灭夏后成汤所建的最早的都城，从而《汉书·地理志》河南郡偃师县条下班固自注"尸乡，殷汤所都"，就可以说是有据的。然而，由后面的论述可以得知，偃师尸乡沟商城虽为"殷汤所都"，但在卜辞时代商人自己并没有称偃师商城为"亳"，称为"西亳"是后来人的事情。所以，笔者认为偃师商城有可能是成汤灭夏后所建的都城，但不能称为"亳都"，当然也不是灭夏之前成汤所居之亳邑。

第二节 甲骨文亳邑与郼亳

一 甲骨文中的商与亳

在甲骨文中有作为邑名、地名的亳[①]，而且在征人方卜辞中还可以看到作为地名的"亳"与作为地名的"商"之间的距离。如《甲骨文合集》36567卜辞曰："□□王卜，在商，贞今〔日〕步于亳，亡灾？甲寅王卜，在

[①] 近年，李学勤先生曾把卜辞中的"亳土"（亳社）之"亳"释为"郊"，认为过去所说的"亳社"即"郊社"，认为商代没有亳社的称呼（李学勤：《释"郊"》，《文史》第36辑，中华书局1992年版）。李先生的考释很有意思，但说商代没有亳社的称呼，从而卜辞中也就没有"亳"、没有亳地、亳邑，还是让人难以接受。这里依然按照甲骨学界普遍的说法，认为原释为"亳"的甲骨文仍为亳字。

亳,贞今日〔步〕于巂,亡灾？乙卯王卜,在巂,贞今日步于䁅,亡灾"（图3—1）。这版卜辞,虽然第一条卜辞"□□王卜,在商,贞今〔日〕步于亳,亡灾"缺少占卜天干,但由于它与后两条卜辞辞例格式完全相同,后两条的占卜天干是前后连接的,第一条的天干也应与第二条相连。此外,由后两条可知,甲寅在亳地占卜贞问"今日步于巂",到第二天乙卯果然是已经到达了巂地,又在巂地占卜"今日步于䁅"有无灾祸,这说明这版卜辞中所占卜的"今日步于某地"有无灾祸,在行程上当日是能到达某地的,并形成了一种占卜格式,从而可以确定,第一条卜辞"在商贞,今日步于亳,无灾"所反映的由"商"到"亳"的距离,只是一天的路程。也就是说,只要确定了这些卜辞中的"商"在何地,"亳"也可以随即确定。为此,主张郑亳说者,

图 3—1 甲骨文"商"与"亳"之关系

（《合集》36567）

把该卜辞中的"商"放在了今河南武陟县东南的商村①或淇县的朝歌②；主张北亳③或南亳④说者，把这个"商"地放在了今河南商丘。当然，也有把该条卜辞中的"商"放在山东泰安的。⑤ 可见问题的关键是，必须首先确定卜辞中的"商"究竟在何地。

问题的关键是：第一，包括这些卜辞在内，甲骨文中的"商"究竟在何处？有必要重新探讨。第二，上引这些卜辞，是否一定是帝辛十祀时征人方卜辞？也即诸家有关帝辛十祀征人方卜辞的种种排谱，尚有一些疑问需要探讨。第三，帝辛所征的人方是否一定是淮夷？若人方也有是东夷之可能性的话，那么征人方就没有路经商丘或郑州之必要，这无论对北亳说、南亳说还是郑亳说，都是一个挑战。

在卜辞中，"商"地的问题，又是与"中商"、"大邑商"联系在一起的，所以为了能说清楚卜辞中的"亳"地何在，我们还需对卜辞中的"商"、"中商"、"大邑商"的问题，作一系统的分析和讨论。在卜辞中，关于"商"、"中商"、"大邑商"等典型性的卜辞有：

(1) 南方，西方，北方，东方，商。(《屯南》1126)
(2) 己巳王卜，贞□岁商受[年]？王占曰：吉。
    东土受年？
    南土受年？吉。
    西土受年？吉。
    北土受年？吉。(《合集》36975)
(3) 辛卯卜，㱿，贞王入于商？

---

① 郑杰祥：《夏史初探》第八章"商汤都亳的考证"，中州古籍出版社1982年版。
② 郑杰祥：《商代地理概论》，中州古籍出版社1994年版，第18、358页。
③ a. 张永山：《卜辞诸亳考辨》，《出土文献研究》第3辑，中华书局1998年版。
   b. 罗琨：《殷墟卜辞中的亳——兼说汤始居亳》，《九州》第三辑，商务印书馆2003年版。
   c. 罗琨：《"汤始居亳"再探讨》，载《殷商文明暨纪念三星堆遗址发现70周年国际学术研讨会论文集》，社会科学文献出版社2003年版。
④ a. 董作宾：《卜辞中的亳与商》，载《大陆杂志》第6卷第1期。
   b. 陈梦家：《殷虚卜辞综述》，中华书局1988年版，第259、306页。
⑤ 王恩田：《人方位置与征人方路线新证》，载《胡厚宣先生纪念文集》，科学出版社1998年版。

辛卯卜，㱿，贞王勿入于商？（《合集》10344）

(4) 乙卯卜，㱿，贞今夕王入商？（《合集》39990）

(5) 丙戌卜，争，贞在商亡祸？（《合集》7814）

(6) 贞不至于商？五月。（《合集》7818）

(7) 贞勿归于商？（《合集》7820）

(8) 辛酉卜，尹，贞王步自商亡灾？（《合集》24228）

(9) 己巳，贞示先入于商？（《合集》28099）

(10) 丙辰卜，于庚申酚衾用？在商。（《合集》33127）

(11) 癸卯卜，在商，贞王今夕亡祸？（《合集》36550）

(12) 癸卯王卜，贞旬亡祸？在十月又一，王征人方，在商。
　　癸丑王卜，贞旬亡祸？在十月又一，王征人方，在亳。
　　癸亥王卜，贞旬亡祸？在十月又一，王征人方，在雀。
　　[癸]酉王卜，在□，贞旬亡祸？[在]十月又二，[王]征人方。
　　（《英藏》2524）

(13) □□王卜，在商，贞今[日]步于亳，亡灾？
　　甲寅王卜，在亳，贞今日[步]于鸿，亡灾？
　　乙卯王卜，在鸿，贞今日步于甐，亡灾？（《合集》36567）

(14) ……勿于中商。（《合集》7837）

(15) □巳卜，王，贞于中商乎……方。（《合集》20453）

(16) 戊寅卜，王，贞受中商年……十月。
　　……卜，王……不既……于侯，侯……有祐。（《合集》20650）

(17) 己丑卜，㱿，贞戠于丘商？四月。
　　贞勿䈞戠于丘商？
　　……
　　壬寅卜，㱿，贞不雨？隹兹商有作祸？
　　贞：不雨？不隹兹商有作祸？（《合集》776）

(18) 甲午卜，燎于丘商？（《合集》7838）

(19) 辛丑卜，㱿，贞妇妌乎黍丘商受……（《合集》9530）

(20) 甲午王卜，贞作余酚朕禾。余步从侯喜征人方，上下叙示，受余有祐？不𢦚灾祸，告于大邑商，亡𡆥在畎？王占曰：吉，在九月，遘上甲𠦪，隹十祀。(《合集》36482)

(21) 丁卯王卜，贞禽巫九禽，余其从多田于多伯征盂方伯炎，重衣翌日步，[亡]左，自上下于叙示，受余有祐？不𢦚灾[祸]，[告]于兹大邑商，亡𡆥在畎？[王占曰]：弘吉，在十月，遘大丁翌。(《合集》36511)

(22) 己酉王卜，贞余征三邦方，重䍙令邑弗悔，不……亡……在大邑商，王占曰：大吉。在九月，遘上甲□五牛。(《合集》36530)

(23) 甲午卜，贞在狱，天邑商皿宫衣，[兹夕]亡祸。宁。(《合集》36541)

乙丑卜，贞在狱，天邑商公宫衣，兹夕亡祸。宁。在九月。(《合集》36543)

(24) 壬戌卜，贞在狱，天邑商公宫衣，兹夕亡祸。宁。(《英藏》2529)

对于卜辞中"商"的地望，最初作出研究的是罗振玉先生和王国维先生。罗振玉在《殷虚书契考释·序》中说："洹水故虚，旧称亶甲；今证之卜辞，则是徙于武乙，去于帝乙。又史称盘庚以后商改号殷，而遍搜卜辞，既不见殷字，又屡言入商，田游所至曰往曰出，商独言入，可知文丁、帝乙之世虽居河北，国号尚称商"。又说"王畿亦曰大邑"，卜辞中有"告于大邑商语，均谓王都，《书·多士》'肆予敢求尔于天邑商'，天邑即大邑之讹"。① 按照罗振玉所说，安阳殷墟乃是武乙、文丁、帝乙三朝之都，商与大邑商、天邑商并皆殷都（即安阳）之称。王国维赞同罗说，与罗振玉不同的是，他认为安阳殷墟作为殷都始自盘庚终于帝辛，并说商是"始以地名为国号，继以为有天下之号，其后虽不常厥居，而王都所在，仍称大邑商。讫于失天下而不改"。他以《多士》之天邑商为殷末周初之事，所以也引《多士》而谓"是帝辛、武庚之居，犹称商也"。② 林泰辅及胡厚宣亦从罗、王之说。胡厚宣

---

① 罗振玉：《殷虚书契考释》下54。
② 王国维：《说商》，《观堂集林》卷一二。

先生根据前举卜辞第（2）、（15）、（16）条之内容指出：以"商"与东南西北并贞，可知殷代已有中东南西北五方之观念；"商"既位于四方之中，"商"即"中商"也，亦即后世"中国"称谓之起源。古之"中国"之义，本指京师。① 他辞之大邑商，即"国之中央，王都之所在，今河南安阳其地也"②。

然而，随着材料的增加，卜辞地名所显示的情况愈来愈错综复杂，故而新说也就迭出纷呈。第一位对罗、王之说提出异议的是董作宾先生。他通过排列征人方卜辞，特别是上举第（13）条之辞，看到商与亳相近，认为亳是谷熟之南亳，推定商为河南之商丘。但又以"商"、"大邑商"、"中商"为一地，并承认卜辞"大邑商""中商"含有"中央"的意思，只是说这是"殷人以其故都"所在地为中央③。其后，陈梦家先生也因卜辞有"在商贞今日步于亳"之语，而认为董作宾推定商为商丘是正确的，但他对天邑商、大邑商、商、中商加以分别，说"凡称天邑商的记衣（殷）祭之事，凡称大邑商的记征伐之事并兼及田游，两者未必一地。""天邑商"在今河南淇县东北之古朝歌，"大邑商"疑在沁阳田猎区，"商"与"丘商"在今商丘县一带，"中商"指的是安阳④。岛邦男先生也认为卜辞中的"商"、"中商"、"丘商"、"大邑商"是同一地方，其地在今商丘县，而提出小屯殷墟，卜辞另有称谓称之，即卜辞中称为"兹邑"的地方⑤。钟柏生先生则提出第一期卜辞中的"商""丘商"、第二期的"商"、第三、四期的"商""大邑"、第五期的"大邑商""天邑商"和一部分"商"在今河南商丘；而第一期的"兹邑""中商"、第三、四期的"中商"、第五期中的一部分"商"在安阳小屯之殷墟。他说"'商'的称谓，在卜辞中是代表二个地望：一是安阳殷都；一是河南

---

① 胡厚宣：《论殷代五方观念及"中国"称谓之起源》，胡厚宣《甲骨学商史论丛初集》（外一种）上，河北教育出版社 2002 年版，第 277—281 页。
② 胡厚宣：《卜辞中所见之殷代农业》，胡厚宣《甲骨学商史论丛初集》（外一种）下，河北教育出版社 2002 年版，第 664 页。
③ a. 董作宾：《殷历谱》下编，卷七第 3 页；卷九第 62 页，史语所专刊 1945 年版。
　　b. 董作宾：《卜辞中的亳与商》，《董作宾先生全集》乙编第三册，台北艺文印书馆 1977 年版。
④ 陈梦家：《殷虚卜辞研究》，中华书局 1988 年版，第 257—258 页。
⑤ ［日］岛邦男：《殷墟卜辞研究》（中译本），台北鼎文书局 1975 年版，第 358—360 页。

商丘。这两者之所以相混，完全是卜辞本身暧昧不明，并没有其他的特殊原因"①。近年，郑杰祥先生在《商代地理概论》一书中提出：卜辞中与四方、四土相对的"商"指的是王畿，而对于卜辞中一般的"商"，即诸如"王入于商"、"在商"之类的"商"，认为指的是一个具体的地名、具体的居邑，他称之为"商邑"，说是位于王畿之内的王都，即今日安阳殷墟。但又认为第五期卜辞中的"天邑商"和"大邑商"指的是安阳王都，故第五期卜辞中的"商"，"不再指为安阳王都，而应指为后世所称作的朝歌城"，也就是说，郑先生因把征人方卜辞中的"大邑商"看做安阳殷都，不得不把征人方中出现的"商"放在了淇县的朝歌，至于其他具体的"商"地则仍然指的是作为王都的安阳殷墟。对于"中商"一地，则说"不能确指其所在"，"当指为王都附近，可能在今河南省安阳市一带"②。此外，还有一些做法是：有的以征人方卜辞中的"大邑商"为朝歌，而对于其中的"商"，则认为是河南商丘③；有的则说"大邑商"即安阳殷都，而把"商"放在山东泰安道朗龙门口水库一带④。

  分析上述诸家的说法，笔者以为，董作宾先生以"商"、"大邑商"、"中商"为一地，在某种程度上是对的，但他把它们安置在今河南商丘则是错误的。董先生之所以把"商"、"大邑商"、"中商"安放在河南商丘，最主要的是依据征人方卜辞中"商"与"亳"很近，他认为人方是南淮夷，征人方是向东南方向进军，他既把"亳"定为商丘县南的亳县附近，则"商"也只能在商丘。其次，他受王国维《说商》和《说自契至于成汤八迁》的影响，王国维认为宋地商丘自商先公以来就称作"商"，"宋"、"商"、"商丘"三者为一。其实，董先生的论述虽说考虑了卜辞中"亳"与"商"很近这一情况，但以亳县之"亳"来证商丘之"商"和他以商丘之"商"来证亳县之"亳"，陷入了逻辑上的循环论证，并不能说明多少问题。至于宋地商丘为"商"地问题，主要是相传商先公相土曾居于商丘。但相土所居之商丘，历来有两说，一说为今河南之商丘，一说为今河

---

① 钟柏生：《殷商卜辞地理论丛》，台北艺文印书馆1989年初版，第48页。
② 郑杰祥：《商代地理概论》，中州古籍出版社1994年版，第1—19页。
③ a. 张永山：《卜辞诸亳小议》，《夏商文明研究》，中州古籍出版社1995年版。
  b. 张永山：《卜辞诸亳考辨》，《出土文献研究》，中华书局1998年版。
④ 王恩田：《人方位置与征人方路线新证》，《胡厚宣先生纪念文集》，科学出版社1998年版。

南之濮阳，并无定论①。甲骨文中即有"丘商"一地，有学者认为它就是文献中的商丘，并依据卜辞记载商王多次贞问要在这里举行大祭，而且商的王妇妇妌还在这里主持过农业生产，认为这个丘商距王都不会很远，应在濮阳②。应该说，这一论述是有道理的。退一步说，即使承认相土所居之商丘即为今河南商丘，那也不能解释在商族"前八后五"的多次迁徙中，为何只有相土所居之地一直到殷墟卜辞时代还被称为"商"，而其他先公先王所居之地却都不被称作"商"？《诗·商颂·玄鸟》说："天命玄鸟，降而生商。"《诗·商颂·长发》说："有娀方将，帝立子生商。"这里的"商"是一个国族名。也有注释说这里的"商"指的是商的始祖契，契是因其母有娀氏简狄吞玄鸟卵而生的。总之，商族称作"商"，在时间上是以其始祖的诞生、商族的形成为开始的。而《史记·殷本纪》说契"封于商"，《世本》说"契居蕃"，是商与蕃为一地两名。依据笔者的研究，"蕃"即战国时的"番吾"，其地在漳水流域的河北南部磁县境③。即使按照王国维的说法，契所居之蕃为鲁国之蕃县，那也不在商丘。在商族的历史上，与"商"这一名号最早发生关系的是商族的始祖契和昭明④，并非相土。如果再考虑到相土所居之商丘，有可能就是卜辞中的丘商，也就是帝丘濮阳⑤，而今河南商丘与商的关系，却是由于周人推翻商王朝后，商的后人微子启被封于宋亦即封于今日商丘的缘故的话⑥，那么，董作宾等先生独取所谓相土所居之地为"商"，而对于契和昭明等其他先公所居之地亦曾名"商"却置之不理，特别是对于商的时王所居之国都，却不作为"商"来对待，都是说不通的。还有，董先生看到"商"、"大邑商"、"中商"有天下"中央"之含义，但他又认为这是"殷人以其故都大邑商所在地为中央"。笔者不禁要问，从武丁到帝辛，殷人为何不以时王的王都即时王的国都为天下之中央，而却要以灭夏之前某一位先公所居之地即所谓"故都"来作为商国后期的天下之中央？这种思维方式是当时殷人的实际

---

① 参见本书第二章第二节"相土居'商丘'"。
② 郑杰祥：《商代地理概论》，中州古籍出版社1994年版，第20—24页。
③ 参见第一章第一节"商族的发祥"。
④ 《荀子·成相篇》言："契玄王，生昭明，居于砥石迁于商。"
⑤ 郑杰祥：《商代地理概论》，中州古籍出版社1994年版，第20—23页。
⑥ 《史记·宋微子世家》。

思维吗？这在历代王朝中都不曾有过。所以，董先生认为"商"、"大邑商"、"中商"在宋地商丘的说法，问题甚多，不足为据。

岛邦男先生承认"从武丁时至于殷末，殷首都在今之安阳"，但他根据"贞：洹弗作兹邑〔祸〕？"（《续》4·284）、"㱿贞：洹其作兹邑祸"（《掇》2·476）等卜辞，认为临于洹水的殷都安阳，其称谓是"兹邑"。"兹邑"之外，"殷都又被称作什么，不得而知"。关于卜辞中的"商"、"大邑商"、"中商"，他依据征人方卜辞中的"商"与"亳"等地的关系，信从董作宾的说法，认为"商"在河南商丘，从而"大邑商"、"中商"也都在商丘。笔者以为，"洹其作兹邑祸"之类卜问，只能证明在卜辞中安阳有时又被称作"兹邑"，但它并不能证明"大邑商"、"中商"和"商"所指的就不是殷都安阳，也就是说，"洹其作兹邑祸"一语，不能作为"大邑商"、"中商"和"商"不是安阳的证据。至于他依存董说，以为"商"、"大邑商"、"中商"在河南商丘，由于董说已不可靠，自然也难以立足。

陈梦家先生以"商"为商丘，以"天邑商"为朝歌，以"大邑商"为沁阳。前一说法即以"商"为商丘，是遵从董说，这里不再赘述。后两说法，属于新创。但陈先生区分"大邑商"与"天邑商"为两地的证据，颇有片面性，不能说明问题[①]；二者本来为一，已为多位甲骨学者所指出[②]。笔者以为作为王畿的"大邑商"应包括朝歌在内，但并非仅仅指朝歌，它依然以安阳殷都为核心。对此，我们后面再加论述。此外，陈梦家、岛邦男等学者还以"商"又被称作"兹商"，并根据前举（17）卜辞中，"丘商"与"兹商"为同版所卜，便认为"兹商"就是"丘商"，亦即今河南商丘[③]。这一说法，表面上看起来有些道理，但仔细考察原片是有问题的。据张秉权等先生的考释，这一版一共刻了十二组对贞的卜辞（图3—2），其内容各不相同，前举（17）之卜辞只不过是其中的两组而已，这两组卜辞是否有必然的联系，难以确定[④]。从而说卜辞中的"兹商"即"丘商"，

---

① 郑杰祥：《商代地理概论》，中州古籍出版社1994年版，第16页。
② a. 李学勤：《殷代地理简论》，科学出版社1959年版，第14页。
　　b. 郑杰祥：《商代地理概论》，中州古籍出版社1994年版，第15—16页。
③ 陈梦家：《殷虚卜辞综述》，科学出版社1956年版，第257页；[日]岛邦男：《岛邦男：〈殷墟卜辞研究〉》（中译本），台北鼎文书局1975年版，第359页。
④ 转引自钟柏生《殷商卜辞地理论丛》，台北艺文印书馆1989年初版，第41—42页。

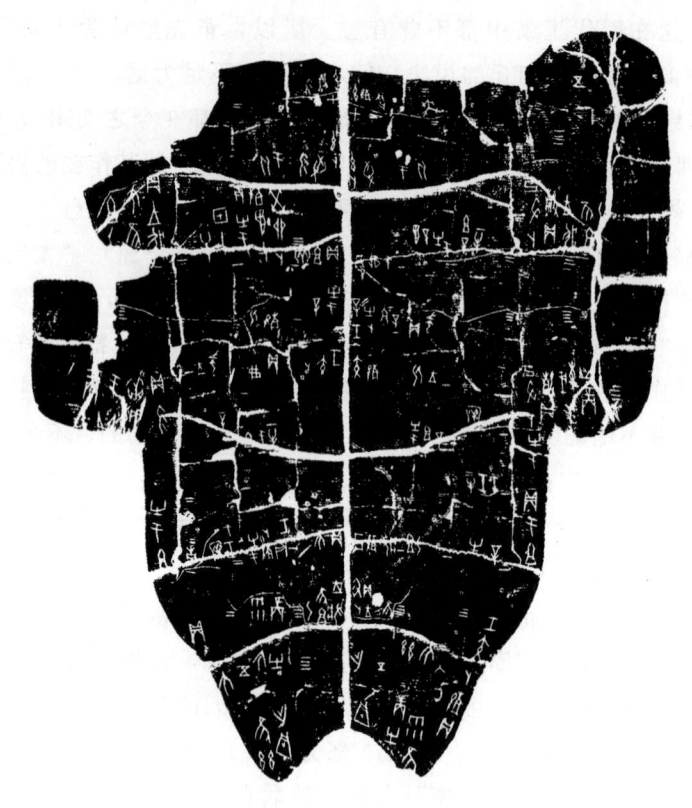

图 3—2 甲骨文"丘商"、"兹商"等卜辞
(《合集》776)

至少是依据不足，何况此"丘商"也不一定就在河南商丘，如前所述，它更有可能在河南濮阳。

钟柏生先生认为从武丁到帝辛的卜辞中，有的"商"是安阳殷都，有的"商"是河南商丘。钟先生所说有些"商"在商丘，除了受董先生等人的影响外，主要是考虑到卜辞中被称作"方"的国族与"商"的关系。他认为"方"在卜辞中代表两支居住地不同的民族，一支是武丁、文武丁时期分布于殷之北方、西北方或西方的民族；一支是文武丁时期分布于殷之东方或南方的民族。关于后者，钟先生认为诸如卜辞"甲戌卜，扶，贞方其澫于东，九月"(《粹》1172)和"戊申卜，方夂自南，其㚎反？戊申卜，方夂自南，不其㚎反"(《乙》151)中的"方"，即可作为"方"在殷之东方及南方的证据。这个在殷之东方及南方的"方"，钟先生说就是《后汉书·东夷传》和

《竹书纪年》中的"方夷"。他根据卜辞"壬午卜,㱿,贞乎钐方刢商?壬午卜,㱿,贞王令多冒钐方于〔商〕?"(曾毅公《甲骨缀存》39;《后》下41·16加《后》下42·9)以及卜辞"□巳卜,王,贞于中商乎钐方"(《佚》348),认为既然位于东方和南方的"方"族能威胁到商邑,那么这个"商","应当是指殷都南方的'丘商'"。他还根据"戊午卜,贞弜不丧,在南土祸,告史?戊午卜,弜克贝、橐南丰方?己未卜,隹冒方其克贝,弜在南?己未卜,贞多冒亡祸,在南土?己未卜,贞多冒亡祸,在南土?"(《甲》2902)等卜辞,认为"冒"地在南方、在南土,而在征人方卜辞的排谱中,"冒"地与"商"地相距甚近,并与"亳"地相联,因此,与"冒"地有关的"商"乃至"天邑商",也都在南方,而且都是"丘商"的代称,其地就在今河南商丘县[①]。

钟先生的上述说法,值得商榷的有四:其一,即使卜辞中的被称为"方"的国族可分为两支,其中一支就是文献"东夷"中"方夷";而且这个"方"的国族,还"启自南,其㬎㖷";商王曾令多冒抵御"方"族于"商"(《甲骨叕存》39);或在"中商"来抵御"方"族(《佚》348),但这也不能说明这里的"商"和"中商"就不是商都安阳而要位于南方或东南方。换言之,东方或东南方的"方"也罢,方夷也罢,若威胁商邑,为何只能威胁到今河南商丘而不能威胁到安阳?与商丘相比,安阳固然距离方夷要远一点,但若威胁不到商都安阳,还能算真正意义上的威胁吗?其二,"多冒亡祸,在南土"的卜问,并不能说明"商"在河南商丘。《甲编》2902卜辞"己未卜,贞多冒亡祸,在南土"中的"在南土",也可以理解为"在南土占卜"。更主要的是,把《甲编》2902卜辞与《甲编》2907卜辞联系起来考虑,可以看出这两版卜辞占卜的是雀和多冒在南土征战时是否安全无祸,以及商王要不要亲征[②],卜辞本身既不能说明多冒居住在南方,更不能说明商都在河南商丘。其三,除了有人依据前举(17)卜辞因"兹商"与"丘商"同版的关系而被认为"兹商"即"丘商"外,在卜辞中并没有什么材料能证明"商"即"丘商"。至于(17)卜辞辞例的问题,如前所述,钟先生自己也赞成张秉权先生的意见,认为(17)辞例中,"兹商"与"丘商"的两组卜辞是否有必然联系,是难以确定的。所以,

---

① 钟柏生:《殷商卜辞地理论丛》,台北艺文印书馆1989年初版,第39—48页。
② 李学勤:《盘龙城与商朝的南土》,《文物》1976年第2期。

钟先生所说的《甲骨叕存》39卜辞中的"商"和《佚》348卜辞中的"中商","应当是指殷都南方的'丘商'",以及"天邑商"是"丘商"的代称的说法,也是没什么依据的。仅以现在的材料而论,应该说卜辞中带"商"字的地名与"丘商",是不同的地方,不应混用。其四,单就卜辞"丘商"而言,虽说这个"丘商"有可能就是文献中的"商丘",但因文献中相土所居之商丘,究竟在今河南商丘还是在濮阳,历来两说并存,并无定论。所以,无法证明卜辞之"丘商"一定是今河南商丘而不是濮阳。根据以上四个方面,钟先生把卜辞中的"商"分配在安阳与商丘两个不同的地方,其证据尚嫌不足,其说也是可商榷的。

以上诸说,凡是把卜辞中作为地名的"商"说成是在商都安阳之外者,其最根本的一点主要是依据征人方卜辞的排谱。虽说诸家的排谱各有差异,但其共同点是:一,把凡能排入帝辛征人方谱的材料尽可能地都排入了帝辛十祀时的征人方谱中,而不深究其是否真的全是十祀时的卜辞;二,几乎所有的论者都把十祀九月甲午日"告于大邑商"作为十祀征人方的起点,而把十又一月癸卯日"王征人方在商"、□□日"在商贞今步于亳"、十又一月癸丑"王征人方在亳"、甲寅日"在亳贞今日步于鸡"、乙卯日"在鸡贞今日步于䇂"之类与"商"地有关的卜辞,排在出发两个月之后的途中①。依据这样的排谱,在十祀征人方中,作为出发地的"大邑商"与作为中途的"商",就必然是两个不同的地方。所以,在这样的排谱中,就出现了有的学者以沁阳为"大邑商",以商丘为"商";有的学者以安阳殷墟为"大邑商",以淇县朝歌为"商";有的学者以朝歌为"大邑商",以商丘为"商";有的学者以安阳殷都为"大邑商",以山东泰安道朗龙门

---

① a. 董作宾:《殷历谱》下卷"帝辛日谱",史语所专刊1945年版。
　b. 陈梦家:《殷虚卜辞综述》第八章第八节"乙辛时代所征的人方、盂方",科学出版社1956年版。
　c. [日]岛邦男:《殷墟卜辞研究》(中译本),台北鼎文书局1975年版,第389—397页。
　d. 李学勤:《殷代地理简论》第二章"帝乙十祀征人方路程",科学出版社1959年版。
　e. 钟柏生:《殷商卜辞地理论丛》,台北艺文印书馆1989年初版,第86—89页。
　f. 郑杰祥:《商代地理概论》,中州古籍出版社1994年版,第384—386页。
　g. 罗琨、张永山:《中国军事通史》第一卷,军事科学出版社1998年版。
　h. 王恩田:《人方位置与征人方路线新证》,《胡厚宣先生纪念文集》,科学出版社1998年版。

口水库一带为"商";等等。

然而,笔者认为这样的排谱很值得怀疑。首先,"征人方……告于大邑商"的卜辞,记有"隹十祀"的纪年,而上引"在商"、"在亳"之类的卜辞,有的虽记有"征人方"、记有月和干支日或仅记干支日,但恰恰都没有"十祀"的纪年。也就是说,自董作宾先生以来,是研究者自己主观上认为这些"在商""在亳"的征人方卜辞,应该和有"十祀"纪年的"告于大邑商"的卜辞一样,都是商王十祀时征人方卜辞,因而把它们排列在了十祀征人方卜辞之中,而这些卜辞本身却并未告诉我们,它们是十祀时的卜辞。卜辞自身并没有"十祀"纪年,那它就有属于"十祀"之外征人方卜辞的可能。其次,那些只是记有"在某地贞:今日步于某地,无灾?"而并无"征人方"字样的卜辞,是否一定是征人方卜辞,也很值得怀疑,因而也就不一定非要排入征人方谱中不可。

在征人方卜辞中,那些无"十祀"纪年却写有"在商""在亳"之类的卜辞,有可能属于"十祀"之外,而根据出土材料,帝乙帝辛时期征人方也并非仅仅是"十祀"一次,至少还有"十五祀"征人方的记录。如商代《小臣艅犀尊》铭文:

> 丁巳,王省夔京。王赐小臣艅夔贝。唯王来征人方,唯王十祀又五,肜日。(图3—3)

此铜器被认为是十五祀征人方归途所铸。"唯王来征人方"用语,与卜辞"二月癸巳,唯王来征人方,在齐䏁"(《合集》36493)和"五月癸卯,唯王来征人方,在䵼䏁"(《合集》36495)中的"唯王来征人方",完全相同。铭文中的"唯王十祀又五,肜日"属于时间署辞,其中"唯王十祀又五"是纪年,"肜日"是以周祭祭祀作时间署辞,是配合前面的干支日使用的,据研究,在商代末期盛行这种用干支加周祭祭祀纪日的制度①。乙辛时期,既有十祀时的征人方战役,也有十五祀时的征人方战役,也可能还有其他时间的征人方事件②,但排谱者们几乎把绝大多数材料都排入十祀征人方谱中,留给十五祀的寥寥无几,这种情况固然有研究中的无奈。但值得指出的是,正

---

① 常玉芝:《殷商历法研究》,吉林文史出版社1998年版,第114—115页。
② [日]岛邦男:《殷墟卜辞研究》曾排出帝辛八祀征人方的历谱,见该书中译本第398—399页。

图 3—3 《小臣艅犀尊》铭文
(《殷商金文集成》)

是由于把上举那些记有"在商"的卜辞排入十祀征人方谱中,才使得同样都是第五期卜辞中的"商",却呈现出不同的地理方位概念这样的矛盾现象。例如,前举(1)、(2)卜辞材料就属于第五期卜辞,辞中"商"与四方四土并贞,使得"商"有天下之中的含义。不论这个"商"指的是国族(商王国)还是商的王畿,作为天下之中,总是以国都为依托、为中心的,所以,此处"商"的地理方位的中心点在商都安阳是不言而喻的。而诸如前举

(12)、(13)条记有"在商"一语的卜辞也是第五期卜辞,只因被排入十祀征人方的谱中,其卜辞中的"商",也就被视为远离商都安阳,被认为是从殷都出发两个月之后的地点。这样,与四方四土并贞的"商"和征人方中的"商"之间的矛盾之处,就凸显了出来。然而,我们若把(12)、(13)卜辞之类的材料从十祀征人方谱中拿出去,把它视为十五祀征人方卜辞或其他时间的卜辞,并把这些记有"在商"卜辞中的"商"作为十五祀征人方的出发地点,那么,上述矛盾不就迎刃而解了吗?所以,合理的解释应该是,十祀时的贞人把出征时的告庙之地亦即出发地写作了"大邑商",而十五祀或其他时间的贞人把出发地写作了"商",因为都是商王亲自统兵征伐,所以作为出发地"大邑商"和"商"都应该是商都安阳。

有了以上分析,在这里,我们可以对"商"、"中商"、"大邑商"作一概括。笔者认为,在"商"、"中商"、"大邑商"诸概念中,"商"是最基本、最核心的。在卜辞中,"商"字有两个层面的含义或用法。其一是作为一个大的区域范围来使用的"商",如作为商的王畿或国族名来使用;其二是作为一个地名王都、国都来使用的"商"。关于前者,可以举出《屯南》1126号卜辞:"南方,西方,北方,东方,商。"以及《甲骨文合集》36975号卜辞:"己巳卜,贞□岁商受〔年〕?王占曰:吉。东土受年?南土受年?吉。西土受年?吉。北土受年?吉。"在这里,若把与"商"并贞的"四方四土"理解为是在商的疆域内、受商王所控制或统辖的四土与四方的话,那么,这个"商"可以理解为商的王畿;而若把"四方四土"理解为商的诸侯国之地域,尽管其中相当多的诸侯国和商王国有着从属、半从属或时服时叛的关系,而这个"商"却可以理解为商国、商王国,即《尚书》中的"大邦殷"。总之,不论把这里的"商"理解为商的王畿还是整个商国,它都是作为一个大的区域范围使用的。又由于与"四方四土"并贞的"商",含有中央的意思,所以,此"商"之中包含有时王的王都,而且还以王都为其依托。关于后者,诸如卜辞中"王入于商"、"今夕王入商"、"王步自商"王"在商"、"在商贞",等等,都是作为一个具体的地名来使用的,这个地方就是时王的王都即商都。卜辞中的"商"尽管包含有上述作为区域范围和作为地名这样两个层面的用法,但这两个层面有一个共同的连接点,即时王的商都,在这个意义上讲,商都即王都是卜辞"商"的含义中最基本最核心的内容。

所谓"中商"实即"商中",指的是由王都所代表的商王国的中心区。

对此，当年胡厚宣先生①和陈梦家先生②都有过一些研究。胡先生谓"中商"即最早的"中国"称谓之起源。我们知道，在《何尊》铭文中即有"中国"一词，其铭文曰："隹珷王既克大邑商，则廷告于天曰：余其宅兹中或，自之辥民。"说的是周的武王在推翻了商王朝之后，向上天之神誓告说自己要居于中国，由此处治民。该文中的"中或"（"中国"），诚如唐兰等先生所指出，指的是以现在的洛阳为中心的地域，古时称为洛邑，也是《逸周书·作雒》"作大邑成周于土中"所说的"土中"。过去就把这个"土中"解释为"于天下土为中"③，意味着中央之地的地域，显然是对的。《诗·民劳》曾言"惠此中国，以绥四方"，又言"惠此京师，以绥四国"，故《毛传》曰："中国，京师也。"马其昶曰："中国犹国中，《周礼》'司士，掌国中之士治'，注：'国中，城中也。'《孟子·离娄》'遍国中无与立谈者'，国中，谓城中也。"这些都是"中国"即"国中"的例子。正像与《何尊》铭文中的"中国"相对，在西周金文中有东国、南国之语一样④，在殷墟卜辞中，既有与东南西北四土或四方并贞的"商"，亦有表示商王朝之中心区的"中商"。这就告诉我们，在当时的商族人心目中，"商"为天下之中。天下之中对于商王国的人而言，也就是"商中"，它既可以是一个区域，也可以再缩小为一个都邑。而最能代表天下之中的，当然是时王的王都即国都所在地。所以，"中商"亦即王都之所在地。对于"中商"这一概念，陈梦家先生曾指出，安阳于战国属赵，此地为"新中"，《春秋地名考略》及《方舆纪要》卷四十九引《都城记》曰"安阳一名殷中，即北蒙也"。为此，他说"中商或是殷中之所本，则中商或是安阳"⑤。"新中"和"殷中"两个地名中都含有"中"，此"中"应有"中心"的含义。"殷中"即殷之中心区，此"殷中"之"殷"，不论指的是商王国、商国族，还是商王畿、王都，而作为殷之中心区的"殷中"，则只

---

① 胡厚宣：《论殷代五方观念及中国称谓之起源》，《甲骨学商史论丛初集》（外一种）上，河北教育出版社 2002 年版。

② 陈梦家：《殷虚卜辞综述》，中华书局 1988 年版，第 258 页。

③ 《逸周书》卷五《作雒解第四十八》孔晁注。

④ 东国，指现在的河南、山东界附近；南国指现在的河南、湖北界附近。参见伊藤道治《中国古代王朝的形成》第二部第四章《姬姓诸侯封建的历史地理意义》第四、六节。

⑤ 陈梦家：《殷虚卜辞研究》，中华书局 1988 年版，第 258 页。

能是商的王都或以王都为核心的王畿。"殷中"一名是卜辞时代以后即商代以后的叫法，按照甲骨文的用例，若在商代，"殷中"应为"商中"，亦即"中商"之倒转。所以，"安阳一名殷中"的说法，正与安阳曾是商的王都以及卜辞中有"中商"地名相吻合。

"大邑商"或"天邑商"本来应更好理解，只是在"商"的前面加了"大邑"、"天邑"来修饰、形容或称呼其"商"，其核心或基本点也还是"商"，只是强调其范围大而已。"大邑商"一词在金文和周代的文献中都出现过。如前引《何尊》即有"唯武王既克大邑商"的铭文，《尚书·周书·多士》有"肆予敢求尔于天邑商"之语。陈梦家在《殷虚卜辞综述》中以为"凡称天邑商的记衣（殷）祭之事，凡称大邑商的记征伐之事并兼及田游。两者未必是一地"。然而，据研究，卜辞中也记有商王在天邑商贞问征伐之事的情形①，所以，陈梦家先生的这一说法不足为信。卜辞中的天与大是相通的，如卜辞"业于大庚"（《后》下40·10），它辞又称为"天庚"（《乙》5584）；卜辞"岁于大戊三牢"（《甲》903），它辞又写作"天戊五牢"（《前》4·16·4），"天庚"即"大庚"，"天戊"即"大戊"。"天邑商"也即"大邑商"，已被多位学者所论证。②

《书·多士》中的"天邑商"，郑玄等注皆认为是"殷之旧都"。《何尊》铭文中的"大邑商"，有的理解为指商王朝或王国③，有的理解为指商之国都。其实二者并不矛盾。因为商王朝的灭亡是以商的国都被攻克、商纣王自焚为标志的，所以，铭文中"武王既克大邑商"的"大邑商"是以作为国都或包括国都在内的王畿来代表商王朝的，"大邑商"本来的含义有可能指包括国都在内的王畿，其引申义可指商王朝。何以言之，主要应着眼于"大邑"的含义，因我们说卜辞中的"商"已含有国都的意思，那么，在"商"之前加上"大邑"二字，即非一般意义上的国都，而应指包括王畿范围的国都。史称周武王与商纣王决战于朝歌之南的商郊牧野，所

---

① 郑杰祥：《商代地理概论》，中州古籍出版社1994年版，第16页。

② 罗振玉：《殷虚书契考释》卷下；李学勤：《殷代地理简论》，科学出版社1959年版，第14页；郑杰祥：《商代地理概论》，中州古籍出版社1994年版，第16页。

③ 有学者认为，对应于"大邑商"，周也自称为"大邑周"，如《尚书·武成》："天休震动，用附我大邑周"；《孟子·滕文公》下："绍我周王见休，惟臣附于大邑周。"这里的"大邑周"指的是当时的西周王国，所以，"大邑商"也指商王朝。

以，商后期的王畿，应包括朝歌在内。在卜辞中，"大邑商"和"天邑商"之词出现于第五期，而《竹书纪年》恰说"自盘庚迁殷至纣之灭，二百七十三年更不徙都。纣时稍大其邑，南距朝歌，北距邯郸及沙丘，皆为离宫别馆"。我们若把"纣时稍大其邑"时的"邑"理解为卜辞中的"大邑商"之"大邑"，那么，"大邑商"包括朝歌在内，不也很顺当吗？也就是说，在帝辛时期大范围的殷都概念即王畿地区是包括朝歌在内，这就是"大邑商"的含义。

基于以上关于"商"、"中商"、"大邑商"的解释，特别是关于《英藏》2524"在商……在亳"以及《合集》36567"在商贞，今日步于亳"等征人方卜辞并非十祀时卜辞的解释，笔者认为，甲骨文中的"商"、"中商"、"大邑商"，无论是作为王畿来使用还是作为具体地名的商都来使用，其最基本点始终是殷都安阳。"在商……在亳"之类的卜辞中，作为具体地名的"商"若能确定在安阳，那么，由此出发，对于卜辞中"商"地与"亳"地的关系，也就需要重新考虑了。

《英藏》2524卜辞即前举（12）辞，是王征人方卜辞，也是"卜旬卜辞"，辞中所记，十一月，王征人方，癸卯日，在商地卜问了下一旬有无祸；癸丑日，在亳地卜问了下一旬有无祸；癸亥日，在雀地卜问了下一旬有无祸；癸酉日，在某地卜问了下一旬有无祸，但已进入十二月。这版卜辞告诉我们，征人方时，商、亳、雀三地相连，但并非表明从商到亳再到雀，路途上都走了十日，从癸卯到癸丑，从癸丑到癸亥，从癸亥到癸酉这三旬时间，既包括用在路途上的时间，也包括商、亳、雀三地的停留时间。所以，由此辞虽然知道商、亳、雀三地相连，但却无法依据花费在路途行程上的时间来计算三地的距离。然而，《合集》36567即前举（13）辞"在商贞：今〔日〕步于亳"却告诉我们，从商到亳，只有一天的路程。依据古代日行军三十里为舍计算，一日的路程只能有几十华里。这样，该卜辞中的商既为殷都安阳，那么，亳也只能在距安阳殷墟几十华里的范围内来寻找。

在距离安阳殷墟几十里的范围内寻找亳邑，首先可以得出这样的结论，即无论是宋地的南亳说还是北亳说都不符合这一条件。南亳说有谷熟以南的亳州说和谷熟说两说①，两地距安阳殷墟直线距离都在200公里以

---

① 董作宾：《卜辞中的亳与商》，《大陆杂志》第6卷第1期；陈梦家：《殷虚卜辞综述》，中华书局1988年版，第259、306页。

上。北亳说中,又分为曹县说、蒙泽说和成武、定陶一带的济亳说。山东曹县、曹县南商丘北的蒙泽距离安阳殷墟有 180 公里以上;曹县之北的成武、定陶一带距离安阳殷墟也有 180 公里。这些地方步行一二天是无论如何走不到的。其次,郑州的郑亳说也不符合这一条件,郑州距离安阳殷墟也有 180 公里。至于西亳说,因为该说只主张偃师商城是成汤推翻夏朝以后建立的都城,而并不认为它是灭夏以前的亳邑,所以,说到灭夏前的汤居亳,可以不考虑它。从它和安阳殷墟的距离上看,接近 200 公里,也不能成为商代的亳邑。

当南亳说、北亳说、西亳说等都不能满足亳邑距离安阳殷墟仅为几十华里这一条件时,再回过头来看,实际上只有河南省内黄县的亳邑即"黄亳说"(实可称为内黄䣝亳说,详后)和濮阳的"濮亳说"符合这一条件,而"黄亳说"与"濮亳说"实际上有可能是一回事,故笔者在这里用"黄亳说"来包括"濮亳说"。

黄亳说在四十多年前由岑仲勉先生提出后,一直没有引起人们的重视,主要是因为它所依据的文献材料时代太晚的缘故。如前所述,岑先生所依据的《古今图书集成·方舆汇编·大名府部汇考》中的材料,多出自明清时期的方志。岑先生曾指出:"《皇览》称,'帝喾冢在东郡濮阳顿丘城南亳阴野中'……顿丘在今清丰西南二十五里,正与内黄的东南相接,野称亳阴,相信由亳城而得名。《皇览》辑于三国时代,由此知'亳阴'、'亳城'的名称最迟起自东汉;即是说,内黄亳城之历史,比南亳还要早"。即使这样,仅依据《皇览》中的"亳阴"一条材料,内黄一带"亳"或"亳城"的得名也还是上溯不到先秦时期。然而,果真内黄一带先秦时期就没有称"亳"之地?笔者以为内黄一带实际上在先秦时期有称为"亳"的地方,这就是《吕氏春秋》所说的"䣝薄"即"䣝亳"。

二 甲骨文的亳即䣝薄

《吕氏春秋·具备篇》言:"汤尝约于䣝薄矣,武王尝穷于毕裎矣。"高诱注:"薄或作亳。"《慎势篇》又曰:"汤其无䣝,武其无岐。贤虽十全,不能成功。"高注:"䣝岐,汤武之本国,假令无之,贤虽十倍,不能以成功。"由《吕氏春秋》的这两段记载可知,䣝薄即䣝亳对于成汤来说，就像毕程①、岐地周原对于周武王的重要性一样，都是入主中原、取代前一王朝之前的"本国"。我们说在先秦文献所出现的诸亳中，宋地之薄（即北亳）因是宋国始封之地的宗邑②，而备受王国维所重视。但宋地之北亳也称为"景亳"，对于成汤来说，它只是在东方的会盟之地③，并非灭夏前的"汤居亳"之地。所以，虽说在先秦文献中曾多处出现过"亳"字，但由先秦文献直接明言与成汤有重要关系、且作为成汤灭夏前之根据地的亳，只有《吕氏春秋》所说的郼亳一处。

郼亳在何地，这是研究汤居亳时必须究明的。郼亳按照读音也可称为殷亳，实际上是指郼地之亳或靠近郼地之亳的意思。所以问题的关键是郼地在何处。邹衡先生认为郼亳在郑州，其理由是周初康叔的封国卫之南境已抵郑州（圃田），滑县的韦城、安阳殷墟的"殷"名，都是从郑州（郼）搬去的。④可是，虽说根据《左传》定公四年，卫国之南境可抵"圃田之北竟"，但周初卫之都邑是在河、淇之间的朝歌，"圃田之北境"归属卫，圃田本身却并非属卫，今郑州一带的地理沿革可以说是比较清楚的。首先，这里在西周时有称为"管"者，据说此为武王克商以后，"封叔鲜于管"之地。⑤不过，笔者依据《逸周书·作雒解》："武王克殷，乃立王子禄父，俾守商祀。建管叔于东，建蔡叔、霍叔于殷，俾监殷臣。"以及《帝王世纪》曰："自殷都以东为卫，管叔监之；殷都以西为廓，蔡叔监之"等材料，认为商代的管地尚不在郑州，而在殷墟之东被称为"东"的一带，郑州之"管"应是周初三监叛乱之后，管叔被杀，管叔的后裔移居于郑州而带来的邑名，自此以后郑州即有了称为

---

① 毕程，高诱注："毕丰。"毕沅注："程与程同。"许维遹：《吕氏春秋集释》曰："《周书·大匡解》：'维周王宅程三年。'孔晁注云：程，地名，在岐州左右，后以为国，初王季之子文王因焉，而遭饥馑，乃徙丰焉。是丰程不得为一地。雍录云：丰在鄠县，程在咸阳北。案：《孟子》云：'文王卒于毕郢。'文王墓在今西安府咸宁县。毕程疑当即毕郢。"

② 邹衡：《夏商周考古学论文集》（第二版），科学出版社2001年版，第176—177页。

③ 田昌五、方辉：《"景亳之会"的考古学观察》，《夏商周文明研究——97山东桓台中国殷商文明国际学术讨论会论文集》，中国文联出版社1999年版。

④ 邹衡：《夏商周考古学论文集》（第二版），科学出版社2001年版，第230—231页。

⑤ 《史记·管蔡世家》。

"管"的城邑和地名①。其次，今郑州西北五十里有敖山或敖仓，《帝王世纪》、《水经注》等认为其附近为商之隞都；又据《括地志》，在郑州西北约十五公里的古荥镇也相传是商代的隞（嚣）都，而荥阳至郑州一带西周时即称敖②。另外，在今荥阳至郑州一带的郑地也有称为"京"的城邑③。所以，从郑州一带的地理沿革上看，这里从未有过称为"鄁"、"韦"或"卫"的地名，而且，在商代后期，郑州已不属于王畿的范围，充其量也是王畿边缘的

---

① 《逸周书·作雒解》："武王克殷，乃立王子禄父，俾守商祀。建管叔于东，建蔡叔、霍叔于殷，俾监殷臣。"这就是历史上的"三监"。《史记·周本纪》也说：武王克商后，"封商纣子禄父殷之余民。武王为殷初定未集，乃使其弟管叔鲜、蔡叔度相禄父治殷"。三监分布的范围（"三监"有人以为包括武庚禄父，有人认为不包括武庚禄父，这里暂且不论），实际上就是殷商后期的王畿之地，其南境不越黄河，到不了郑州一带。《汉书·地理志》云："河内本殷之旧都，周既灭殷，分其畿内为三国。《诗·风》邶、庸、卫国是也。邶，以封纣子武庚；庸，管叔尹之；卫，蔡叔尹之；以监殷民，谓之三监。"《史记·周本纪》正义引《帝王世纪》曰："自殷都以东为卫，管叔监之；殷都以西为鄘，蔡叔监之；殷都以北为邶，霍叔监之；是为三监。"《汉书·地理志》与《帝王世纪》的这两种说法，有同有异。同者是说三监的分布范围都在殷的王畿之内，异者一是三监是否包括武庚禄父，另一是《地理志》认为管叔主管之地为鄘，蔡叔主管之地为卫，而《帝王世纪》则与之相反，认为管叔主管之地为卫，蔡叔主管之地为鄘。然而。联系上引《逸周书·作雒解》"建管叔于东"的记载，笔者认为管叔所监之地应该是殷都之东的商代的卫地。在商代的铜器铭文中有"阑"的地名，根据20世纪50年代在安阳出土的戍嗣子鼎铭文，商王在阑地有宗庙称为"阑宗"，建有大室称为"阑大室"，商王常到阑地的宗庙对臣下赏赐。《利簋铭文》说武王征商，甲子早晨与商纣王展开决战，到了第八天"辛未在阑𠂤"，把"金"赏给了利。有学者认为商周金文中的"阑"就是"管"的初文，古无"管"字，管为后起的借字（于省吾《利簋铭文考释》，《文物》1977年第8期）。也有学者认为商周的阑地阑邑就是郑州商城，属于商王的别都（杨宽《中国古代都城制度史研究》，第35—39页）。笔者认为，说"阑"为"管"的初文是可能的，但说商代的"阑"即"管"就是郑州商城是不对的。因为，第一，如上所述，武王克商后，最初作为三监之一的管叔所封之地，是在殷的"畿内"，而不是郑州。第二，据戍嗣子鼎等商代铜器铭文，在商代晚期，商王在阑邑有宗庙和大室，阑邑是晚商时期商王所使用的离宫别馆，而郑州商城的城垣和宫殿，在商代后期已被废弃，已不是商王的离宫别馆或别都，郑州商城的年代与戍嗣子鼎等商代铜器铭文所说的"阑宗"的年代是不吻合的。参见拙著《商代周初管邑新考》，载《2004年安阳殷商文明国际学术研讨会论文集》，社会科学文献出版社2004年版。

② 《诗·小雅·车攻》："建旐设旄，搏兽于敖"。郑玄笺："敖，郑地，今近荥阳。"

③ 《左传》隐公元年："请京，使居之，谓之京城大叔。"杜预注："今荥阳京县。"杨伯峻注："京，故城在今荥阳县东南二十余里。"

外边，因而，武王克殷后，郑州是不能称为"殷墟"的，事实上也从未被称为"殷墟"，邹先生的说法难以成立。也有人认为郼亳在河南滑县之韦地，这是考虑到郼与韦在字音上是相通的。滑县韦乡之韦就是《诗经·商颂·长发》"韦顾既伐，昆吾夏桀"之韦，然而当年成汤若是从郼亳出发去征伐韦、顾、昆吾的话，郼亳与韦最初一度是并存的，所以，郼亳不是滑县之韦地，但考虑到韦是成汤较早征伐之地，郼亳与滑县之韦地应相距不远。

其实，郼亳所在，《吕氏春秋》本身已有线索可寻。《吕氏春秋·慎大览》说："汤立为天子，夏民大说，如得慈亲，朝不易位，农不去畴，商不变肆，亲郼如夏。"高诱注："郼，读如衣。今兖州人谓殷氏皆曰衣。言桀民亲殷如夏氏也。"《尚书·康诰》"殪戎殷"，《礼记·中庸》作"壹戎衣"。毕沅谓殷、衣"二字声本相近"。梁履绳曰："《中庸》郑注：'衣读如殷，声之误也。齐人言殷声如衣，今姓有衣者，殷之胄欤？'凡此均可证郼、衣、殷为一。郼与殷为一，所以郼亳也可以说是殷亳，这是说郼亳距离殷都很近，大致在殷的范围即晚商的王畿的范围。若进一步追溯还可以说得更具体。

从古文字学的角度讲，郼是后起的字，在甲骨文和商周的金文中，是韦（韋）和卫（衛）。对于甲骨文中的韦（韋）与卫（衛），除了会想到前边所说的滑县韦乡之韦外，一般还会想到西周卫国之卫。关于西周的卫，我们所熟悉的是周初平定三监叛乱之后，封给康叔封（丰）①之地的卫国之卫，而实际上，西周的卫国之卫与三监叛乱之前的卫地亦即商代的卫地，是既有联系又不太一样的。

周初的卫国与商代的卫地第一个区别是，商代的卫地范围小而西周卫国领地大。关于周初卫国的疆域，《左传》定公四年说："昔武王克商，成王定之，选建明德，以藩屏周。故周公相王室以尹天下。……分康叔以大路……封畛土略，自武父以南，及圃田之北竟，取于有阎之土，以共王职；取于相土之东都，以会王之东搜。聃季授土，陶叔授民，命以《康诰》而封于殷虚。"杜预注："武父，卫北界；圃田，郑薮名。"孔颖达疏："武父，其地缺，无处，故直云卫北界也。(尔雅)《释地·十薮》：'郑有圃田'，郭璞曰：'今荥阳中牟县西圃田泽是也。'卫之南境至此泽畔。"有阎，杜预注："盖近京畿"，王国维认为阎与庸音近相通，指出《左传》文公十八年"阎职"，

---

① 据康侯丰方鼎铭文"康侯丰作宝尊"，《史记》中的"卫康叔封"即"康叔丰"。

《史记·齐太公世家》、《说苑·复恩》均写作"庸职"①，据此，郑杰详先生认为"'有阎'可能就是后世的'有庸'，庸即鄘之省写字，'有庸'即'有鄘'，也即文献所说的邶、鄘、卫之鄘国。鄘国所在，《大清一统志·河南·卫辉府》古迹条引杜佑《通典》：'鄘城在新乡县西南三十二里。'谭其骧主编《中国历史地图集》第一册从其说。唐代新乡县即今河南新乡，可知古鄘国当在今新乡市西南16公里处，它可能就是《左传》所说的'有阎之土'"。②东都，杜预以为当在泰山脚下，王国维从其说，③岑仲勉《黄河变迁史》以为相土的"东都"当在今河南濮阳市区。④这样，周初分封给康叔的卫国的领地很大，其范围与晚商王畿的范围大致相同。而在康叔封为卫侯之前，最初周武王是把晚商王畿一分为三，作为三监之地，分而治之的，后来由于三监之乱，周公并三监之地为一，重新分封给了康叔。如《汉书·地理志》说："河内本殷之旧都，周既灭殷，分其畿内为三国，《诗·风》邶、庸、卫国是也。鄁（邶），以封纣子武庚；庸，管叔尹之；卫，蔡叔尹之：以监殷民，谓之三监。故《书序》曰：'武王崩，三监畔'，周公诛之，尽以其地封弟康叔，号曰孟侯，以夹辅周室。"

商代的卫地却远不如周初卫国那么大。在甲骨文中，有称为"衛"的地方（《合集》7888；19852；20074；21744；28059等），也有叫做"子韋"的人（《合集》3270），还有作为贞人即卜人的"韋"（《合集》5611等），此外，安阳小屯北17号墓出土的铜器中有"韋"字族氏徽铭。对于甲骨文中的"韋"与"衛"，有的甲骨学者认为是同一字，有的认为不是同一字。若取同一字说，则可以作出这样的解释：作为"子韋"身份的韋族之人，领有一片封地，并向王朝派人担任贞卜职务，据《合集》28064卜辞"戊寅卜，在韋师，人无戈异，其䎵"，可知在韋（衛）地还驻屯有军队，这样，商代的卫（即衛或韋）地就可能是一个较大的邑聚或由一个较大的邑再加几个小的邑组成一组邑落。即使这样，比起周初的卫国，商代的卫地要小得多。若甲骨中文的"衛"与"韋"是不同的两个字，代表了不同的两个地方，比如"韋"为滑县的豕韦之地，"衛"为"邶、庸、卫"之卫地，那么，商代的卫

---

① 王国维：《北伯鼎跋》，《观堂集林》卷一八。
② 郑杰详：《商代地理概论》，中州古籍出版社1994年版，第3页。
③ 王国维：《说自契至于成汤八迁》和《北伯鼎跋》，《观堂集林》卷一二、一八。
④ 岑仲勉：《黄河变迁史》，人民出版社1957年版，第91—94页。

地就会更小。

　　周初的卫国与商代的卫地第二个区别是，周代康叔卫国的都城与商代的卫邑所在之地并不一致。如《史记·卫康叔世家》说：三监作乱之后，"周公旦以成王命兴师伐殷，杀武庚禄父、管叔，放蔡叔，以武庚殷余民封康叔为卫君，居河、淇间故商墟"。位于河、淇间故商墟的卫国都城，一般认为是在商纣之朝歌，只是该朝歌的位置，有的认为在今河南淇县，有的认为在淇县与浚县交界处，有的认为在汤阴南。不论朝歌位于这三地的何处，三地都属晚商时期的王畿范围，都在殷都安阳之南。而商代的卫邑却在殷都安阳之东。如《逸周书·作雒解》也说："武王克殷，乃立王子禄父，俾守商祀。建管叔于东，建蔡叔、霍叔于殷，俾监殷臣。"《帝王世纪》曰："自殷都以东为卫，管叔监之；殷都以西为鄘，蔡叔监之；殷都以北为邶，霍叔监之：是为三监。"《汉书·地理志》也说："河内本殷之旧都，周既灭殷，分其畿内为三国，《诗·风》邶、鄘、卫是也。"将《帝王世纪》与《逸周书·作雒解》相对照，作为监国的管叔所主管的"东"，属于"殷都以东"的卫地，是明确的。管叔所封的卫是商代原有的卫地，而康叔所封的卫是周公杀管叔、武庚禄父，放蔡叔之后，重新划分给康叔的领地。康叔的领地也称为卫，而其都城却在被称为"商墟"或"殷"的范围内的朝歌的地方。

　　上引《逸周书·作雒解》和《帝王世纪》等材料，已说明商代的卫邑与周初卫国的都城不在一处，商的卫邑在殷都以东。《逸周书·大匡解第三十七》的一段话也有助于说明这一点，其曰："惟十有三祀，王在管，管叔自作殷之监。① 东隅之侯咸受赐于王，王乃旅之，以上东隅。"② 孔晁注云："东隅，自殷以东。旅，谒。各使陈其政事也。"潘振《周书解义》云："上与尚通，言管叔率作殷监，自殷以东，诸侯皆朝，受赐于王，王乃旅见而嘉尚之。"陈逢衡《逸周书补注》引张惠言曰："旅，尊礼也。上，长也。礼管叔命为东方牧伯。"总之，无论是把受赐于王的"东隅之侯"解释为自殷以

---

① "管叔自作殷之监"一句，黄怀信等《逸周书汇校集注》说："《史略》作'管叔蔡叔臬商之监'。孙诒让云：臬当为臲，形近而误，臲暨古今字……监上之字，疑当为三，言管、蔡暨武庚合为三监。"

② 黄怀信、张懋镕、田旭东：《逸周书汇校集注》云："以上东隅，丁宗洛从陆麟书说据孔注改'以上陈诰'，朱右曾从。"

东的诸侯也罢，还是把管叔说成是受周武王之命"为东方牧伯"也罢，都透露出商代卫地中的管地（即阑地），在殷都之东①。"王在管"亦即王在殷都之东。此外，在殷墟卜辞中，作为地名也是在殷都之东。例如：

  癸丑卜，殸，贞师往卫，无祸？（《合集》7888）
  ……卫无祸？从东卫。（《合集》20074）
  壬寅卜，王令征伐……于卫。（《合集》19957）
  癸亥卜，往卫，祝于祖辛。（《合集》19852）
  ……卜，王其乎卫……（《合集》28061）

  由上引《合集》20074卜辞可以知道，卫地位于商都以东。甲骨文和文献都证明商代的卫地在商都以东，不仅如此，该卫地距离殷都还很近。《逸周书·作雒解》云："周公立，相天子，三叔及殷、东、徐、奄及熊盈以畔。周公、召公内弭父兄，外抚诸侯。……又作师旅，临卫政（攻②）殷，殷大震溃。降辟三叔，王子禄父北奔，管叔经而卒，乃囚蔡叔于郭凌。凡所征熊盈族十有七国，俘维九邑。俘殷献民，迁于九毕。俾康叔宇于殷，俾中旄父宇于东。"这段话中，"临卫攻（征）殷"，可知卫与殷是紧邻的，而这里的"殷"指的是被包括在商王畿范围内的商邑朝歌，后成为康叔封地内的都邑。

  在上引诸种文献中，每每也提到卫地中有称为"东"的地点。此"东"在何处，史书无载，笔者怀疑它就是《左传》定公四年所说的"相土之东都"，亦即秦王政六年（公元前241年）"并濮阳为东郡"之东郡，地在今濮阳一带。这也是《诗经·小雅·大东》中的"大东、小东"之"小东"。关于秦"东郡"的得名，《史记·卫世家》索隐说："魏都大梁，濮阳、黎阳并是魏之东地，故立郡名东郡也。"笔者以为，濮阳、黎阳固然是魏之东地，但"东郡"的得名，是否与濮阳一带原本就有名为"东"的地名有关？这也是值得考虑的。

  总括上述，商代的卫地在商都以东不远的地方，推测其地应在今安

---

① 商代的管邑不在郑州，而在殷都以东的卫地，对此笔者另有考证，参见拙著《商代周初管邑新考》，载《2004年安阳殷商文明国际学术研讨会论文集》，社会科学文献出版社2004年版。

② "政"，《绎史》作"攻"。这里当读为"征"。

阳、汤阴、浚县以东不远的地方，应包括内黄和濮阳在内，特别是内黄靠近濮阳的地方。商代卫地范围的推定，为寻找文献中的"郼亳"奠定了基础。既然郼亳实为卫地之亳或靠近卫地之亳，而商代卫地又包括或靠近内黄，那么结合前述内黄"黄亳"说和濮阳"濮亳说"的有关资料，郼亳的所在地应在今内黄县一带或内黄、汤阴、浚县、濮阳相接壤地带，"黄亳"说也应改称为"内黄郼亳说"，此说也包括"濮亳说"的有关内容。

把成汤灭夏前所居之亳确定为郼亳，并进而将郼亳确定在内黄或内黄附近地区（即内黄靠近濮阳一带），这不但解决了《甲骨文合集》36567 "在商，贞：今〔日〕步于亳"等卜辞所反映的商都与亳邑甚近的问题，而且也能解释征人方卜辞的一些其他问题。例如，关于卜辞中的人方在何地的问题，甲骨学界一般认为人方（或称"夷方"）是淮夷，因而征人方是从商都出发向东南或南行走。但因卜辞中也有"二月癸巳，惟王来征人方，在齐㠱"（《合集》36493）等情况，所以在很早的时候，就有学者认为人方是东夷，征人方是从商都出发向东进军。近来，李学勤先生又重新论到"征人方问题"，认为人方"释为'夷方'较好，其事与《左传》、《吕氏春秋》所载的'纣克东夷'之事有关"，修正了他在《殷代地理简论》中关于人方在西方的观点，并指出商人征夷方是从商都出发向东行走，"即由安阳—兖州—新泰—青州—潍坊，一直向东进发。"①如果人方是淮夷，用卜辞中的"亳"来证宋地北亳说、宋地南亳说或郑亳说，都还有存在的前提；若人方是东夷，则卜辞之"亳"很难与宋地北亳说、南亳说乃至郑亳说相联系。而内黄郼亳说则既不影响人方淮夷说，也不影响人方东夷说。当然，就征人方涉经"齐"地以及在《商代都邑》第七章笔者所谈到的位于山东青州（益都）苏埠屯的"醜国"（"亚醜"）与征人方中所涉及的"攸"的地理关系，笔者赞成人方东夷说。特别值得一提的是，最近新发现的两片征人方甲骨，可直接证明人方在东方，其中一片记有：

己未王卜，贞禽〔巫九禽，人方伐东〕或（国），典东侯，曹〔人

---

① 李学勤：《重论夷方》，《民大史学》（1），中央民族大学出版社1996年版，又收入《当代学者自选文库·李学勤卷》，安徽教育出版社1999年版；李学勤：《夏商周与山东》，《烟台大学学报》第15卷第3期，2002年7月。

方，余其比多侯］甾戈人方，亡［害才𡆥］……（《殷墟甲骨辑佚》689正①）

另一片甲骨文可与《合集》36182缀合，缀合后释文为②：

丁巳王卜，贞禽巫九禽，禺（遇）人方率伐东或（国），东典东侯，曹人方，妥（绥）余一［人，余］其比多侯，亡左自［上下］于𥎦示，余受有佑？王固曰：大吉……彡（肜），王彝在□□宗。

由上述两片征人方甲骨可以看出，人方在东方，属于东夷的结论，是有说服力的。

再如，多少与征人方有些关系，有这样一组同版卜辞：

乙巳卜，……王田……亡……兕二十又……来征人［方］。
丙午卜，在商，贞今日步于樂，亡灾？
己酉卜，在樂，贞今日王步于桑，亡灾？
［庚］戌卜，在……贞今日王步于香，亡灾？（《合集》36501）

这组卜辞的第一条中"〔王〕来征人〔方〕"，是告诉王征人方回来了，亦即乙巳日占卜王田猎有无灾祸，是王征人方回来之后进行的，"王来征人方"有纪时纪日的作用，是以"征人方"作时间署辞。这种经常出现的"王来征人方"一语，有的可能表示是在征人方之后返回的途中，有的则表示已回到畿内王都，总之，作为时间署辞，主要表示王征人方的战事已经结束。所以，第一条辞的全意是：王征人方结束、回来后，卜问王举行田猎有无灾祸，作为验辞，田猎获兕二十余头。第二条至第四条辞意是：丙午日，在商地卜问，商王当日步行于樂地，有无灾祸？己酉日，在樂地

---

① a. 李学勤：《论新出现的一片征人方卜辞》，《殷都学刊》2005年第1期。
  b. 焦智勤、党项奎、段振美：《殷墟甲骨辑佚》，文物出版社2008年版。
② 《殷墟甲骨辑佚》690＋《合集》36182。参见李学勤《殷墟甲骨辑佚·序》；焦智勤：《新发现的一片征人方卜辞》，2006年安阳庆祝殷墟申遗成功暨纪念YH127坑发现70周年国际学术研究会的论文。

卜问，当日步于桑地，有无灾祸？庚戌日，在某地卜问，当日步于香地，有无灾祸？从辞中可以看到，从商都到樂地有一天的路程，从樂地到桑地也是一天的路程，也就是说，商都、樂地、桑地是相互不太远的地方。以往，将卜辞中的"桑"释为"噩"，认为地在河南沁阳一带；有的还认为"噩疑是敖"，卜辞地名之噩，有可能即仲丁居嚣之嚣地。① 后来于省吾先生对此字作了新的释读，隶定此字为桑，认为是"采桑之桑之本字"，"既用为人名或地名，亦假借为丧亡之丧。"② 于先生的考释甚为正确。卜辞记有商王在桑地田猎活动甚多，上引《合集》36501卜辞所记，实际上也是商王征人方回来之后，从商都往来于樂地、桑地和香地之间，进行田猎之事。卜辞的桑既为桑之本字，那么，诚如郑杰祥先生所言，卜辞之桑地应当就是后世的"桑间"之桑地，《礼记·乐记》云："桑间濮上之音，亡国之音也。"郑玄注："濮水之上有桑间者，亡国之音于此之水出也。昔殷纣使师延作靡靡之乐，已而自沉于濮水，后师涓过焉，夜闻而写之，为晋平公鼓之，是之谓也。桑间在濮阳南。"商纣使师延作靡靡之音的故事，固然有文学渲染的可能，但也很难说全无史实之根据，至于濮水之上的"桑间"得名，则应是古濮水两岸广植桑林的缘故，《汉书·地理志》所谓"兖州桑土之野"，就包括这个地区，而今这里仍有个桑村，郑杰祥先生考定商代桑地大致在今桑村东西一带③，是可信的。

在田猎卜辞中，每每桑地与盂地并举，两地相距很近。过去一般把桑、盂等考定在今河南沁阳附近，认为盂为沁阳市北的古邘城。然而，钟柏生《殷商卜辞地理论丛》指出，卜辞中有两个盂地，其一位于商都以西，即春秋时代今沁阳附近的邘地；另一位于商都以东，为春秋时代今濮阳东南的敛盂。从而与敛盂相关的卜辞中的桑、宫、雍、向等地，也都在商都以东的濮阳一带。如宫，据研究就是春秋时代的丘宫，位于今濮阳县北；雍水，即从今濮阳西南古黄河口到山东的雷夏泽的河流；向，有可能就是河南滑县古代的向固城。④

总之，卜辞中的桑地确定在濮阳南古濮水岸边，而从商地到桑地仅为两

---

① 陈梦家：《殷虚卜辞综述》，中华书局1988年版，第262页。
② 于省吾：《甲骨文字释林》，中华书局1979年版，第75—77页。
③ 郑杰祥：《商代地理概论》，中州古籍出版社1994年版，第124页。
④ 参见郑杰祥《商代地理概论》，中州古籍出版社1994年版，第104、99、141页。

天或两天多的路程,那么,此商地就只能是安阳商都,而绝不可能是河南商丘市,进而也有助于证明卜辞中的亳邑,只能是内黄一带的郼亳,因为,如前所述,卜辞中的亳与商有着仅为一天路程的距离。

《国语·楚语上》曰:"昔殷武丁能耸其德,至于神明,以入于河,自河徂亳,于是乎三年,默以思道。"郑亳说曾以此说明亳地距黄河不远,并证郑亳说之成立。① 也有学者结合韦昭注,认为此亳是成汤所都的偃师之亳。② 上引《楚语》其"入于河",韦注:"迁于河内";"自河徂亳",韦注:"从河内往都亳也。"若按照韦注的说法,武丁时曾迁都于河内,后又从河内迁都于亳。其实,"入于河"不能解释为"迁于河内","自河徂亳"也不能解释为迁都于亳,《尚书·无逸篇》中周公的一段话,有助于说明这一问题:

> 周公曰:"呜呼!我闻曰:昔在殷王中宗,严恭寅畏,天命自度。治民祗惧,不敢荒宁。肆中宗之享国,七十有五年。其在高宗,时旧劳于外,爰暨小人。作其即位,乃或亮阴,三年不言。其惟不言,言乃雍。不敢荒宁,嘉靖殷邦。至于小大,无时或怨。肆高宗之享国,五十有九。其在祖甲,不义惟王,旧为小人。作其即位,爰知小人之依,能保惠于庶民,不敢侮鳏寡。肆祖甲之享国,三十有三年。自时厥后立王,生则逸。生则逸,不知稼穑之艰难,不闻小人之劳,惟耽乐之从。自时厥后,亦罔或克寿。或十年,或七八年,或五六年,或四三年。"

根据《史记·鲁世家》中关于《无逸篇》的这段话以及《集解》所引马融的注解,高宗武丁为太子时,其父小乙使他久劳于外(久居于外),与小人(即自由农民)从事,知道小人的艰难劳苦。所以,《国语·楚语》说武丁"以入于河",不是迁都于河内,而是指从久劳于外的民间回来,入主河内,继承了王位,《无逸篇》说的"作其即位"也是这个意思,说的是等到即位或开始即位。在殷墟卜辞中出现诸如"子商"、"子渔"、"子韦"等众多的

---

① 邹衡:《论汤都郑亳及其前后的迁徙》,邹衡:《夏商周考古学论文集》(第二版),科学出版社 2001 年版,第 183 页。

② 曲英杰:《先秦都城复原研究》,黑龙江人民出版社 1991 年版,第 64—65 页。

"子某",许多学者认为是诸王子,当然不限于时王之子,也包括前一代先王及其兄弟之子。① 也有学者认为"子某"之"子"是爵称或指宗族之长即宗子。不论是爵称、宗族之长,还是诸王子,从卜辞的内容看,即使作为爵称的"子某"中,也是包含有王子在内的。这些"子某"中属于王子者,有的领有一处封地,不就是久劳久居于外吗?武丁为太子时,作为诸王子之一,在外领有邑土,并能深入民间,当然可以说成是"久劳于外,爰暨小人(与小人出入同事)",能知小人之艰难劳苦了。武丁即位后,《楚语》说他"自河徂亳,于是乎三年,默以思道",这也不是由河内迁都于亳,而是说他曾从河内商都安阳,渡河前往亳邑,三年中还时常住在亳邑,并在嘴上不太多言国事,心中却在筹谋。

郑亳说引用《国语·楚语上》武丁"以入于河,自河徂亳",主要是欲说明亳邑离黄河很近。殊不知,距离黄河最近,并且从安阳往亳需要渡河的,恰恰是内黄的鄁亳。卜辞中有关黄河之"河"的材料甚多,表明黄河与殷人的生活和生产息息相关。其中,从安阳的视角来看"河"的方位和走向的材料有:

……㠯行东至河。(《合集》20610)

癸巳卜,㱿,贞令师般涉于河东?(《合集》5566)

……虍……方其涉河东其……(《合集》8409)

……[令]卑……河东。(《合集》8325)

丁未,贞王令卑登众伐,在河西㢒?(《小屯南地》4489)

……贞乎刚目……□河以……戠洹。(《合集》14390)

……卜,争[贞]……河妇暨……囚……衛有㞢。(《合集》9575)

……贞于南方将河宗。十月。(《合集》13532)

上引第一条卜辞,说自商都向东行而至于河,可知此河在安阳殷墟之东。第二、三、四条卜辞,都有"河东"之语,第五条卜辞有"河西"一语,它表明此段河应为南北走向,所以才有东西两侧,才出现"河东""河西"之称。第六条卜辞,河水与洹水同版同辞占卜,反映二水有着联系,河与洹是相近的。第七条卜辞,河妇与卫地出现于同版同辞,反映出卫地近于

---

① 参见朱凤瀚《商周家族形态研究》,天津古籍出版社1990年版,第58—60页。

河。第八条卜辞是说在殷都的南方用"将"的方式祭祀"河宗"①,说明在殷都的南方也有"河"流过,这样在殷都的南面和东面都有"河"流经,从而使殷都处于"河内"之中。总括上述诸辞,可以作出这样的描述:商代时期的"河"水流经殷都的"南方"即淇县至浚县之后,自浚县起,在殷墟之东为南北走向,它承受着自殷墟向东流的洹水的注入,殷墟之东、越过河水有的地方就是卫地。

胡渭《禹贡锥指》据浚县西与北有黄河故渎,又内黄西境至安阳境有黄泽遗迹亦古黄河所经,断定古黄河出内黄与安阳之间,经古代殷王之都,其北段即《汉书·地理志》所载邺县东之大河。刘起釪先生将卜辞所见殷墟以东之河与《禹贡锥指》中所论证的安阳之东南北流向的古黄河资料相验证,得出商代的"河",是在殷墟之东、安阳与内黄之间自南向北流并受洹水来注的古黄河,并绘出一幅颇为详细的"卜辞与《禹贡》大河示意图"(图3—4)。② 张之先生据今安阳东南不足四十里有古之黄泽,参照《禹贡锥指》和《方舆纪要》的说法,也认为"在禹河河道形成之前,大河流经安阳之东,应更近"。③ 在这些著述之前,关于古黄河的走向,顾颉刚先生说:"古黄河自今河南焦作市不东北流而东流,经修武、辉县、滑县折北流,入河北境,又东北流至天津入渤海。"④ 谭其骧先生也指出:第一次改道前的河道"自今武陟东北经河南北部,折北穿河北中部,折东北入海"。⑤ 总之,商周前黄河是走河北从天津入海,并不走山东境内,其中,由浚县至巨鹿大陆泽为南北走向,穿于安阳与内黄之间。

---

① "河宗"一词,既可以理解为黄河之神的宗庙,也可以理解为作为殷祖先"高祖河"的宗庙,其实二者并不矛盾。"高祖河"来源于"河伯",来源于以黄河之神为宗神的河伯族。参见伊藤道治著,江蓝生译《中国古代王朝的形成》,中华书局2002年版,第11、41—49、55—56页。

② 刘起釪:《卜辞的河与〈禹贡〉大伾》,载刘起釪《古史续辨》,中国社会科学出版社1991年版。

③ 张之:《安阳考释》,新华出版社1997年版,第192页。

④ 顾颉刚:《禹贡(全文注释)》,载侯仁之主编《中国古代地理名著选读》(第一辑),科学出版社1959年版,第7页。

⑤ 谭其骧:《黄河与运河的变迁》,《地理知识》1955年第8期。

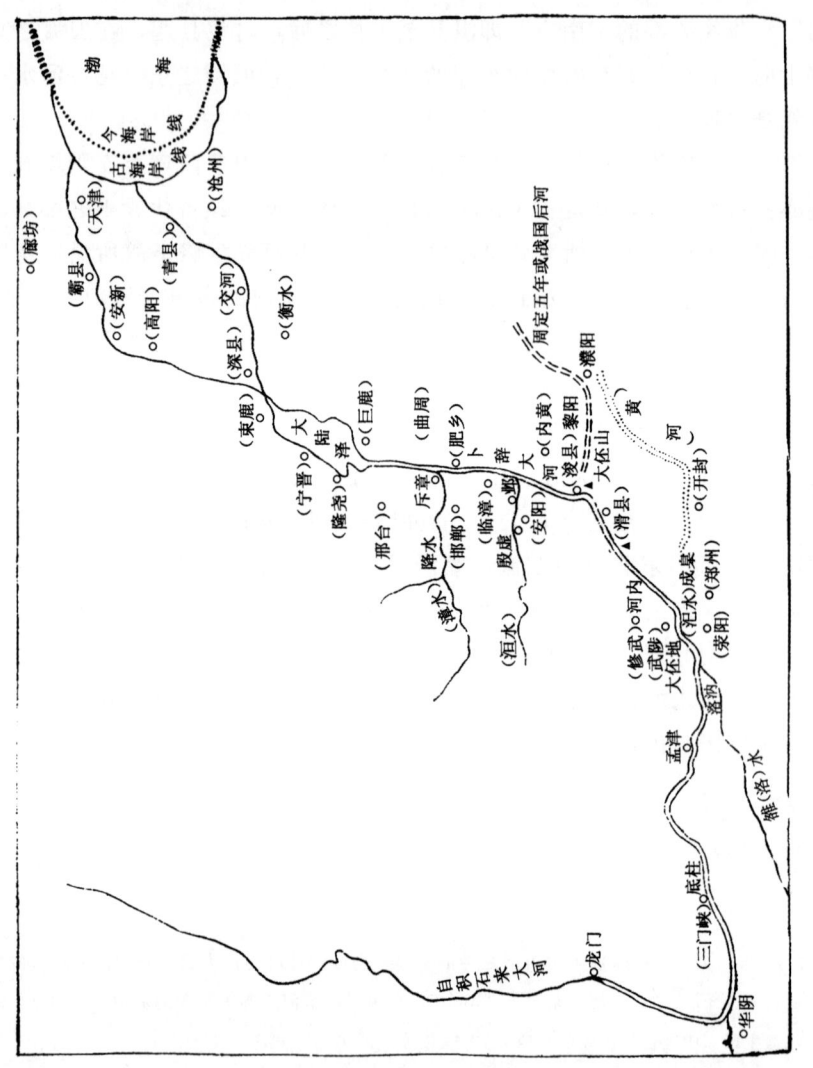

图3—4 卜辞与《禹贡》"大河示意图"（刘起釪《古史续辨》）

将卜辞所见商代的"河"与文献中古黄河资料相互印证,《国语·楚语上》说,武丁"以入于河,自河徂亳,于是乎三年,默以思道",是可信的。因当时的黄河就从安阳的东边自南而北流过,"久劳于外"的武丁要继承王位,就得入主于河;即位之后,因河东面的卫地有商的亳邑,亳邑与殷都安阳离得太近,因而"自河徂亳",三年中时常住在亳邑,都是可行的。这样,这条材料最能证明的是商代的亳为内黄的郼亳,而不是郑亳或偃师西亳。

成汤灭夏前所居之亳是内黄郼亳说的提出,还有助于说明《诗经·商颂·长发》"韦顾既伐,昆吾厦桀"的进军路线。

韦,据郑笺,也即豕韦,是彭姓。《左传》襄公二十四年杜预注:"豕韦,国名。东郡白马县东南有韦城。"《水经·济水注》:"濮渠又东迳韦城南,即白马县之韦乡也。史迁记曰:'夏伯豕韦之故国矣。'"陈奂《毛诗传疏》卷三十:"今河南卫辉府滑县东南五十里有废韦城。"所以《诗·长发》中的韦即豕韦,地在今河南滑县东南五十里,这在古今学术界已趋共识。而滑县东南五十里与内黄甚近,成汤欲南下发展并进而西进灭夏,作为夏之盟国豕韦之国,自然首当其冲。

顾,有两说。一为范县说;一为原阳原武说。《左传》哀公二十一年有"公及齐侯、邾子盟于顾"的记载,杨伯峻《春秋左传注》说:"据《读史方舆纪要》,顾即《诗·商颂》'韦、顾既伐'之顾国,在今河南范县旧治东南五十里。齐地。"《元和郡县图志》卷十一濮州范县条:"故顾城在县东二十八里,夏之顾国也。"《太平寰宇记》、《诗地理考》、《毛诗传疏》等都有相同的说法。另一说绕了个弯,王国维曾认为卜辞中的"雇"即扈,在今河南省原阳县原武镇①,而对于"韦顾既伐"之顾,则说:"顾地无考"②。后来一些学者进一步认为"韦顾既伐"之顾即雇亦即扈,在原武镇③。其实王国维所说的卜辞中的"雇",就是征人方卜辞中出现的"雇",因王国维只是把它与文献中的"扈"进行了比附,而并未把它放在征人方的路线上进行排谱系联,也未考虑人方的方位地望,所以王国维的结论是不可信的。在甲骨文中,有的是"在雇卜"(《合集》24348);有的是卜问"王步自雇"有无灾祸(《合集》24347)。征人方卜辞中出现的"雇"则写作:"癸亥卜,黄贞:王

---

① 王国维:《观堂别集》卷1《殷虚卜辞所见地名考》。
② 王国维:《观堂集林》卷12《说亳》。
③ 陈梦家:《殷虚卜辞综述》,科学出版社1956年版,第305页。

旬无祸？在九月，征人方在雇"（《合集》36487）等。关于人方的地望，如前所述，主要有两说，一说人方是东夷，在山东；一说人方是淮夷，在安阳的东南方向。若人方是东夷，因征人方途径雇地，那么卜辞中的雇必在商都安阳之东。若人方是淮夷，征人方时也许先到东边的雇地，再折而南下。因而据甲骨文中征人方卜辞，雇即顾应在商都安阳之东或东南，而不是在安阳之西南。此外，也有雇与河见于同版的卜辞，如"壬戌卜，［行］，贞今夕无祸？在河。□□卜，行，［贞］［今夕］无［祸］，［在］雇。"（《合集》24420）雇与河见于同版占卜，关于河，如前面详加论述的那样，它在安阳之东自南向北流过，那么，雇在商都以东是完全有可能的。卜辞中的雇地也很可能就是"韦顾（顾）既伐"之顾（顾）国的顾（顾）地，地在齐地的范县。对于顾地的这两说，若取范县说，可以解释为成汤在攻取了韦之后，为了解决后顾之忧，在南下攻伐郑地的昆吾之前，先攻伐了夏在东方的盟国顾。若取旧原武县即今原阳县原武镇说，可以解释为成汤攻取了韦之后，又继续南下至今原阳县原武镇，攻取了这里的顾国。只是笔者认为顾在河南范县东南说更为合理，证据更充分。

昆吾所居有两处，一处见于《左传》哀公十七年，"卫侯梦于北宫，见人登昆吾之观"，地在今河南濮阳。另一处见于《左传》昭公十二年，楚灵王说："昔我皇祖伯父昆吾，旧许是宅。"旧许地望，一般说在今河南许昌，邹衡先生考证在今河南新郑[①]。卫地与郑地（或许地）都留有昆吾居住之迹，应该是昆吾迁徙的结果。诚如金鹗在《桀都安邑辨》中所言："夏桀时昆吾在许，不在卫。"也就是说，昆吾先在卫地濮阳，后来由濮阳迁到了许昌或新郑。夏末居于许昌或新郑的昆吾，是夏王朝在东部门户地带的重要盟国，成汤伐取昆吾后，郑地即变成了商攻夏的重镇。

由以上我们对韦、顾、昆吾诸地的梳理，可以看出若从内黄郼亳的视角来看"韦—顾—昆吾—夏桀"的经略战略，显然很有其合理性。位于滑县的韦，不但距离亳邑很近，而且挡在成汤向南经略的路口，所以成汤较早地解决了它。位于范县的顾，很可能是成汤在东方"景亳之会"之后，顾仍为夏桀的盟国，因而成汤攻取了它也就解决了后顾之忧。位于许昌或新郑的昆吾，是夏的盟国中最靠近夏都者，也是夏在东部地区的门户，所以也就成为夏的盟国中最后被攻取者。据《孟子·滕文公下》讲，成汤"十一征而无敌

---

① 邹衡：《夏商周考古学论文集》（第二版），科学出版社2001年版，第212—215页。

于天下"，所以，所谓"韦顾既伐，昆吾夏桀"只是其中较重要的、具有代表性的而已，但它大体上勾画出了成汤的经略路线。

在汤居亳的研究中，葛的问题是不能回避的。《孟子·滕文公下》说："汤居亳，与葛为邻。"又说"汤始征，自葛载（始）。"所以，葛国所在地成为汤亳在何处的重要参考值。葛在何地，传统的观点以今河南宁陵县之葛乡为葛伯国，宋地北亳说和南亳说者力主此说。但古代名葛之地并非宁陵一处，郑亳说的邹衡先生就找出了《左传》中郑地的"缛葛"、"长葛"、《通志略·氏族略》说的许州鄢城的"葛伯城"、《路史·国名纪》说的郑西北的"葛乡城"、修武的"葛伯城"，以及燕地之葛、南阳之鄀等[①]。目前，在内黄县境内或内黄县附近尚未找到古代名葛之地，只是在内黄、内黄邻近县的方志中找出一些叫做"葛庄"的乡镇村名，但它们的得名究竟能古老到什么朝代，还很难说。所以，内黄鄀亳说中葛的问题，目前只好存疑，有待今后继续努力。

文献中说到汤居亳时，也讲到汤灭夏后复归于亳。如《逸周书·殷祝解》曰："汤放桀而复亳薄，三千诸侯大会。"《书序》也说："汤既绌夏命，复归于亳，作《汤诰》。"若以偃师二里头遗址为夏都，郑亳说者认为汤复归于亳是从夏都二里头回到了郑州。但文献只是说复归于亳而并未说究竟是走了一天两天还是几天，所以复归于亳也可以解释为返回到内黄鄀亳。

三　甲骨文中只有唯一的一个亳

内黄鄀亳说论述的是灭夏之前汤居亳的问题，推翻夏朝之后，成汤所居的都城，笔者以为不是内黄的亳邑，而应在偃师尸乡商城或郑州商城中去寻找。作出这样的判断，其理由，一是在内黄或其附近地区没有发现商代前期的都邑遗址。二是在偃师尸乡和郑州却发现两座始建于商代早期的具有都城规模的城址。又因为将偃师和郑州这两座商城具体的年代加以比较后，如将偃师商城的宫城、小城的始建年代与郑州商城周长近7公里的内城城墙的始建年代加以比较后，如前所述，偃师商城宫城和内城的始建年代早于郑州商城的内城；以及《汉书·地理志》河南郡偃师条，班固自注说："尸乡，殷汤所都"；由此，笔者赞成成汤灭夏后所建的都城是偃师商城。

[①]　邹衡：《夏商周考古学论文集》（第二版），科学出版社2001年版，第186页。

偃师商城虽有可能是成汤推翻夏朝后所建的都城，但如邹衡先生已指出，偃师尸乡在先秦只称为"尸"或"尸氏"在汉代以前并无亳称，称其为亳是后来的事情①。上引《汉书·地理志》班固自注仅称偃师尸乡为"殷汤所都"，并未称其为亳。《春秋繁露》第三十三《三代改制质文》曰："王者改制作科，奈何？曰：……咸作国号，迁宫邑，易官名，制礼作乐。故汤受命而王，应天变夏作殷号……作宫邑于下洛之阳。"也没有说是亳。只是《尚书·胤征》孔颖达疏引郑玄曰："亳，今河南偃师县，有汤亭。"这是最早指认偃师为亳者。其后，皇甫谧《帝王世纪》明确称"偃师为西亳"，并将之与《尚书·立政》所说的"三亳阪尹"相联系。晋《太康地记》也说："尸乡南有亳阪。"唐初所纂《括地志》说得更明确："亳邑故城在洛州偃师县西十四里。本帝喾之墟，商汤之都也。"近年在偃师商城遗址附近发现有多方称葬于"亳邑乡"或"薄邑乡"的唐代墓志②，也可知今偃师商城一带，唐及唐以前是有亳邑之称的。但这些都是汉代以后的说法，也就是说，偃师尸乡是成汤的王都（即"殷汤所都"）与偃师尸乡在商代是否被称为亳，是两个不同的概念，不应混为一谈。

在甲骨文中，情况也是这样。甲骨文中的"亳"的用法有两种，一种是作为地名来使用的"亳"字，一种是以"亳土"这样的形式来使用的。"亳土"即亳社，是亳邑或亳地之社，所以，归根结底，单称"亳"，指的就是亳邑或亳地。此外，在甲骨文中另有"亳宁"、"凶亳"需要作一简单的讨论。关于"亳宁"的卜辞有：

    ……卜，争，贞令亳宁鸡贝凸……（《合集》18341）
    贞乎取亳宁。（《合集》7061）

对于这两辞中"亳宁"之"宁"，多数学者释为商王朝廷中的职官名，也有释"宁"为"贮"之古字。因甲骨文中除"某宁"外，尚有"宁某"、"多宁"，所以释"宁"为职官名较妥。宁为职官名，宁前面的亳就有可能是表示个人的私名，也有可能表示来自亳地担任宁职者。那么，前一辞可以解

---

① 邹衡：《夏商周考古学论文集》（第二版），科学出版社2001年版，第177—178页。
② 乔栋、李献奇：《从唐代墓志谈西亳》，中国先秦史学会等编：《夏文化研究论集》，中华书局1996年版。

释为：令担任宁官的亳宁提供或送来鸡、贝、鬯等财货。第二辞也可能是让亳宁提供某些财货或做某些事情。若将"宁"释读为"贮"，那么前一辞可释为：令亳（亳地之人）储备鸡贝鬯等财货。第二辞可释为：乎取亳地储存的财货。总之，卜辞中"亳宁"词汇的存在，并不影响作为地名的"亳"，而且由"亳宁"一词也得不出卜辞中还有另一亳地。

关于"㠱亳"的卜辞有：

丁未，令㠱㠱㠱、亳。（《屯南》4513）
不往。

对于"㠱亳"，有的学者释为"髦亳"[1]。然而，"㠱亳"之"㠱"与被释为"髦"（𦥑）[2] 的甲骨文在字形上并不相同，笔者以为它们是两个不同的字。问题的症结是辞中的"㠱亳"，有的学者把它视为偏正组合的一个词，释为"髦亳"，并举出卜辞中的"基方缶"作为类似的偏正式组合词[3]。笔者以为把"基方缶"像过去那样理解为基方、缶两个国族名、地名，对于《合集》13514 版所记"基方缶乍郭"，确实不太好解释。然而，"基方缶"之"缶"也可以解释为人名。"基方缶"之"缶"，在卜辞中有时是单独作为方国名、地名来使用；有时也作为人名来使用。作为方国名、地名使用的例子有："丁卯卜，㱿，贞王敦缶于蜀。"（《合集》6860）作为人名来使用的例子有："己未卜，㱿，贞缶其来见王。"（《合集》1027 正）而甲骨文中的国族名、地名和人名往往可以合一，"基方缶"之"缶"是该方国的首领之名，"基方缶"表达的一个方国，而不是基方、缶方两个方国。所以，在究竟是偏正式组合的词还是两个并列的地名的问题上，"基方缶"与"㠱亳"是不好比拟的。对于卜辞中的"㠱亳"，笔者认为还是把它释为两个并列的地名较妥。辞中㠱㠱二字，第一个为人名，第二个为动词。作为动词的"㠱"，一般释为征伐之征，但商承祚先生曾指出，《周礼·春官·太卜》"一曰征"，郑玄注：

---

[1] 罗琨：《殷墟卜辞中的亳——兼说"汤始居亳"》，《九州》第三辑，商务印书馆 2003 年版。
[2] 于省吾：《甲骨文字释林》，中华书局 1979 年版，第 16—17 页。
[3] 罗琨：《殷墟卜辞中的亳——兼说"汤始居亳"》，《九州》第三辑，商务印书馆 2003 年版。

"征亦曰行，巡狩也。"因而主张"此征之义为巡狩，为行，非征伐之征。"①罗琨教授结合这条卜辞中，"㗊"与"不往"对贞，指出"辞中的'㗊'是与'往'有联系又有区别的用语，也认为该字当有巡行之义，而不等同于征伐之'征'。"② 所以，这条卜辞是卜问可否令㗊前往𠂤和亳去巡视。而𠂤、亳并列，是得不出卜辞中还有另一个亳地的。

讨论了卜辞中"亳"的用法和所指之后，笔者认为卜辞中只有唯一的一个亳地，而且这个作为地名或亳邑来使用的"亳"，由于距离商都安阳只有几十里，从征人方的角度看，其方位应在安阳以东或东南，所以，无论如何，卜辞中的亳不会在偃师，也就是说，偃师在卜辞时代是没有亳称的。同样，郑州商城一带在甲骨文中也是没有亳称的。郑州商城和偃师商城是目前发现的商代前期的两座具有王都规模的城邑，又都无法把它们指认为甲骨文中的亳，这可以说是一种无奈，也是研究的实情，由此笔者提出，甲骨文中这个唯一的亳就是成汤灭夏前所居之亳，亦即《吕氏春秋》所说的"郼薄（亳）"，其地在安阳之东的内黄或其附近一带，成汤灭夏以后并没有把亳名带到新都，或者至少在商代后期即甲骨文时代，只存在成汤最初在灭夏前所居的亳邑之名，其他情况则不得而知。关于卜辞中只有一个亳地，李学勤先生曾指出："汉以下经学家附会'三亳'之名，捏合了若干称'亳'的地点，是不可靠的。"③ 今天我们重新检审相关卜辞，可以明确地说，在商代是不存在"三亳"的。

总括本章所述，我们说在对商族早期历史的研究中，汤居亳的问题是最为复杂、最具有挑战性的。在已有的十二种说法中，笔者通过对甲骨文中的亳与商、中商、大邑商的重新探讨，提出了内黄郼亳说。这一说法，不仅仅是因为笔者把《吕氏春秋》中的"郼薄（亳）"即郼地之亳论证在了河南内黄或其附近，从而使当年岑仲勉先生提出的内黄说有了先秦文献方面的依据；更重要的是，在甲骨文中，亳地与商地只有一天路程的距离，甲骨文中作为地名的"商"若能确定在商都安阳，那么亳也就非内黄郼亳莫属了。《吕氏春秋》的《具备篇》和《慎势篇》强调郼亳对于成汤来说，就像毕程、

---

① 商承祚：《殷契佚存》第二册考释，金陵大学中国文化研究所丛刊甲种影印本1933年版，第84页。

② 罗琨：《殷墟卜辞中的亳——兼说"汤始居亳"》，《九州》第三辑，商务印书馆2003年版。

③ 李学勤：《殷代地理简论》，科学出版社1959年版，第52页。

岐地周原对于周武王的重要性一样，没有它是不能入主中原、获得取代前一王朝之成功的。以前的学者由于不主张郼亳即汤所居之亳，因而对于《吕氏春秋》对郼亳所作的这种强调，视而不见。然而，它是先秦文献罕见的把某亳与成汤灭夏之"成功"相联系而加以强调的一条材料。内黄郼亳说不但与《诗·商颂·长发》"韦（滑县东南）—顾（范县东南）—昆吾（许昌、新郑一带）—夏桀"经略路线吻合，而且也不排斥夏末商族的势力已达豫东鲁西，只是它把传统上的北亳说还原为"景亳会盟"说，因为在文献上本来就有"景亳之命"或"景亳之会"的记载。夏末时期商族势力发展到了鲁西豫东地区，商人既有伐顾的战争，也有与东夷诸国结盟的记载，这与目前在豫东西部杞县一带发现比较晚的下七垣文化是一致的。后来随着商伐昆吾，商和商的东方盟军也随之来到郑州地区，才使得在建造周长近7公里的郑州商城内城之前，在先商时期即有可能建有大型的夯土建筑物，并在郑州南关外下层和化工三厂H1等遗存中留有较浓厚岳石文化的因素。当然，郑州地区包括化工三厂H1在内的南关外下层类型实为下七垣文化与岳石文化相融合的结果，其中，有的遗址岳石文化因素较浓，有的遗址下七垣文化因素较明显。对此，笔者将在下一章详加探讨。

第四章

先商的文化与年代

第一节 关于先商文化的探讨

一 早商文化与先商文化划界的前移

这里的"先商"指的是商王朝建立之前的时期,而不是商族出现之前的意思。"先商文化"也指的是汤灭夏以前商族(或以商族为主体)所创造的物质文化遗存。[①]诚如一些学者所指出,先商文化这一概念出现于 20 世纪 60 年代初期[②],而对其文化内涵认识的转变则是 70 年代末期在夏文化探讨不断深入的推动下完成的[③],其中,邹衡先生《试论夏文化》一文中对于先商文化的论述,是这一领域的奠基之作。邹衡先生认为以郑州二里岗 C1H17 为代表的商文化是最早的早商文化,早于它的郑州地区的二里岗 C1H9 和南关外中、下层是先商文化的"南关外类型";豫北地区淇河与黄河之间以新乡潞王坟下层和琉璃阁 H1 为代表的一类遗存为先商文化的"辉卫类型";豫北、冀南地区以滹沱河与漳河之间的沿太行山东麓一线为中心、以邯郸涧沟和磁县下七垣为代表的一类遗存为先商文化"漳河类型"。南关外型是从辉卫型而来,辉卫型又是从漳河型而来,也即商文化来自古代冀州之域,是

[①] 李伯谦:《先商文化探索》,《庆祝苏秉琦考古五十五年论文集》,文物出版社 1989 年版。

[②] 北京大学考古专业 1960 年《商周——青铜时代》讲义称二里头文化为先商文化。1961 年出版的《新中国的考古收获》也讲到有人认为洛达庙类型的文化遗存为"商代先公先王时代的商文化"。

[③] a. 张立东:《先商文化的探索历程》,《三代文明研究》(一),科学出版社 1999 年版。
b. 李维明:《先商文化渊源与播化》,《三代文明研究》(一),科学出版社 1999 年版。

沿着太行山东麓逐步南下的①。从方法论上讲,邹衡先生的论述是在确定了他认为是早商文化遗存的基础上,从早于早商文化的夏时期诸多遗存中分辨出何者与早商文化有着前后一致的发展演化和继承关系,特别是通过对炊器中的卷沿鬲等代表性器物及其相关的其他特征的分析,建立了邹衡先生称之为先商时期的"漳河型"、"辉卫型"、"南关外型"与二里岗商文化 C1H17 时期之间的联系;而且,邹衡先生还把各个类型内的陶器又细分为 A 群、B 群、C 群及其亚群等,对它们加以分析和比较,以此来说明各类型之间的关系,这一方法也为后来许多学者所遵循。

邹衡先生的研究实有开山之功,但后来随着新的发现和资料的增加,问题也益加深入,其最显著的进展可分为两个方面,其一是早商文化起始的年代问题;另一是究竟何者为先商文化的问题,亦即在早商文化之前的诸类型文化中,尚需进一步深论它们与早商文化究竟具有什么样的关系问题。

关于早商文化开始的年代,邹衡先生在《试论夏文化》一文中认为始于二里岗下层的 C1H17 时期,这一时期也被称为二里岗下层晚段或二里岗下层第二期。但是,当偃师商城发现后,二里岗下层 H17 时期显然不能成为早商文化年代的上限。因为不论把偃师商城视为是西亳还是桐宫、别都、辅都,偃师商城地处夏王朝腹地的位置,决定了它的建设必定是发生在商汤灭夏之后,而该城在二里岗下层早段即 C1H9 时期已步入繁荣期,则早商文化的上限至少要提早到二里岗下层早段或二里岗下层一期②,目前许多学者也是这样认为的③。而偃师商城的发掘者根据偃师商城宫城北部"大灰沟"(实即"祭祀区")的发掘,认为在偃师商城中以"大灰沟"T28⑧、大城东北隅 H8、H9 为代表的该地商文化第二段遗存与郑州二里岗 H9 的文化面貌基本相同,二者年代也应基本相当,如此,则叠压在"大灰沟"T28⑧之下的 T28⑨、⑩层所代表的偃师商城商文化第一段,在年代上超出了传统认识上的二里岗期商文化,是目前所知最早的商文化遗存(图 4—1、图 4—2)④。

---

① 邹衡:《夏商周考古学论文集》,文物出版社 1980 年初版。
② 王立新:《早商文化研究》,高等教育出版社 1998 年版,第 24 页。
③ 张文军、张玉石、方燕明:《关于偃师尸乡沟商城的考古学年代及相关问题》,《青果集——吉林大学考古专业成立二十周年考古论文集》,知识出版社 1993 年版。
④ 中国社会科学院考古所河南二队:《河南偃师商城宫城北部"大灰沟"发掘简报》,《考古》2000 年第 7 期。

偃师商城商文化第一段被认为大约相当于二里头文化第四期[1]或第四期晚段[2],这样,早商文化的上限就有可能提早到二里头文化第四期[3],从而,对先商文化的追溯,也应由此向前探索。

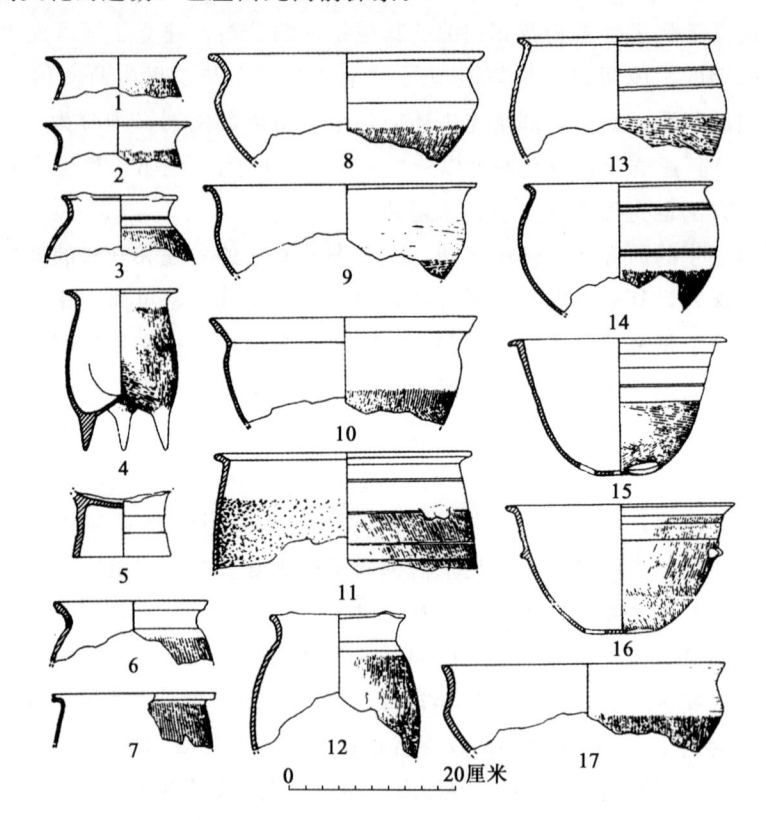

图4—1 偃师商城商文化第一期第1段陶器

(《考古》2000年第7期)

1、2、4. 鬲（T32⑨C：7、T32⑨B：1） 3、12. 捏口罐（T28⑨：10、T28⑩：12）
5. 甑（T28⑨：4） 6. 深腹罐（T28⑨：2） 7. 橄榄形深腹罐（T28⑩：36）
8、17. 折肩盆（T32⑨C：9、28⑩：19） 9. 卷沿束颈盆（T28 ⑩：3）
10. 折沿束颈盆（T28⑩：7） 11. 深腹盆（T28⑩：10）
13、14. 敛口盆（T28⑨：12、T28⑩：2） 15、16. 甑（T28⑩：1、T28⑨：11）

---

[1] 中国社会科学院考古所河南二队:《河南偃师商城宫城北部"大灰沟"发掘简报》,《考古》2000年第7期。

[2] 杜金鹏:《郑州南关外中层文化遗存再认识》,《考古》2001年第6期。

[3] 参见本书第三章第一节"三、偃师商城、郑州商城的始建年代与西亳和郑亳之争"。

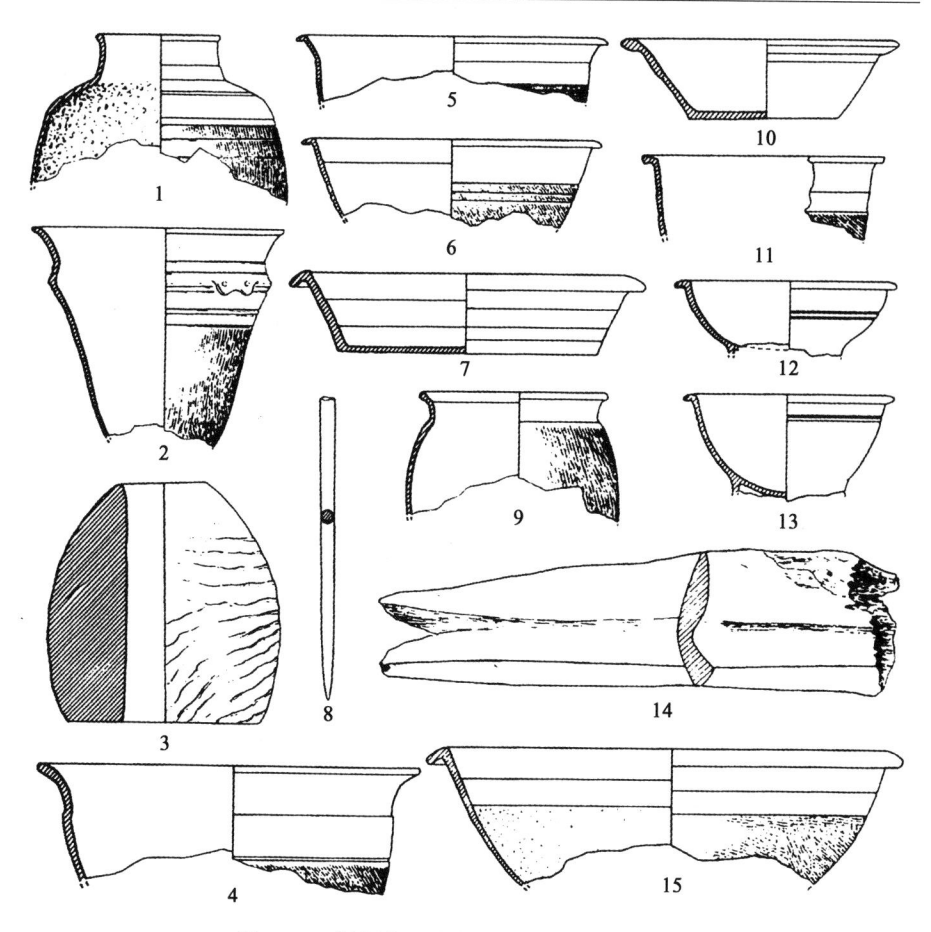

图 4—2 偃师商城商文化第一期第 1 段遗物

（《考古》2000 年第 7 期）

1. 商领瓮（T32⑨C：1） 2. 大口尊（T28⑩：8） 3. 垫（T28⑨：14）
4、5. 折沿束颈盆（T28⑩：9、T28⑨：3） 6、15. 卷沿盆（T28⑩：16、28）
7、10. 平底盘（T28⑩：22、15） 8. 骨簪（T28⑨：12） 9. 深腹罐（T28⑩：22）
11. 甗（T28⑩：43） 12. 豆（T28⑩：14） 13. 簋（T32⑨：16）

（3、8、14. 约 1/2，余约 1/9；未注明质料者均为陶器）

二 先商的文化类型

关于先商文化究竟属于哪些类型的文化，首先需要讨论的是郑州南关外下层遗存。郑州南关外遗址位于郑州商城内城之南，1952—1955 年，河南省博物馆在此进行了几次考古发掘，发掘者把这里的商文化遗存划分为上、中、下三层，认为上层主要属于二里岗上层时期，中层约当于二里岗下层时期，下层早于二里岗下层时期，并命名为"南关外期"（图4—3）①。依据这一划分，早于二里岗下层的南关外期即南关外下层，在时间上就有可能是先商时期的某种遗存。但邹衡先生的分期是将南关外遗址的下、中层合并，与二里岗下层C1H9一起，共同作为商文化的第Ⅱ组，把它们放在了"先商期"，并认为其年代"大体相当于夏文化晚期第四段"②，也就是说，邹衡先生称之为"南关外型"的先商文化，在内涵上包括南关外下、中两层，在年代上与二里岗下层C1H9和夏文化晚期第四段相当。对于邹先生把南关外下、中两层合而称为"南关外型"的做法，有的学者表示赞成，有的表示反对。如仇士征先生《关于郑州商代南关外及其他》一文③，即赞成把南关外下、中两层合并一层，他称之为"南关外下层"，并认为他所说的"南关外下层"与二里岗下层、二里头四期是同时的商文化。再如李维民在他的几篇文章中坚持邹衡先生"南关外型"的观点，只是有时把"南关外型"又分为有相对早晚的两个组，代表先商文化南关外型的不同历史阶段④。而现在的情况是，愈来愈多的学者反对把南关外下、中两层合而作为同时期的遗存。李京汉先生1983年发表的《郑州二里岗商文化的来源及相关问题的讨论》一文⑤，即不同意邹衡先生把原报告所分的中、下两层合并，指出"南关外遗址下层遗存，不仅和洛达庙、二里岗下层不同，而且有较浓厚的豫北和豫东的某些特征，时间也显得早些。"安金槐先生也撰文重申了其在发掘报告中的主张，更明确地指出南关外下层早于二里岗下层，中层属于二里岗下层⑥。李伯谦先生也认为"南关外下层确实较早，其作为早于二里岗下层早

---

① a. 赵霞光：《郑州南关外商代遗址发掘简报》，《考古通讯》1958年第2期。

　　b. 河南省博物馆：《郑州南关外商代遗址的发掘》，《考古学报》1973年第1期，该报告由安金槐先生执笔。

　　c. 中国社会科学院考古研究所编著：《中国考古学·夏商卷》，中国社会科学出版社2003年版，第166页，图3—7。

② 邹衡：《夏商周考古学论文集》（第二版），科学出版社2001年版，第99—101页。

③ 仇士征：《关于郑州商代南关外及其他》，《考古》1984年第2期。

④ 李维明：《关于先商文化诸类型的相应年代》，《中洲学刊》1990年第6期；《从二里头文化晚期遗存与先商文化异同看其性质归属》，《华夏考古》1994年第3期；《先商文化渊源与播化》，《考古与文物》2000年第3期。

⑤ 李京汉：《郑州二里岗商文化的来源及相关问题的讨论》，《中原文物》1983年第3期。

⑥ 安金槐：《对于郑州商代南关外期遗存的再认识》，《华夏考古》1989年第1期。

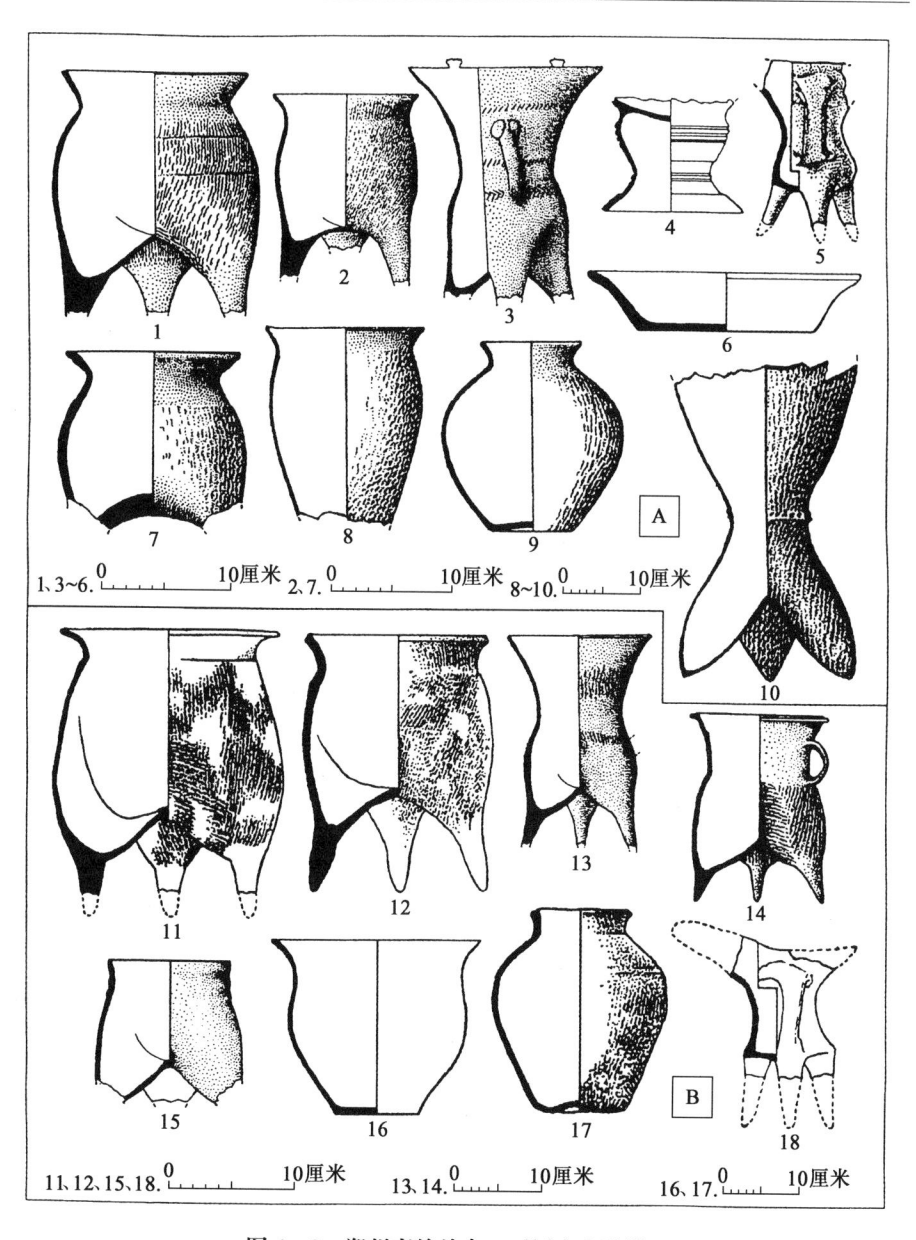

图 4—3 郑州南关外中、下层出土陶器

(《中国考古学·夏商卷》)

A. 下层　1. 鬲（T87∶58）　2. 鬲（T86∶53）　3. 斝（T86∶52）　4. 豆（T87∶99）
　　　　5. 爵（T87∶119）　6. 盆（T95∶155）　7. 鬲（T87∶132）　8. 深腹罐（T87∶148）
　　　　9. 罐（T95∶116）　10. 甗（T95∶108）

B. 中层　11. 鬲（H62∶18）　12. 鬲（H62∶19）　13. 斝（H62∶21）　15. 鬲（T95∶69）
　　　　16. 盆（H62∶15）　17. 罐（T94∶92）　18. 爵（T86∶49）

段的一期和一个新的类型是可以成立的"①。方辉先生也说:"无论从地层划分还是从包含遗物来分析,'南关外期'的划分是成立的。""'南关外期'自有其独特的文化内涵,不宜将其混同于郑州当地的二里头文化或二里岗下层文化。"②栾丰实先生在论述到岳石文化与郑州地区早商文化的关系时,也认为原报告把在层位上早于二里岗下层的南关外下层遗存,单独定为"南关外期",是符合考古实际的,因而也是适当的③。近来,杜金鹏先生改变以前曾赞成把南关外下层、中层作为同期的看法,认为南关外中、下层不能合并,提出南关外中层的年代位于二里岗下层偏早阶段的 C1H9 与偏晚阶段的 C1H17 之间,南关外下层早于中层,很可能属于夏末或夏商之际④。所以,现在多数学者所说的"南关外期"指的乃是南关外下层,基本又回到该遗址发掘者所作的划分上了。鉴于今日的考古学研究,不但在郑州地区建立起了商代早期的考古学文化分期的年代标尺,而且在偃师商城也建立了商代早期的考古学文化分期的年代标尺,两个标尺大体对应,又互有不同,所以,今日对南关外中层和下层的认识,就不仅仅是放在郑州商文化的系统来认识,同时也是通过与偃师商城商文化系统的对比而重新加以认识的⑤。应该说这种认识更深入、更进了一步。参照偃师商城的分期标尺,今日看来,在南关外的下、中两层中,早于早商的遗存,只能是其下层,即原发掘报告称为"南关外期"的一类遗存。

将郑州南关外遗存作为商族的先商文化,最早是由邹衡先生提出来的,他称为"南关外型",并主张早商文化的"二里岗型是从南关外型直接发展来的","南关外型是从辉卫型、漳河型发展来的,而又受到夏文化强烈的影响"⑥。对此,李伯谦先生通过对南关外型与二里岗下层早段陶器的比较,认为"两者有着惊人的差异","很难看出两者之间存在着直接因袭继承关系",

---

① 李伯谦:《先商文化探索》,《庆祝苏秉琦考古五十五年论文集》,文物出版社 1989 年版。

② 方辉:《"南关外期"先商文化的来龙去脉及其对夏、商文化断限的启示》,《华夏文明》第三集,北京大学出版社 1992 年版。

③ 栾丰实:《试论岳石文化与郑州地区早商文化的关系——兼论商族起源问题》,《华夏考古》1994 年第 4 期。

④ 杜金鹏:《郑州南关外中层文化遗存再认识》,《考古》2001 年第 6 期。

⑤ 同上。

⑥ 邹衡:《夏商周考古学论文集》(第二版),科学出版社 2001 年版,第 114、116 页。

因而主张把南关外型从先商文化中排除出去，以漳河型和辉卫型为同一考古学文化内部的地域差别，将其统称为"下七垣文化"，并指出"下七垣文化与以 C1H9 为代表的二里岗下层早段遗存共性最多，联系最紧，在二里岗下层早段遗存中占主导地位的因素皆从下七垣文化承袭而来。"① 李伯谦先生强调下七垣文化、特别是漳河型的下七垣文化与二里岗下层之间的联系是合理的，故而后来在一些学者的著述中，每每直接以下七垣文化、特别是漳河型的下七垣文化作为先商文化来对待。尽管如此，关于南关外遗存的看法也还有种种歧异，一种认为它可能是从淮河中游地区"迁到郑州南关外一带居住的人们遗留下来的文化遗存"②；另一种认为它是含有浓厚东方岳石文化因素的外来东夷文化③；也有学者认为它是来自东方岳石文化分布区的商族的先商文化④；还有进而提出岳石文化是先商文化说。⑤ 对于上述后两种意见来说，南关外下层遗存依然是先商文化，但又与邹衡先生不同，即不认为它来自豫北冀南的漳河型、辉卫型而是来自豫东鲁西的岳石文化。也有一些学者依据近年在郑州化工三厂⑥和电力学校⑦等发掘资料，持有和邹衡先生基本

---

① 李伯谦：《先商文化探索》，《庆祝苏秉琦考古五十五年论文集》，文物出版社 1989 年版。

② 安金槐：《对于郑州南关外商代遗址分期的再认识》《华夏考古》1989 年第 1 期。

③ 杜金鹏：《郑州南关外下层文化渊源及其相关问题》，《考古》1990 年第 2 期；《郑州南关外中层文化遗存再认识》，《考古》2001 年第 6 期。

④ a. 孙飞：《论南亳与西亳》（《文物》1980 年第 8 期）指出："对于郑州来说，南关外期是一种外来的文化类型"，是"原居豫东的商族到达郑州后的遗存"。

b. 方辉在分析了"南关外期"与岳石文化的关系后，提出"郑州地区的'南关外期'正是来自东方岳石文化分布区的商族的遗留"，"'南关外期'所代表的应是先商文化最晚期的文化"（《"南关外期"先商文化的来龙去脉及其对夏、商文化断限的启示》，《华夏文明》第三集，北京大学出版社 1992 年版）。

⑤ a. 栾丰实：《试论岳石文化与郑州地区早商文化的关系——兼论商族起源问题》，《华夏考古》1994 年第 4 期。

b. 张长寿、张光直先生也认为："岳石文化一般相信就是历史上东夷的文化，而商出于夷是中国古代史上的常识，所以先商文化也许就是岳石文化的一支。""商丘地区的龙山文化和岳石文化……可能就是早商和先商，也可能是早商和先商的近祖"（张长寿、张光直：《河南商丘地区殷商文明调查发掘初步报告》，《考古》1997 年第 4 期）。

⑥ 河南省文物考古研究所郑州工作站：《郑州化工三厂考古发掘简报》，《中原文物》1994 年第 2 期。

⑦ 河南省文物考古研究所：《郑州电力学校考古发掘报告》，《郑州商城考古新发现与研究》，中州古籍出版社 1993 年版。

接近的观点，或者认为南关外下层和二里岗 H9 都是先商文化，南关外下层一类遗存并非来源于东夷的岳石文化，而是来源于下七垣文化①；或者认为"南关外下层不是岳石文化"，"赞同邹衡先生关于南关外下层是先商文化的观点"。②

笔者赞成南关外下层一类遗存是下七垣文化与岳石文化相融合的结果，其中，有的遗址岳石文化的因素较浓，有的遗址下七垣文化因素较明显。以南关外下层遗址为例，在这里，从陶系上看，"以砂质褐陶和泥质褐陶数量最多，约占80%以上"，这与岳石文化是十分相似的。在器形上，南关外下层出土的甗，陶质和形态与岳石文化完全相同，只是器表加饰细绳纹，三足外撇稍甚；南关外下层出土的小口鼓腹罐、平底盆、斝、箅子，其陶质和形态也都与岳石文化的同类器物相同。南关外下层出土了一定数量的鬲，鬲在下七垣文化中是其特征性器物，而非岳石文化的基本因素，所以鬲在南关外下层占有一定的比例，是问题的关键。但南关外下层出土的鬲，均为厚胎砂质褐陶，弧形裆，这与下七垣文化和二里岗下层文化出土的分裆、薄胎、灰陶鬲是不同的。南关外下层鬲中的这种厚胎褐陶现象，自然是来源于东部的岳石文化，而对于其弧形裆和鬲足，栾丰实先生将它与岳石文化大量存在的厚胎夹砂褐陶鼎比较后，认为二者有一定的渊源关系③，所以，南关外下层出土的鬲恰好说明它是岳石文化与下七垣文化融合的产物，而综观南关外下层遗址出土器物，可以看出在融合中，其所含的岳石文化的因素较浓一些。

再如郑州化工三厂 H1 所代表的遗存也属于下七垣文化与岳石文化融合的性质。关于化工三厂 H1 所包含的多种文化因素，有的学者将之分为 A、

---

① a. 张立东：《先商文化浅议》，《中国商文化国际学术讨论会论文集》，中国大百科全书出版社 1998 年版。

b. 宋豫秦：《论杞县与郑州新发现的先商文化》，《中国商文化国际学术讨论会论文集》，中国大百科全书出版社 1998 年版，第 141 页，图 5。

② 谢肃、张翔宇：《试论南关外型商文化的年代分组》，《中原文物》2003 年第 2 期。

③ 栾丰实：《试论岳石文化与郑州地区早商文化的关系——兼论商族起源问题》，《华夏考古》1994 年第 4 期。

B、C三群①，有的将之分为A、B两群。② 以三个组群而论（图4—4）③，A群以夹细砂薄胎橘红色、素面有刷痕的鬲和橄榄形罐为代表（图4—4：1、2）；B群以薄胎细绳纹灰陶鬲、甗、变体橄榄形罐为代表（图4—3：9、10、11、14）；C群以灰陶泥质凹圜底盆、大口尊、磨光鼓腹盆为代表（图4—4：17、16、3）。B群和C群分别具有漳河型先商文化和二里头文化的显著特点。A群陶器较为特殊，其陶色（橘红）和器表特征（素面有刷痕）均具岳石文化特点，只是在岳石文化中，这一陶系多红褐色、夹粗砂、厚胎，而化工三厂H1则多橘红色、夹细砂、薄胎；而其器类以鬲和橄榄罐为主，陶胎甚薄，则具有漳河型下七垣文化因素，其陶鬲的弧形裆与南关外下层相同。根据这些，有学者指出，"在H1陶器群中占绝大多数的A群陶系，是漳河型先商文化和岳石文化双重主体因素高度融合的产物"。④ 若将化工三厂H1中A、B两群因素加起来考虑，可以认为作为融合体的H1，与南关外下层相比，其下七垣文化的因素更明显，或者可以说，在化工三厂H1中，下七垣文化因素与岳石文化因素至少是平分秋色，甚至下七垣文化因素更甚。

通过上述分析，我们说在郑州南关外下层和化工三厂等遗存中，程度不等地含有豫东鲁西岳石文化因素，但这是否表明先商文化就是来自豫东鲁西岳石文化？商族渊源于东夷族？笔者认为尚不能这样看。

认为南关外下层一类遗存是来自东方的先商文化的依据是，在考古学上，南关外下层与南关外中层一脉相承，南关外中层大体与二里岗下层早段C1H9时间相近，也即这种具有岳石文化成分的南关外遗存，从先商到早商一直存在于郑州地。在古史传说中，作为诸说中的一说认为商族起源于东方，或者认为成汤所居之亳在东方的"北亳"或"南亳"。

然而，郑州地区从先商到早商南关外型遗存的存在，与郑洛地区早商文

---

① 宋豫秦：《论杞县与郑州新发现的先商文化》，《中国商文化国际学术讨论会论文集》，中国大百科全书出版社1998年版。

② 张立东：《先商文化浅议》，《中国商文化国际学术讨论会论文集》，中国大百科全书出版社1998年版。

③ 宋豫秦：《论杞县与郑州新发现的先商文化》，《中国商文化国际学术讨论会论文集》，中国大百科全书出版社1998年版，第141页，图5。

④ 同上。

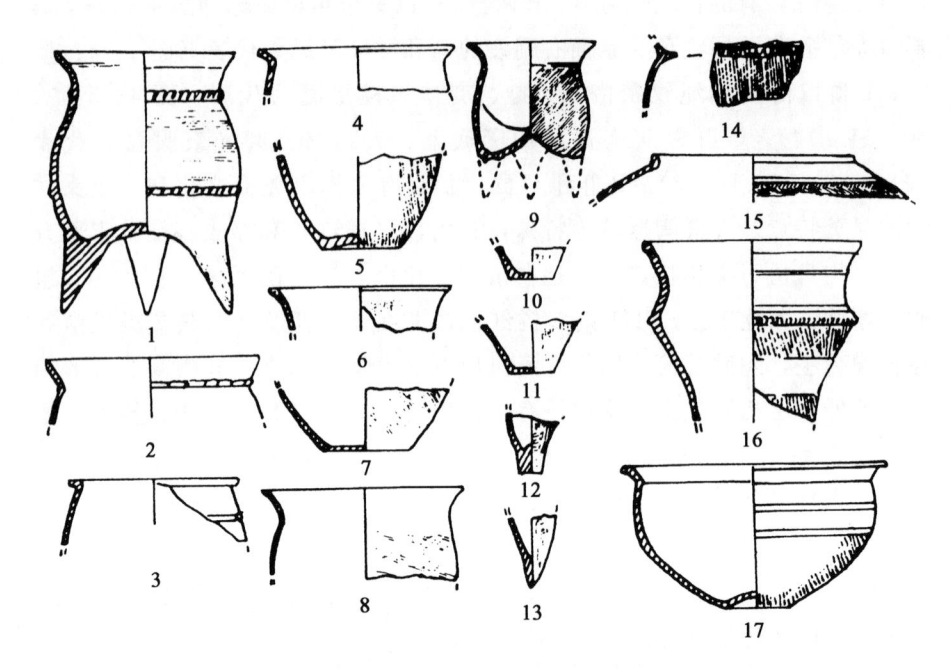

图 4—4　郑州化工三厂 H1 出土岳石一漳河型混合文化陶器
（宋豫秦《论杞县与郑州新发现的先商文化》）
1. 鬲　2. 橄榄形罐　3. 盆　4—8. 变体橄榄形罐　9. 鬲　10、11. 变形橄榄形罐
12、13. 鬲　14. 甗　15. 平口瓮　16. 大口尊　17. 盆

化中最核心最基本的特色是否就是岳石文化因素，显然属于两个不同的概念。众所周知，二里岗下层文化属于早商文化或笼统称为商文化在考古学界已趋共识，而在郑州南关外下层和中层中虽存在较浓厚的岳石文化的因素，但这种岳石文化因素对于整个郑州的早商文化来说，它并不是其最基本最主要的东西，而是逐渐被融化，最后消失了的东西，也正因为如此，李伯谦先生才说南关外下层与二里岗下层"两者有着惊人的差异"，"很难看出两者之间存在着直接因袭继承关系"，并主张把南关外型从先商文化中排除出去。此外，偃师商城近年的考古新发现所建立的偃师地区商文化编年体系证明，岳石文化因素在这里的早商文化中并无一席之地。所以，因郑州地区南关外下层中的岳石文化因素而认为先商文化是来自鲁西豫东的岳石文化、商族渊源于东夷族的看法，在考古学上尚嫌证据不足。

在古史传说中，关于商族起源于东方的说法，无论是其中的商丘说[1]，还是山东说[2]，其依据都不足。对此，我们在第一章中已有所论述。依据笔者的研究，最早的"商"，就是《诗·商颂·玄鸟》"天命玄鸟，降而生商"或《长发》"有娀方将，帝立子生商"所说的"商"，它与商族始祖契的居地是一致的。《史记·殷本纪》说契"封于商"，《世本》说"契居蕃"。也就是说，最早的"商"与"蕃"是一地二名，"商"在滴水即古漳水流域，"蕃"在战国时期漳河附近的番吾、今河北磁县境，所以，商族起源于冀南漳水流域。[3] 此外，关于成汤所居之亳，笔者通过对甲骨文中"亳"与"商"、"中商"、"大邑商"的重新探讨，将"亳"确定在商都安阳东边的内黄或内黄附近靠近濮阳的地方，可称之为"内黄鄣亳说"[4]，而且在甲骨文中只有唯一的这个亳地，并无后世所说的"三亳"。[5] 由此，笔者以为把分布于山东、豫西的岳石文化通过与商族起源于东方说相联系，从而判定岳石文化是先商文化，无论是从文献所记商族的起源还是从甲骨文中"亳"的角度，都难以成立。

商族虽不是发祥于东方，但夏末时的商族其活动的范围确实已达豫东地区。如《左传》昭公四年曰："夏启有钧台之享，商汤有景亳之命，周武有孟津之誓。"《左传》中的"景亳之命"，今本《竹书纪年》直接说是"商会诸侯于景亳"，所以，有的典籍也称之为"景亳之会"。此"景亳"，《括地志》曰："宋州北五十里大蒙城为景亳，汤所盟地，因景山为名。"在以往的诸亳说中，将此亳称为"北亳"，王国维更力主其为"汤都亳"。[6] 诚如田昌五先生所言，这是混淆了景亳作为会盟地的性质[7]。灭夏前成汤所都之亳，

---

① a. 王国维：《说商》，《观堂集林》卷十二，中华书局 1959 年版。
   b. 张光直：《商名试释》，《中国商文化国际学术讨论会论文集》，中国大百科全书出版社 1998 年版。
② 王玉哲：《商族的来源地望试探》，《历史研究》1984 年第 1 期；王玉哲：《中华远古史》，上海人民出版社 2000 年版，第 187 页。
③ 参见本书第一章第一节"商族的发祥"。
④ 参见本书第三章第二节"甲骨文中的'亳'与'商'、'中商'、'大邑商'的重新探讨"。
⑤ 参见本书第三章第二节。
⑥ 王国维：《说亳》，《观堂集林》卷十二，中华书局 1959 年版。
⑦ a. 田昌五：《先商文化探索》，《华夏文明》第三集，北京大学出版社 1992 年版。
   b. 田昌五、方辉：《"景亳之会"的考古学观察》，《夏商周文明研究》中国文联出版社 1999 年版。

依据甲骨文应在商代安阳殷都东边的卫地，即今之河南内黄至濮阳一带的"郼亳"。所以，"景亳之会"的地方并非成汤所都之亳，但它说明了商族与东方即东夷诸部族的结盟，也表明了夏末时商族活动的范围已达豫东一带。关于夏末商初与商结盟的东夷诸部，据研究还有"有缗"、"有仍"、"有莘"、"薛"、"卞"等。① 由于夏末商族的势力已达豫东地区，商与东夷诸部实有广泛的结盟，因而豫东地区呈现出二里头、下七垣、岳石三种文化也即夏、先商、东夷三种文化的交汇之势，应该说是实为当时历史的反映。而随着商伐夏，特别是成汤伐灭了位于范县东南的顾国之后，由东向西进军，进而去征伐位于今许昌、新郑一带的昆吾时，一些作为商的盟军的东夷族从豫东鲁西来到了中原地区，这样也就带来了郑州南关外下层之类的遗存中岳石文化的因素。可见，南关外下层一类遗存中程度不等地所存在的那些岳石文化因素，并非先商文化，而是随着商的东夷盟军从东方来到郑州地区后出现的东西。

另外，将南关外下层一类遗存定性为下七垣文化与岳石文化的融合，亦即两种文化的混合体，而其中的下七垣文化成分实为其后的早商文化的主要部分，其中的岳石文化因素也逐渐融化在了其后的商文化之中，那么，这种南关外下层类型的遗存是否可以称之为先商文化？笔者以为也还不能这样认为。

作为混合体的南关外下层类型遗存，其文化遗存的主人，有的遗址可能是以东夷人为主，故该遗存中岳石文化因素较浓；有的遗址可能是以商族人为主，故该遗存中下七垣文化因素较明显，所以，南关外下层类型不是纯粹的先商文化而是一种混合文化。再从偃师地区的早商文化来看，大约相当于二里头文化第四期的偃师商城商文化第一期第一段遗存，被认为是目前所知最早的商文化遗存（见图4—1、图4—2），据发掘简报，"偃师商城商文化第1段遗存的文化内涵，实为二里头文化与下七垣文化的复合体，即一方面包含有大量二里头文化因素，如圜底深腹罐、大口尊、卷沿盆、甑、刻槽盆、捏口罐等，都是二里头文化的典型器物类，且形制也与二里头文化第四期同类器物非常相像；另一方面，又包含一组具有鲜明下七垣文化特征的器

---

① a. 田昌五、方辉：《"景亳之会"的考古学观察》，《夏商周文明研究》中国文联出版社1999年版。
　　b. 张国硕：《论夏末早商的商夷联盟》，《郑州大学学报》2002年第2期。

物，如薄胎绳纹卷沿鬲、方沿盘口橄榄形深腹罐、束颈鼓肩的深腹盆等。"①这一方面告诉我们，最早的商文化内涵并非以岳石文化为基本因素，同时也说明在偃师地区是以下七垣文化与二里头晚期文化的结合为其基本特色。偃师地区早商时期最初呈现出的是下七垣文化与二里头文化的复合体，郑州地区南关外类型呈现出的是下七垣文化与岳石文化的混合体，那么，较纯粹的先商文化就应该是下七垣文化而非其他，也就是说，尽管下七垣文化也非商族一族所创造（详后），但以下七垣文化，特别是以漳河型下七垣文化来作为先商文化，要比混合体（也可称之为融合体）的南关外下层类型单纯一些。此外，近年在豫东杞县鹿台岗等遗址的发掘表明，在豫东地区交汇分布有岳石文化、下七垣文化、二里头文化三种考古学文化②。岳石文化来自鲁西，二里头文化来自豫西豫中，下七垣文化来自豫北冀南，有人称之为漳河型下七垣文化。既然漳河型下七垣文化自冀南豫北来到豫东西部时，尚区别于岳石文化和二里头文化，而以较单纯的面目出现，只是随着商族和东夷盟军由东向西进军，在征伐夏的与国过程中，才出现商、夷混合的南关外下层类型，那么指认较单纯的先商文化，当然应是漳河型下七垣文化而非混合体的南关外下层类型。

在主张成汤灭夏前都于南亳或北亳的学者中，除了有的认为岳石文化是先商文化外，也有认为豫东鲁西地区的龙山文化是先商文化③。但是，对于持有这一观点的论者来说，无论是以二里岗下层为早商文化的开始，还是以偃师商城商文化第一期第一段为早商文化的开始，或者如以前学者所主张的以二里头三期为早商文化的开始，豫东王油坊之类的文化遗存与早商文化在

---

① 中国社会科学院考古所河南二队：《河南偃师商城宫城北部"大灰沟"发掘简报》，《考古》2000年第7期。
② a. 郑州大学考古专业等：《河南杞县鹿台岗遗址发掘简报》，《考古》1994年第8期。
　 b. 郑州大学考古专业等：《河南杞县朱岗遗址试掘报告》，《华夏考古》1992年第1期。
　 c. 郑州大学考古专业等：《河南杞县牛角岗遗址试掘报告》，《华夏考古》1994年第2期。
　 d. 宋豫秦：《夷夏商三种考古学文化交汇地域浅谈》，《中原文物》1992年第1期。
　 e. 魏兴涛：《试论下七垣文化鹿台岗类型》，《考古》1999年第5期。
③ a. 吴秉楠、高平：《对姚官庄与青堌堆两类遗存的分析》，《考古》1978年第6期。
　 b. 孙飞：《论南亳与西亳》，《文物》1980年第8期。
　 c. 杜金鹏：《先商济亳考略》，《殷都学刊》1988年第3期。
　 d. 栾丰实：《龙山文化王油坊类型初论》，《考古》1992年第10期。

时间上有相当长的距离不能衔接，在文化内涵文化特征上，也难以看到有什么承袭、演变的关系，所以，诚如有学者指出，"该说在考古上也就很难自圆其说，而不得不更多地依靠文献"。① 然而即使从文献的角度看，除夏末商族的活动范围已达豫东这一点外，如第一、二章所述，无论南亳北亳说还是商族起源于东方说，都很值得商榷，实难成立。

在先商文化的研究中，还有一种说法是夏商文化同源同一系统论。② 按照这种说法，从中原龙山文化、二里头文化、到二里岗文化、殷墟文化，都是同一文化系统，即古华夏族文化，并进而认为夏、商同民族、同文化，它们之间只发生过政权更迭关系，并无所谓文化更迭或突变的情况。对于这种观点，李伯谦先生曾指出，在文献记载中，商族和夏族是活动地域不同、风俗习惯有别的两个不同的族；在考古学上，中原地区新石器时代和青铜时代的考古遗存虽说同周围其他地区相比，其共性较多，但在其内部尚可以区分出不同的考古学文化以及同一文化内不同的类型，而这些不同的考古学文化和类型又往往与特定的人们共同体——古族相对应。所以，以古代文献记载为线索，通过对有关考古遗存的特征的异同变化的分析，探求其代表的不同族体的特点、相互关系及其发展历史，既是可行的，也正是我们的任务。③ 笔者以为，在某一考古学文化或类型所分布的地域内不一定只有某一个族，但当这一文化或类型形成一定的传统后，在其背后每每是以某一族为主体，亦即这种传统文化既有地域性，也有某一族共同体发挥主导作用的缘故，是二者的结合与统一，因而李伯谦先生的分析有其合理性。

通过对夏、商文化是否同源同一系统的讨论，使我们再一次看到，在寻找先商文化时，首先需要确定的是商的先公们所活动的地域，但当这些地域内同时存在的并非只有一种文化或类型时，何者与商代早期的商文化联系最

---

① 张立东：《先商文化的探索历程》，《三代文明研究》（一），科学出版社1999年版。

② a. 罗彬柯：《小议郑州南关外期商文化》，《中原文物》1982年第2期。

　　b. 郑光：《二里头遗址与夏文化》，《华夏文明》第一集，北京大学出版社1987年版；《二里头遗址的性质和年代》，《考古与文物》1988年第1期；《二里头遗址与中国古代史》，《北京社会科学》1987年第1期。

　　c. 郑若葵：《论二里头文化类型墓葬》，《华夏考古》1994年第4期。

③ 李伯谦：《先商文化探索》，《庆祝苏秉琦考古五十五年论文集》，文物出版社1989年版。

紧密，也是问题的关键所在。

关于商先公的活动地域（见图2—2），我们在前三章中已作了详细的考辨，其结论是商族发祥于冀南的古漳水地区，"契居蕃"在河北磁县，"昭明居砥石"在石家庄以南、邢台以北即元氏县一带的古泜水、石济水流域，相土所居商丘在河南濮阳，商侯冥时商族活动的中心在豫北冀南的古黄河流段，王亥所迁之殷在安阳，上甲微居于邺，成汤所居之亳是河南内黄或内黄靠近濮阳一带的郼地之亳。成汤是从内黄郼亳出发，首先伐灭了位于滑县的豕韦之国，接着向东发展，攻伐了位于范县东南的顾，并在鲁西豫东地区与东夷诸国结盟，转而由东向西进军，来到郑州地区，也许在郑州首先伐灭了这里史无记载的夏的与国，接着攻伐了位于许昌、新郑一带的昆吾，最后攻灭了都邑位于偃师二里头的夏。在成汤推翻夏王朝的四处征伐中，《诗·商颂·长发》所说的"韦顾既伐，昆吾夏桀"，只是较重要的、有代表性的而已，因为《孟子·滕文公下》还说成汤"十一征而无敌于天下"，但"韦—顾—昆吾—夏桀"大体勾画出了成汤从亳地出发的经略路线。在商族的早期历史上，从商契至成汤尽管有被称为"八迁"之多的迁徙，但迁徙的范围不出冀南和豫北地区，而这些恰和下七垣文化分布范围的中心地带（见图4—5）①，即漳河型下七垣文化的分布范围相一致。而成汤与东夷的联盟以及"韦—顾—昆吾—夏桀"的经略，恰与漳河型下七垣文化向豫东的发展以及郑州地区出现含有岳石文化和下七垣文化两种因素的南关外下层类型相吻合。所以，在文化类型的分布范围与族共同体的活动地域是否一致的问题上，将下七垣文化尤其是漳河型下七垣文化视为先商文化，应该没什么问题。

在文化内涵方面，关于下七垣文化，李伯谦先生在提出这一文化命名时，是把邹衡先生所说的"漳河型"、"辉卫型"包括在内，统称为下七垣文化的。但后来有的学者通过对河南淇县宋窑遗址的发掘认为，该遗址中以圆唇、细绳纹陶器为代表的一类遗存与以方唇、粗绳纹为代表的另一类遗存，是同一文化的不同发展阶段，均属过去所说的辉卫类型，辉卫类型与漳河类型和二里岗下层有着明显的区别，无法纳入先商文化的范畴，应是一支独立

---

① 中国社会科学院考古研究所编著：《中国考古学·夏商卷》，中国社会科学出版社2003年版，第145页，图3—1。

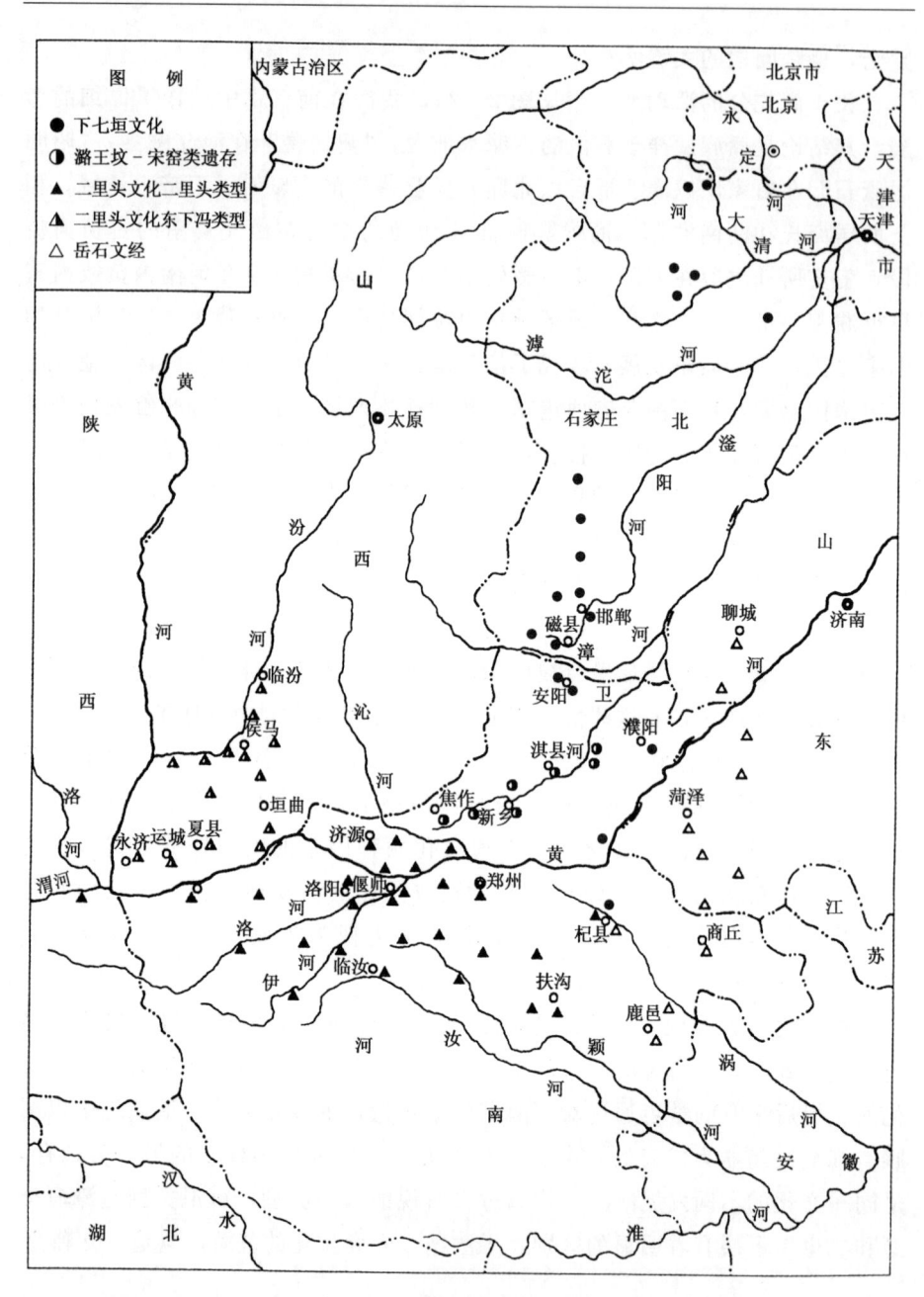

图 4—5　下七垣文化与同时期其他考古学文化分布示意图
（《中国考古学·夏商卷》）

的考古学文化。① 所以，目前在一些著述中所称的下七垣文化主要是指漳河类型的文化。但也有依然欲对下七垣文化划分出一些类型，并把豫东地区的下七垣文化称为"下七垣文化鹿台岗类型"（图4—6）②；河北邢台葛家庄遗址的下七垣文化发现后，当地考古学者使用了"下七垣文化葛家庄类型"这样的概念③，只是，鹿台岗遗址的下七垣文化和葛家庄遗址的下七垣文化都与漳河型下七垣文化比较接近，是否能划分出两个类型，还需要资料的进一

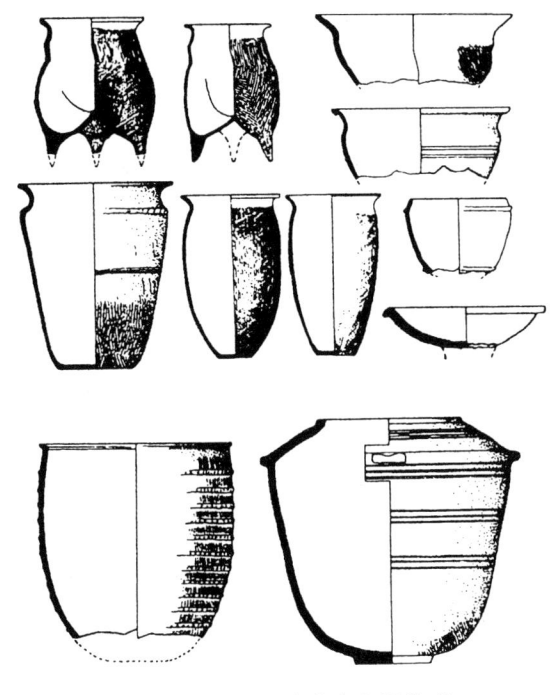

图4—6 下七垣文化鹿台岗类型

（《中国考古学·夏商卷》）

---

① 北京大学考古系商周组：《河南淇县宋窑遗址发掘报告》；张立东：《论辉卫文化》，均见《考古学集刊》第10集，地质出版社1996年版。

② a. 中国社会科学院考古研究所编著：《中国考古学·夏商卷》，中国社会科学出版社2003年版，第153页，图3—4：C。

b. 魏兴涛：《试论下七垣文化鹿台岗类型》，《考古》1999年第5期。

③ 任亚珊、郭瑞海、贾金标：《1993—1997年邢台葛家庄先商遗址、两周贵族墓地考古工作的主要收获》，《三代文明研究》（一），科学出版社1999年版。

步积累。也有一些学者坚持邹衡先生做法，直接使用"先商文化"，在"先商文化"概念下，除了包含邹先生所提出的"南关外型"、"辉卫型"、"漳河型"外，又提出石家庄以北、保北地区的"保北型"①，也有将"保北型"称为"岳各庄类型"②。而这个先商文化保北型实际上也可称为"下七垣文化保北类型"或"下七垣文化岳各庄类型"。

就漳河型下七垣文化而言（图4—7）③，有些学者赞成它是先商文化，也有学者不认为它是先商文化。如郑杰祥先生认为二里头文化第一至四期为夏文化，与之大体同时的"东下冯文化、辉卫型、南关外类型"为先商文化，而将漳河型排除在外④。郑先生的看法一是基于淇河以南黄河以北的辉卫型文化与晋南地区东下冯文化在某些文化因素上的联系；二是他认为在文献上商族早期有活动于晋南的记载。但笔者认为，商族自契起实无活动于晋南的记载，契之前，作为构成商族的"母方"支系的有娀氏，既有在晋南蒲州的说法，也有在不周山之北的说法，而问题的关键是商族的始祖和商族的形成应以契为开始算起，契的时代大体与舜、禹同时，而东下冯文化中其最早遗存的年代又很难上溯到二里头文化二期以前，所以将东下冯文化与契母简狄有娀氏相联系，在时代上至少目前还很困难。此外，辉卫型文化某些因素与东下冯文化有联系，但若把辉卫型文化作为先商文化，更主要的是需考察它与早商文化的关系。根据偃师商城宫城北部"大灰沟"出土的商文化第一期第一段遗存的特征，与最早的早商文化联系最紧密的应是漳河型文化，而非辉卫型文化。所以，郑杰祥先生把漳河型文化遗存排除在先商文化之外，是由于当年尚未发现相当于二里头文化第四期的早商文化和当时也未发现诸如杞县鹿台岗和邢台葛家庄遗址的下七垣文化的缘故。另有学者虽说考虑了杞县鹿台下七垣文化遗存，但也曾提出："二里岗文化与漳河型文化是不同性质的文化，二者之间并无直接的因袭关系"，漳河型文化的去向，他认为一是"以杞县鹿台岗漳河型文化为代表"；另一是"以冀南地区藁城台

---

① 沈勇：《保北地区夏代两种青铜文化之探讨》，《华夏考古》1991年第3期。
② 中国社会科学院考古研究所编著：《中国考古学·夏商卷》，中国社会科学出版社2003年版，第155页。
③ 同上书，第153页，图3—4：A。
④ 郑杰祥：《夏史初探》，中州古籍出版社1988年版，第246—265页。

西型商文化为代表"。① 对于这一说法，笔者以为只要举出近年偃师商城宫城北部的"大灰沟"以及河北南部邢台葛家庄遗址的发掘，即可证明冀南豫北的漳河型下七垣文化的另一个去向就是早商文化。

偃师商城"大灰沟"所提供的商文化第一期第一段的遗存，发掘者认为它既包含大量二里头文化因素，又包含有一组具有鲜明下七垣文化特征的器

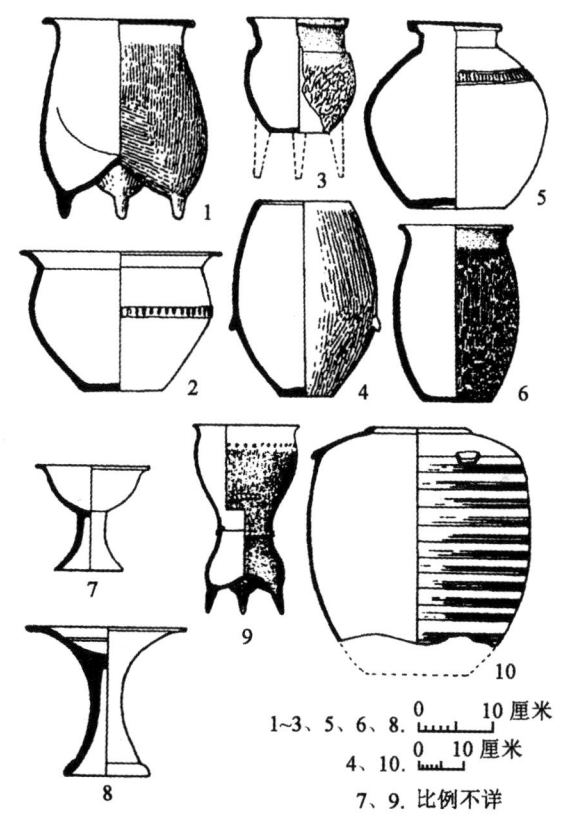

图4—7 漳河型下七垣文化

（《中国考古学·夏商卷》）

---

① 杨宝成、程平山：《试论漳河型文化》，《武汉大学学报》（社科版）1998年第1期。

物,是二者有机的融合。包含二里头文化因素,而且与二里头文化第四期同类器物非常相像,这说明两个问题,其一是诚如发掘者所言,它的时间为二里头文化第四期;其二是当地原来的文化就是二里头文化,只是随着商人的到来,漳河型下七垣文化来到了此地,才形成了下七垣文化与二里头文化相结合的商文化。所以,偃师商城第一期第一段商文化中所含有的漳河型下七垣文化因素,已有力地说明漳河型下七垣文化实为先商文化。

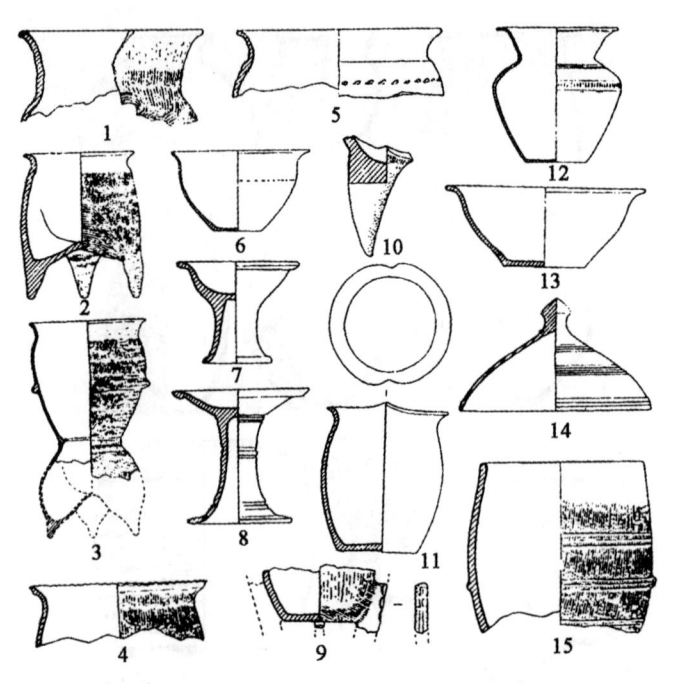

图4—8 邢台葛家庄早段陶器
(《三代文明研究(一)》)

1993—1997年,河北省文物研究所与邢台市文物管理处在邢台葛家庄发掘出内涵丰富的下七垣文化遗址①,发掘者将此分为早、晚两段,认为葛家庄早段(图4—8)相当于下七垣文化的二期略早,其晚段(图4—9)相当于下七垣文化三期,属于晚段的葛家庄H09出土的鬲与二里岗下层H9出土

---

① 任亚珊、郭瑞海、贾金标:《1993—1997年邢台葛家庄先商遗址、两周贵族墓地考古工作的主要收获》,《三代文明研究》(一),科学出版社1999年版。

的鬲相似，绝对年代可能略早于二里岗下层文化，对属于晚段的 H26 所作的碳十四年代测定，为距今 3620 年，其年代应在商汤灭夏之前。葛家庄遗址说明即使在冀南，下七垣文化与二里岗文化也是可以联系的，这种联系表明，漳河型下七垣文化在向豫北、豫中、豫东乃至豫西传播过程中，在冀南仍然有其族众留在原地，至于这些族众究竟是商族在冀南的遗留还是商的盟友，我们可以暂且不论。

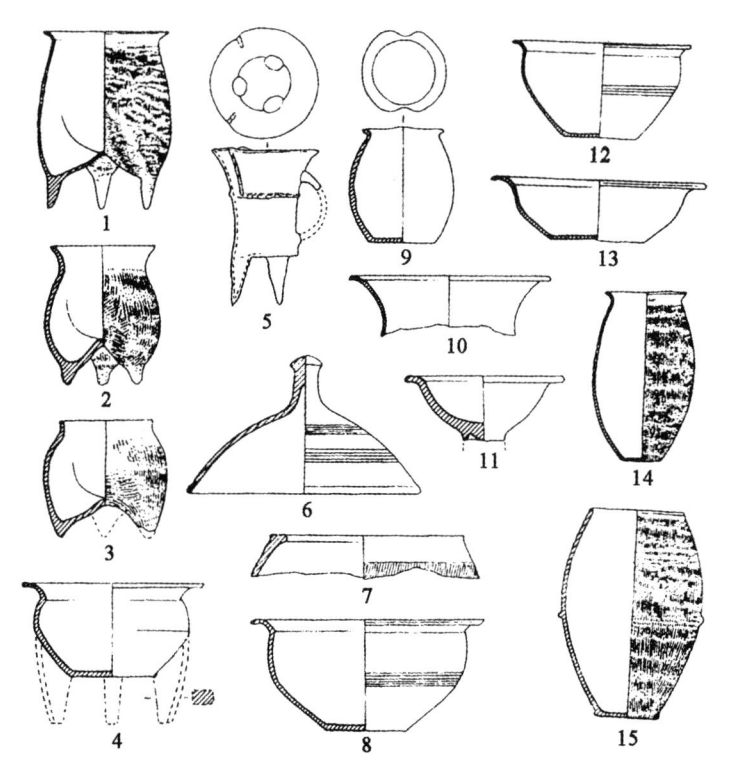

图 4—9　邢台葛家庄晚段陶器
（《三代文明研究（一）》）

这样，综合考虑杞县鹿台岗遗址、邢台葛家庄遗址和偃师商城宫城北部的"大灰沟"等遗存的情况，就可以得出漳河型下七垣文化与早商文化基本上是衔接的，早商文化的先行文化主要是漳河型下七垣文化，从而可以进一步说，早商之前的先商文化就在漳河型下七垣文化之中。之所以这样说，是因为商先公时期的活动地域虽在漳河型下七垣文化的分布范围之内，但即使在漳河型下七垣文化分布地域内，也不仅仅只有商族一族，例如活动于漳河附近古黄河地段的"河伯"族，就处于漳河型下七垣文化的中心地带。当然，由于在甲骨文中有"高祖河"的称呼，在甲骨文时代商人是把河伯族的族神列入了商族自己祖先神的行列加以祭祀的，这表明商族与河伯族是具有特殊关系的，尽管如此，二者毕竟是两个不同的族团。此外，活动于易水至滹沱河一带的"有易"族，在空间上与保北型下七垣文化的分布是一致的。所以，更准确地讲，漳河型下七垣文化是灭夏前以商族为主所创造的物质文化，但又不仅仅限于商族一族。

第二节　先商文化与商先公先王的时段对应关系

一　夏文化分期与夏商划界之新说

确定了下七垣文化是灭夏前以商族为主体所创造的文化遗存后，紧接着的问题是：一、在时段上，下七垣文化是不是灭夏前整个商先公时期的文化？二、若不是，那么在已有的对下七垣文化的分期中，它与商的哪些先公大致对应？三、在下七垣文化之前，哪一文化类型有可能是更早时期的先商文化？欲回答这些问题，亦即欲确定商先公先王与先商文化的时段对应关系，笔者认为夏文化实为重要的参照系。之所以这样说，这是因为商的始祖契在时代上大体与舜禹相对应，整个商先公时期大体与夏代相始终而其上限略早一点，因而若明确了作为先商文化的下七垣文化与学术界所讨论的夏文化的时间上的具体关系，商先公先王与先商文化的时段对应关系亦即迎刃而解。

为此，在这里，第一步是需明确何种考古学文化为夏文化，并参照最新的碳十四系列测年数据对夏与商的分界进行重新划分。第二步是对夏文化进行分期并探讨各期夏文化与夏代诸王的对应关系。第三步是依据文献找出夏代诸王与商先公先王在时段上的对应关系。第四步才是根据下七垣文化与夏文化的时间关系来确定下七垣文化与商先公先王的时间关系。

在探讨何种考古学文化是夏文化时，每每都是从已知出发来推断未知。因而判明早商文化及其开始的年代，并由此确定夏代与商代在绝对年代上和考古学文化上的分界线，就成为确立夏文化下限与先商文化下限的重要支撑点。

关于夏商分界线或早商文化开始的年代，我们在本书第二章第一节有关"偃师商城、郑州商城的始建年代与西亳和郑亳之争"论述以及第四章第一节中，已有论述，其结论是：偃师商城的商文化第一期第一段是最早的早商文化，其时代与二里头文化第四期属于同时，因而夏代与商代的分界当在二里头文化第三、四期之际或第四期早段。笔者作出这一结论，有三个方面的依据。

其一，偃师商城商文化第一期第一段的文化特征与文化内涵，"实为二里头文化与下七垣文化的复合体"，它"一方面包含有大量二里头文化因素"，有许多二里头文化第四期的典型器物，"另一方面，又包含一组具有鲜明下七垣文化特征的器物"[①]，其时代与二里头文化第四期属于同一时期。

其二，在碳十四测定的年代方面，偃师商城第一期第一段的测年数据与二里头遗址第四期遗存的测年数据非常接近，大体在公元前1572—前1542年的范围内。例如，《夏商周断代工程1996—2000年阶段成果报告》（简本）公布了对偃师商城一至三期进行的AMS测年数据，其中属于偃师商城第一期第一段有两个标本，其编号为SA00052的骨头，有两组"拟合后日历年代"，分别为公元前1605—前1540年（中间值为公元前1572年）和公元前1525—前1515年（中间值为公元前1520年）；编号为SA00053的骨头，"拟合后日历年代"是公元前1605—前1535年（中间值为公元前1570年）。《夏商周断代工程1996—2000年阶段成果报告》（简本）还公布了对二里头遗址一至四期进行的常规碳十四测年数据，其中属于二里头第四期有四个标本，其编号为ZK5255的兽骨，"拟合后日历年代"是公元前1560—前1529年（中间值为公元前1544年），编号为ZK5229的兽骨，"拟合后日历年代"是公元前1561—前1525年（中间值为公元前1543年），编号为ZK5242a的兽骨，"拟合后日历年代"是公元前1564—前1521年（中间值为公元前1542年），编号为ZK5242b的兽骨，"拟合后日历年代"是公元前1560—前1529年（中间值为公元前1544年）。对比偃师商城第一期第一段与二里头第四期的测年数据，二者非常接近，若都取中间值的话，则落在公元前1572—前1542年之间。

其三，在文献记载的纪年方面，关于夏商分界的具体年代，我们可以从公元前770年平王东迁的年代，加上古本《竹书纪年》所记载的商代和西周的积年，即可计算出夏商分界的年代。如古本《竹书纪年》记载："自武王

[①] 中国社会科学院考古研究所河南二队：《河南偃师商城宫城北部"大灰沟"发掘简报》，《考古》2000年第7期。

灭殷以至幽王，凡二百五十七年。"以此从公元前770年平王东迁上推257年，则武王克商在公元前1027年。古本《竹书纪年》又记载："汤灭夏，以至于受，二十九王，用岁四百九十六年。"29王之积年，不足《史记·殷本纪》商代30王之数（如计入未立而卒之太丁为31王），有学者认为"汤灭夏以至于受"可能是指从汤至帝即位，29王不包括未立而卒的大丁和帝辛。《夏商周断代工程1996—2000年阶段成果报告》（简本）据晚商祀谱的排比，认为帝辛在位30年，如是，则商积年为496＋30（帝辛在位年数）＝526年。526年与《孟子》所说的"由汤至于文王，五百有余岁"是一致的。这样，若武王克商在公元前1027年，由公元前1027年再加上526年的商积年，就是成汤灭夏之年，亦即夏商分界之年，其年为公元前1553年。此外，对于武王克商的年代，若取用《夏商周断代工程1996—2000年阶段成果报告》（简本）主张的公元前1046年，由此上推526年，则成汤灭夏之年亦即夏商分界之年在公元前1572年。

总之，关于商朝开始的年代亦即夏商分界之年，笔者不认为是公元前1600年，而主张是公元前1553年或公元前1572年。公元前1553年或公元前1572年这个数据，与上述对偃师商城第一期第一段和对二里头第四期的碳十四测定的年代，非常接近，是值得注意的，也是可信的。

有了夏商分界即夏代结束的具体之年，那么夏代开始亦即夏文化上限之年，也可以做出具体的推算。据《竹书纪年》等典籍，"自禹至桀十七世，有王与无王，用岁四百七十一年"。以此为依据，在公元前1553年或公元前1572年的基础上，上推471年，则夏代开始的年代应为公元前2024年或公元前2043年，若取其整数，则为公元前2020年或公元前2040年。

既然夏代即夏朝的年代范围，可以确定为公元前2024年（或公元前2043年）到公元前1553年（或公元前1572年），而且公元前1553年（或公元前1572年）也应是二里头文化第三、四期分界之年，那么我们在探寻何为夏文化时，就应该从二里头文化第四期向上追溯，在确定二里头文化第一、二、三期为夏文化的基础上，探寻夏文化的上限为何种类型的考古学文化。

在夏文化的上限方面，邹衡先生曾论证二里头文化一至四期为夏文化，夏文化开始于二里头文化第一期。[①] 也有一些学者因将二里头文化第三、四期视为早商文化，故而把二里头文化第一、二期和河南龙山文化晚期作为夏

---

① 邹衡：《夏商周考古学论文集》（第二版），科学出版社2001年版，第90—98页。

文化，这样，夏文化的上限即为河南龙山文化晚期。后来由于偃师商城的发现，使得将大部分的二里头文化（第四期或第四期晚段除外①）都视为夏代文化，已在学界趋于共识。只是近年来，即使原主张二里头文化一至四期基本属于夏文化的学者，由于考虑到新的碳十四测年数据，也还有学者提出夏初的文化可以上溯到河南龙山文化晚期或新砦期，即从豫西龙山文化晚期或新砦期到二里头文化第四期之前全为夏文化。其实，若考虑到目前学术界在探讨包括"禹都阳城"在内的有关早期夏王国的中心地区的问题时，尚有"豫西"说、"晋南"说、"豫东鲁西"说等不同的观点和说法，豫西龙山文化对应于"豫西"说，虽然"豫西"说的证据材料较其他诸说更充分一些，但也不属于共识，不是定论，因而在更一般的层面上，若使用"中原龙山文化"②这一概念，笼统地说夏代早期文化可以上溯到中原龙山文化晚期，似乎更容易被诸说所接受，从而形成进行相互讨论的话语基础。

所谓新砦期或新砦文化，目前尚有不同的界说。新砦期一类遗存（图4—10)③，最初是由中国社会科学院考古研究所于1975年在临汝煤山遗址中首先发现，认为它晚于煤山二期而稍早于二里头文化第一期。④ 1979年，中国社会科学院考古研究所又在河南密县（今新密市）新砦遗址发现介于龙山文化和二里头文化之间的文化遗存，发掘者将其命名为"新砦期二里头文

---

① 如前所述，中国社会科学院考古研究所偃师商城考古工作队发表的简报认为偃师商城商文化第一期第一段相当于二里头文化第四期，杜金鹏先生认为至少相当于二里头文化第四期晚段，这样，在这类意见中，二里头文化第四期或第四期晚段已属于早商的年代，二里头文化第四期之前的遗存才属于夏代的范畴。

② "中原龙山文化"这一概念，指的是以河南为中心，包括晋南冀南等周边的中原地区的龙山时代的诸文化类型，它包括临汾盆地的陶寺类型文化（或称陶寺文化）、晋豫陕交界地带的三里桥类型文化（或称三里桥文化）、郑洛地区的王湾类型文化（其中又可分为伊汝颍流域的汝洛型与豫中的郑州型两个小亚型）、豫北冀南的后岗类型文化（或称后岗龙山文化）、豫东皖西北的王油坊类型文化（又称造律台文化）和南阳地区的下王岗类型文化六大地方类型。见王震中《略论"中原龙山文化"的统一性与多样性》，原载于《中国原始文化论集》，文物出版社1989年版，后收入王震中《中国古代文明的探索》，云南人民出版社2005年版。

③ 中国社会科学院考古研究所编著：《中国考古学·夏商卷》，中国社会科学出版社2003年版，第50页，图1—3。

④ 中国社会科学院考古研究所河南二队：《河南临汝煤山遗址发掘报告》，《考古学报》1982年第4期。

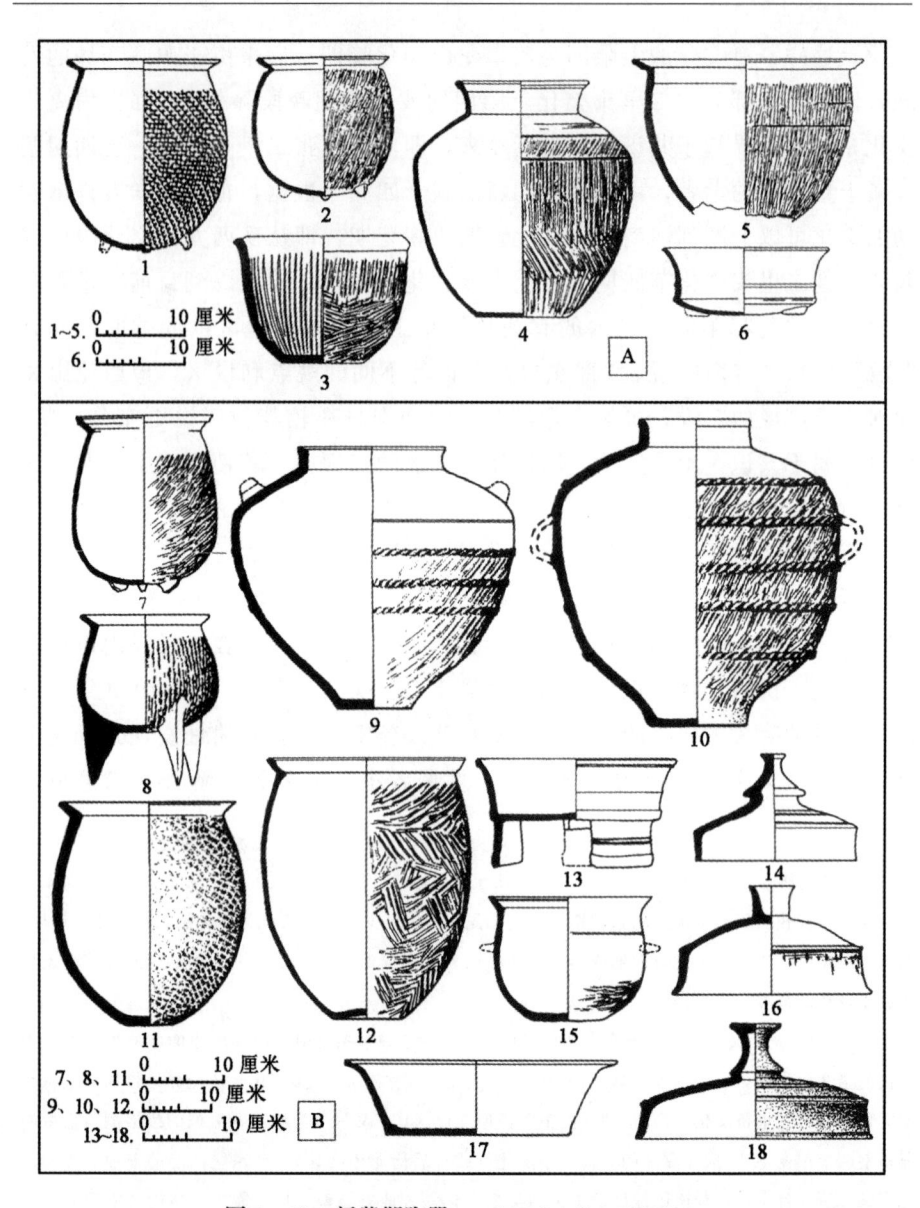

图 4—10　新砦期陶器（《中国考古学·夏商卷》）

A. 临汝煤山　1. 鼎（H30∶3）　2. 鼎（H30∶4）　3. 刻槽盆（T22②∶1）　4. 高领尊（H70∶1）　5. 折沿盆（H30∶9）　6. 三足皿（H9∶12）

B. 密县新砦　7. 鼎（H7∶4）　8. 鼎（H7∶3）　9. 瓮（H2∶4）　10. 瓮（H7∶2）　11. 深腹罐（H5∶2）　12. 深腹罐（M1∶1）　13. 三足皿（采∶2）　14. 器盖（H11∶13）　15. 深腹罐（H3∶13）　16. 器盖（H3∶11）　17. 盆（H3∶7）　18. 器盖（H5∶3）

化",认为"新砦期文化是介于河南龙山文化晚期和二里头文化一期之间的文化遗存"。① 1999 年,作为"夏商周断代工程"的一个研究项目,北京大学等也发掘了新砦遗址,又获得"新砦期文化"遗存,发掘者称之为"新砦二期",并说"新砦二期遗存上承龙山文化,下与二里头文化紧密相连。龙山晚期、新砦二期、二里头文化早期三者之间存在明显递嬗变化的痕迹,再次证实二里头文化的确是在豫西龙山文化晚期基础上发展起来的"。② 这些都是将新砦期文化作为早于二里头文化一期、晚于豫西龙山文化晚期,视为二者之间的过渡期来界说的。但也有人提出把新砦期一类遗存与二里头文化原第一期遗存合并,组成"一个独立于王湾三期文化和二里头文化之外的考古学文化——新砦文化"。③ 这一界说与前一界说不同的是,在"新砦文化"中包含了二里头一期文化。此外,也有人认为新砦二期即新砦期与二里头一期相互交叉重叠,甚至还有人认为新砦二期的下限可跨到二里头二期。

新砦遗址的发掘者在最新的发掘报告中,将新砦遗址本身划分为三期,新砦一期属于王湾三期文化亦即河南龙山文化晚期,新砦二期就是一般所说的新砦期或新砦期文化,新砦三期为二里头文化第一期。再就新砦期而言,新砦遗址的发掘者又将其划分为新砦期早段和晚段。新砦期早段最新的测年数据经"拟合后日历年代"落在了公元前 1820—前 1755 年之间,新砦期晚段最新的测年数据经"拟合后日历年代"主要落在公元前 1770—前 1700 年之间。④ 从这些测年数据看,新砦期晚段与二里头遗址第一期最新的测年数据是重叠的⑤,甚至有的还落在了二里头遗址第二期所测

---

① 赵芝荃:《略论新砦期二里头文化》,《中国考古学会第四次年会论文集》,文物出版社 1985 年版。

② 北京大学考古文博院等:《河南新密市新砦遗址 1999 年试掘简报》,《华夏考古》2000 年第 4 期。

③ 杜金鹏:《新砦文化与二里头文化——夏文化再探讨随笔》,《中国社会科学院古代文明研究中心通讯》第 2 期,2001 年 7 月。

④ 只有编号为 SA00009 拟合后日历年代为公元前 1745 年—前 1605 年。

⑤ 如《夏商周断代工程 1996—2000 年阶段成果报告》(简本)公布了二里头遗址第一期的两个标本的数据,其编号为 XSZ104 的兽骨有三组"拟合后日历年代":公元前 1880—前 1840 年、公元前 1810—前 1800 年、公元前 1780—前 1730 年;编号为 ZK5206 的木炭的"拟合后日历年代"是公元前 1740—前 1640 年。夏商周断代工程之后,2005—2006 年又测定了一批二里头遗址的木炭,其公布的七个"二里头一二期之交"的"拟合年代数据"的范围是公元前 1850—前 1690 年之间。见张雪莲、仇士华等《新砦—二里头—二里岗文化考古年代序列的建立与完善》,《考古》2007 年第 8 期。

的年代范围内。总之，不论将来学术界对新砦文化或新砦期采用何种界说，新砦期的发现与划分都是有价值的，它一方面进一步证实二里头文化的确是在豫西龙山文化晚期基础上发展起来的；另一方面对于探索夏文化的上限也是有意义的。

当然，随着发掘和研究的深入，人们发现新砦期文化还存在另一个问题，即该类遗址在豫西和豫中地区也并不普遍，也就是说豫西等地的有些遗址是从当地的龙山晚期直接发展为二里头一期，看不到新砦期这个过渡期的存在。据研究，"新砦期文化"这类遗址，"主要集中分布在环嵩山地区的东半部，即现今的郑州市、巩义、新密、荥阳、新郑一带。西边到不了登封、禹县，北不过黄河，东到郑州左近。由此可见，'新砦期'的分布范围不大，主要分布在原王湾三期文化的东北部，与造律台类型的西界前沿和后岗二期类型的南部前沿地带相比邻"①。即使登封王城岗、禹州瓦店、临汝煤山等遗址，也不见典型的"新砦期"，主要遗存都是当地的龙山文化晚期和二里头文化一期②。新砦遗址后来的发掘者认为，登封王城岗地区的遗址"是通过王城岗第五、六期龙山文化过渡到二里头一期的，其间看不到典型的'新砦期'"③。最新的登封王城岗遗址发掘报告对王城岗遗存的分类和分期，也是分为：龙山文化—二里头文化—商代—春秋时期—汉代、北魏和唐代、宋元明时期④，其由该遗址的龙山文化晚期发展到二里头文化一期的轨迹十分清楚。所以，对于存在"新砦期"遗存的遗址来说，"新砦期"似乎可以作为早期夏文化来看待，而对于不存在"新砦期"遗存的那些遗址来说，早期夏文化则应在"中原龙山文化"晚期的遗址里来寻找⑤。

---

① 北京大学震旦古代文明研究中心、郑州市文物考古研究院：《新密新砦——1999—2000年田野考古发掘报告》，文物出版社2008年版，第531页。

② 同上书，第527—530页。

③ 同上书，第531页注释⑩及第530页。

④ 北京大学考古文博学院、河南省文物考古研究所：《登封王城岗考古发现与研究（2002—2005）》（上）（下），大象出版社2007年版。

⑤ 为何说早期夏文化应在中原龙山文化晚期的遗址里去寻找，而不是在"豫西龙山文化"或其他类型的某种具体的考古学文化中去寻找？这是因为考虑到目前学术界在探讨包括"禹都阳城"在内的早期夏王国的中心地区的问题上，尚有"豫西"说、"晋南"说、"豫东鲁西"说等，而中原龙山文化则可以将上述地域都包括在内，所以虽然划定的宽泛了一些，但在这个层面上却存在着共识，以此可以作为进一步讨论或立论的基础。

主张中原龙山文化晚期为夏代的上限，是得到碳十四测年支持的。例如，《夏商周断代工程 1996—2000 年阶段成果报告》（简本）发表的一批河南龙山文化晚期 AMS 测年数据，其中属于河南龙山文化晚期第二段即王城岗三期有两个标本，其编号为 SA98108 骨头和编号为 SA98110 骨头，"拟合后日历年代"均为公元前 2090—前 2030 年。属于河南龙山文化晚期第三段即王城岗第四、五期有五个标本，其中编号为 SA98116 骨头，"拟合后日历年代"是公元前 2050—前 1985 年；编号为 SA98117 骨头，"拟合后日历年代"是公元前 2038—前 1998 年；编号为 SA98120 骨头，"拟合后日历年代"是公元前 2041—前 1994 年；编号为 SA98122 骨头，"拟合后日历年代"是公元前 2030—前 1965 年；编号为 SA98123 骨头，"拟合后日历年代"是公元前 2030—前 1965 年。《登封王城岗考古发现与研究（2002—2005）》①，也发表了一批王城岗遗址碳十四测年数据，其中属于王城岗龙山文化后期第二段有四个标本，其编号为 BA05239 的"拟合后日历年代"是公元前 2100—前 2055 年；其编号为 BA05236 的"拟合后日历年代"是公元前 2085—前 2045 年；其编号为 BA05237 的"拟合后日历年代"是公元前 2085—前 2045 年；其编号为 BA05238 的"拟合后日历年代"是公元前 2085—前 2045 年；属于王城岗龙山文化后期第三段有一个标本，编号为 BA05235 的"拟合后日历年代"是公元前 2070—前 2030 年。上述"夏商周断代工程"时期所测定的公元前 2090—前 1965 年的范围，以及"中华文明探源工程"时期所测定的公元前 2100—前 2030 年的年代范围，恰巧与我们依据文献而推定夏代开始年代为公元前 2024 年或公元前 2043 年是一致的。

再如《新密新砦——1999—2000 年田野考古发掘报告》中，发表了新砦遗址第一期早晚两段五个碳十四测年数据。② 新砦遗址第一期相当于王湾三期文化，属于河南龙山文化晚期。这五个数据中，属于新砦一期早段的 SA0014 标本测年数据的"拟合后日历年代"是公元前 2070—前 2035 年；新砦一期早段的 SA002 标本测年数据的"拟合后日历年代"是公元前 2070—前 1950 年。属于新砦一期晚段的 SA001 标本测年数据的"拟合后日历年代"

---

① 北京大学考古文博学院、河南省文物考古研究所：《登封王城岗考古发现与研究（2002—2005）》（下），大象出版社 2007 年版，第 778 页。

② 北京大学震旦古代文明研究中心、郑州市文物考古研究院：《新密新砦——1999—2000 年田野考古发掘报告》，文物出版社 2008 年版，第 149 页。

是公元前1880—前1846年；属于新砦一期晚段的SA007标本测年数据的"拟合后日历年代"是公元前1960—前1885年和公元前1980—前1965年；属于新砦一期晚段的SA008标本测年数据的"拟合后日历年代"是公元前2010—前2000年和公元前1960—前1880年。综合这五个数据，新砦一期的年代当在公元前2070—前1900年之间，其中，早段约为公元前2070—前2000年左右，晚段约为公元前2000—前1900年之间。

这样，上述碳十四测定的中原龙山文化的年代，与我们从文献上推测夏代开始的年代为公元前2024年或公元前2043年，是吻合的；再结合前面所说的早商文化始于二里头文化第四期，二里头文化第三、四期之际或第四期之初为夏商的分界，由此，我们就可以从考古学文化的年代框架上对夏文化作出这样的推定，即：从中原龙山文化晚期，经新砦期，再到二里头文化第一、二、三期，都属于夏文化的范畴。

夏王朝有471年间的历程，它经历了由中原龙山文化晚期到二里头文化第一、二、三期这样长期的发展，对此我们还可以按照"夏代早期、中期、晚期"或"夏代前期、后期"这样的分期分段的方式予以历史学与考古学时段的划分。对于前者我们可以称之为三分法，对于后者可以称之为二分法。笔者在这里采用三分法，以"少康中兴"作为夏代早期与中期的划界，以帝不降为夏代晚期的开始，这样，夏代早期即早期夏文化对应的夏王大体上是大禹、夏启、太康、中康、帝相（后羿代夏后的羿、寒浞的年代与中康、帝相的年代重合）五王，夏代中期即中期夏文化对应的夏王大体上是少康、帝予（杼）、帝槐（芬）、帝芒、帝泄五王，夏代晚期即晚期夏文化对应的夏王大体上是帝不降、帝扃、帝廑、孔甲、帝皋、帝发、履癸（夏桀）七王。笔者将夏朝划分为早期、中期和晚期的三分法以及以少康为早夏与中夏的分界和以帝不降为中夏与晚夏的分界的做法，与许顺湛先生2008年7月提交给"早期夏文化学术研讨会"论文中的观点是一致的。[①] 诚如许先生所言，史称"少康中兴"，所以我们可以把少康之前认定为夏代早期。至于帝不降何以被划分在夏代晚期，笔者的考虑是《竹书纪年》说帝不降在位59年，帝不降之前的帝芒在位58年，帝泄在位25年，这三位夏王在位的时间都很长，若将帝不降也划分在夏代中期的话，夏代中期的积年将会太长而夏代晚期的积年则太短。此外尚需说明的是，我们这里之所以将夏代以禹为开始算起而不

---

① 许顺湛：《寻找夏都》，"早期夏文化学术研讨会"论文，中国·郑州，2008年7月。

是以启为开始算起，主要是考虑到在典籍中说到夏商周三代开国之君时，每每是将大禹、成汤、周文武王连在一起说的，所以在古人的习惯中大禹是与夏连在一起的。当然，大致说来大禹是承前启后的人物，他的前半段与尧舜时代相连，他的后半段与夏朝联系在一起，所以严格地讲，说夏代的开始从禹算起，主要是指从大禹的后半段算起。

文献记载，夏朝自禹至桀有十五代（世）、十七王（太康与中康，帝不降与帝扃两代都是兄终弟继），471年。在这471年中夏代早期、中期、晚期各占有多少年？许顺湛先生依据《古本竹书纪年》和《路史》的记载，算出夏代早期的大禹、夏启、太康、中康、帝相五王，共计149年；夏代中期的少康、帝予（杼）、帝槐（芬）、帝芒、帝泄五王，共计165年；夏代晚期的帝不降、帝扃、帝廑、孔甲、帝皋、帝发、履癸（夏桀）七王，共计145年。① 这不失为一种考虑。

此外，中国古代，一般是以三十年为一代。如《说文》："世，三十年为一世。"《论语·为政》子曰："三十而立。"《论语·子路》又说："子曰：如有王者，必世而后仁。"何晏注："孔曰：三十年曰世。"《谷梁传》文公十二年说："男子二十而冠，冠而列。丈夫三十而娶。女子十五而许嫁，二十而嫁。"（《礼记·内则》也有类似的说法）《尚书·尧典》说："舜生三十征庸（任用），三十在位。"《路史·前纪四》也说："男子生三十壮有立，于是始室，父子相及。是故古者三十年而成世。"可见，三十而立，成为一世，是古代的传统说法。

古代三十年为一世的说法，可以得到现今有族谱世家的验证。我们知道，在我国历史上，一直保留有世系族谱的以孔子世家最为完整。由存放于山东曲阜孔府中孔族家谱看，从孔子至1983年已传到第七十六代②，而孔子生于公元前551—前479年，以公元前479年算，孔子至1983年已有2462年，则孔族家谱中，每代约为32年。又据新获《孟子世家流寓庆安支谱》③，

---

① 许顺湛：《寻找夏都》，"早期夏文化学术研讨会"论文，中国·郑州，2008年7月。
② 1983年6月3日《北京晚报》载：孔子第七十六代孙孔令朋，年65岁，存放在山东曲阜的孔族家谱上，有他的名字和生辰年月，他属于孔子第七十六代嫡系近支孙辈。
③ 《光明日报》1984年3月28日报道：孟凡贵献出《孟子世家流寓庆安支谱》，献谱人是七十四代孙。此谱若不伪不误的话，也可作为旁证。

孟子世家至 1984 年已有七十四代，由孟子卒年公元前 289 年算①，距 1984 年已达 2273 年，每代约为 30 年。由此可证，传统上以三十年为一代是客观经验的总结。

　　基于上述三十年为一代的考虑，对于自禹至桀的十五代（世）、十七王，若每代（世）在位以 30 年计算②，其中属于兄终弟继的那代以 40 年计算，则十五代十七王的积年为 470 年，与《竹书纪年》说自禹至桀"用岁四百七十一年"非常吻合。这样算来，夏代早期（即早期夏文化）自大禹至帝相是四代五王，四代中每代 30 年再加上中康兄终弟继的 10 年，共计 130 年（考虑到《竹书纪年》说是 471 年而不是 470 年，这里将夏代早期计为 131 年）；夏代中期（即中期夏文化）自少康至帝泄是五代五王，每代 30 年，共计 150 年；夏代晚期（即晚期夏文化）自帝不降至夏桀是六代七王，六代中每代 30 年再加帝扃兄终弟继的 10 年共计 190 年。若以公元前 1553 年或公元前 1572 为夏商分界线并将上述早夏 131 年、中夏 150 年、晚夏 190 年，一并加以考虑，那么夏代晚期的绝对年代则为公元前 1743—前 1553 年（或者公元前 1762—前 1572 年），夏代中期的绝对年代为公元前 1893—前 1743 年（或者公元前 1912—前 1762 年），夏代早期的绝对年代为公元前 2024—前 1893 年（或者公元前 2043—前 1912 年）。

　　以上依据新的碳十四测年、文献记载以及"三十年为一世"（君王在位的平均年代）等情况，我们对夏朝的具体年代和分期做出了新的框架分析。

---

　　① 孟轲的生卒，过去有几种说法，比较正确的看法应该是元代程复心《孟子年谱》所主张：约生于周烈王四年，死于周赧王二十六年，即公元前 372—前 289 年。清万斯同《群书辨疑·孟子生卒年月辨》、潘眉《孟子游历考》、孟衍泰《三迁志》、狄子奇《孟子年表》、林春溥《孟子时事年表后记》以及《邹县志》的《孟子年表》均采此说。钟肇鹏先生认为："这个说法与《孟子》全书的人物和事迹基本上都能吻合，所以较为正确。"（见钟肇鹏《孟轲》，《中国古代著名哲学家评传》卷一，齐鲁书社 1980 年版，第 259 页。）

　　② 2008 年 7 月在中国郑州举行的"早期夏文化研讨会"上，北京大学文博学院的刘绪教授曾提出计算夏代的积年时可以按 20 年至 23 年为一代，其理由是古人有可能二十岁左右结婚，二十岁至二十三岁生孩子，这样每代即为 23 年。这一说法的误区在于我们所说的夏代君王的每一代是指他的在位年代，就算夏于是二十岁结婚、二十三岁生出长子，那他也不可能是一有了孙子（即他的儿子在 23 岁生子后）就退位或者死去，所以，用 20 年至 23 年为一个世代的说法是不合适的。再说自禹至桀是十七王、十五代（世），十五代乘以 23 年，其结果是 345 年，这与夏代 471 年的积年相差甚远。

依据这一框架分析,作为公元前 2024—前 1893 年(或者公元前 2043—前 1912 年)的夏代早期的考古学文化,就应该是中原龙山文化晚期的遗存;作为公元前 1893—前 1743 年(或者公元前 1912—前 1762 年)的夏代中期的考古学文化,就应该是新砦期和二里头文化一期的遗存;作为公元前 1743—前 1553 年(或者公元前 1762—前 1572 年)的夏代晚期的考古学文化,就应该是二里头文化第二、三期的遗存。

把新砦期和二里头一期作为夏代中期的考古学文化来对待,显然与以往的说法有很大的不同,之所以会有这么大的变动,这主要是参考了最新发表的新砦遗址和二里头遗址的碳十四测年数据。《新密新砦》发掘报告发表的"新砦期早段"的碳十四测年数据有 5 组,其数值的范围在公元前 1850 年—前 1770 年之间(拟合后日历年代);"新砦期晚段"的碳十四测年数据有 8 组,其数值的范围在公元前 1770 年—前 1700 年之间(拟合后日历年代)①。依据新测的这些数据,新砦发掘报告的撰写者将"'新砦期'的年代暂估计为公元前 1850—前 1750 年"②。新砦期的这组碳十四测年数据正在上述笔者所说的公元前 1893—前 1743(或者公元前 1912—前 1762 年)的夏代中期的年代框架之内,所以所谓"新砦期"应属于夏代中期。关于二里头遗址第一期的碳十四测年,《夏商周断代工程 1996—2000 年阶段成果报告》(简本)公布有两个数据,一个是 97VT3H58,拟合后日历年代范围是公元前 1880—前 1730 年;另一个是 97VT2⑾,拟合后日历年代范围是公元前 1740—前 1640 年③。从 97VT3H58 标本的拟合后日历年代范围来看,二里头一期应在夏代中期。作为二里头一期的 97VT3H58 测年数据,后来测年专家又拟合过两次,一次是把它与二里头遗址 2005—2006 年测定的属于二里头一、二期之交及二里头二期的一些数据以及断代工程中测定的一些数据放在一起进行的拟合,即把二里头遗址本身的第一期至第五期的数据放在一起进行的拟合,其拟合的结果是公元前 1885—前

---

① 北京大学震旦古代文明研究中心、郑州市文物考古研究院:《新密新砦——1999—2000 年田野考古发掘报告》,文物出版社 2008 年版,第 536—537 页。

② 同上书,第 535 页。

③ 夏商周断代工程专家组:《夏商周断代工程 1996—2000 年阶段成果报告》(简本),世界图书出版社 2000 年版,第 76 页。

1840 年①。另一次是把新砦遗址的龙山晚期和新砦期的数据与二里头遗址第一至五期的数据放在一起进行的拟合，其结果，97VT3H58 测年数据被拟合为公元前 1735—前 1705 年②。对于这两个所谓"系列数据的拟合"，笔者比较相信前一个拟合的结果，其理由分述如下。

  这两次的测年数据拟合都是所谓"系列数据共同进行数据的曲线拟合"，二者的差异是：在"二里头第一至五期的拟合"中，没有二里头第一期之前的数据即没有被二里头第一期地层所叠压的文化层的数据，所以二里头第一期测年数据在计算机的自动拟合中被压缩的幅度可能有限；在"新砦、二里头第一至五期的拟合"中，虽然有二里头第一期之前的测年数据，但这些数据不是二里头遗址的数据，它们与二里头遗址的那些数据根本没有地层上的叠压关系，所以其拟合的可信性也还是有疑问的。我们知道，被拟合的系列数据之间，最理想的条件是所采集的标本属于同一遗址内具有上下地层叠压关系的测年标本，只有这样的标本，其系列数据之间才具有确实无疑的前后年代关系，用这种具有确实无疑的前后年代关系的系列数据来压缩拟合，其拟合的结果才会较为可靠。然而，在"新砦、二里头第一至五期的拟合"中，新砦期的数据与二里头一期的数据是两个不同的遗址的数据，二者之间只是根据它们之间文化分期之间的年代关系，而并非依据同一遗址内的直接地层关系，所以其拟合的条件不是最理想的，何况在有的学者看来，新砦期尤其是新砦期晚段与二里头一期在年代上具有重叠交叉的关系，这样用新砦期晚段的数据来向后压缩拟合二里头一期的测年数据，其结果当然会使二里头一期的拟合日历后的年代偏晚。不仅二里头一期的情况是这样，二里头二期和三期被拟合压缩的年代，也应有这种情况，所以有关二里头遗址的系列样品测年数据拟合的两次结果，笔者有理由更相信"二里头第一至五期的拟合数据"。以"二里头第一至五期的拟合数据"为依据，二里头第一期的拟合年代是公元前 1885—前 1840 年，属于上述笔者所说的夏代中期的年代范围。

  二里头遗址第二期和第三期的碳十四测年，《夏商周断代工程 1996—2000 年阶段成果报告》（简本）公布的"拟合后日历年代"的范围是公元前

---

① 张雪莲、仇士华等：《新砦—二里头—二里岗文化考古年代序列的建立与完善》，《考古》2007 年第 8 期，第 85 页，表一〇"二里头第一至五期拟合结果"。

② 同上书，第 82 页，表八"新砦、二里头第一至五期拟合结果"。

1685—前1555年之间。其中，二里头第二期的"拟合后日历年代"的范围是公元前1685—前1610年之间，二里头第三期的"拟合后日历年代"的范围是公元前1610—前1555年之间①。断代工程之后，2005—2006年又采集和测定了一批二里头遗址的木炭样品，测年专家将这些样品的测年数据与断代工程中测定的数据放在一起进行了拟合，其结果，除了前述二里头第一期拟合年代为公元前1885—前1840年外，二里头第二期的拟合年代范围是公元前1685—前1580年，二里头第三期的拟合年代范围公元前1595—前1550年②。这些数据与笔者把公元前1743—前1553年（或者公元前1762—前1572年）作为夏代晚期的年代范围是一致的，因而二里头文化第二期和第三期应属于夏代晚期。

总之，基于上述的考虑，笔者认为作为公元前2024年（或公元前2043年）—前1553年（或公元前1572年）的夏代文化，约从中原龙山文化晚期开始，经新砦期和二里头文化第一、二、三期，到二里头文化第四期时已结束，即中原龙山文化晚期—新砦期—二里头文化第一、二、三期为夏代的夏文化。其中，若将夏文化分为三期的话，中原龙山晚期为早期夏文化，新砦期和二里头一期为中期夏文化，二里头二期和二里头三期为晚期夏文化。早期夏文化大体是大禹、夏启、太康、中康、帝相（包括后羿和寒浞）时期的文化，时间约有131年的范围，即公元前2024—前1893年（或者公元前2043—前1912年）；中期夏文化大体上是少康、帝予（杼）、帝槐（芬）、帝芒、帝泄时期的文化，时间约有150年的范围，即公元前1893—前1743年（或者公元前1912—前1762年）；晚期夏文化大体上是帝不降、帝扃、帝廑、孔甲、帝皋、帝发、履癸（夏桀）时期的文化，时间约有190年的范围，公元前1743—前1553年（或者公元前1762—前1572年）。

二 漳河型下七垣文化与商的先公先王

明确了夏文化的纪年和分期，我们就可以通过下七垣文化与夏文化中的二里头文化的关系，来探讨下七垣文化与商的先公先王的对应关系。

---

① 夏商周断代工程专家组：《夏商周断代工程1996—2000年阶段成果报告》（简本），世界图书出版社2000年版，第77页。

② 张雪莲、仇士华等：《新砦—二里头—二里岗文化考古年代序列的建立与完善》，《考古》2007年第8期，第85页，表一〇"二里头第一至五期拟合结果"。

关于下七垣文化与二里头文化的时间对应关系，李伯谦先生曾将漳河型下七垣文化分为三期，并提出其第一期相当于二里头文化二期，下七垣文化的第二、三期与二里头文化的三期相当，三期的下限也可能延至二里头文化四期偏早①。也有学者将下七垣文化分为四期，同时又指出下七垣文化第四期已经进入早商年代，不属于先商文化的范畴（图4—11、图4—12)②。河南杞县鹿台岗的下七垣文化发现后，学界一般把鹿台岗下七垣文化分为早、晚两期或两段，有的认为鹿台岗下七垣文化早期即第一期与河北下七垣第三层和永年何庄的先商文化十分接近，年代也应大致相当，即约当二里头文化第三期偏晚阶段和第四期偏早阶段；而鹿台岗下七垣文化晚期即第二期约当二里头文化第四期的中段乃至晚段③。也有的认为其早期的年代相当于豫北、冀南地区李伯谦先生所划分的漳河型下七垣文化的第二期或稍晚，即与伊、洛地区二里头文化三期偏早阶段相当；其晚期的年代大致与漳河型文化第三期相当或略早，即与二里头文化三期偏晚阶段相若④。尽管这两种意见对于鹿台岗下七垣文化年代的推断略有不同，但二者都认为鹿台岗的下七垣文化填补了原先我们所认识的漳河型下七垣文化与二里岗下层早商文化之间的缺环，是介于李伯谦先生所说的漳河型下七垣文化第三期与郑州二里岗下层早商文化之间的一类遗存。而邢台葛家庄下七垣文化的晚段遗存，发掘者认为它相当于下七垣文化三期，同时又说属于该遗址晚段的H09出土的鬲与二里岗下层H9出土的鬲相似，绝对年代可能略早于二里岗下层文化，属于该遗址晚段的H26的碳十四年代测定为距今3620年。这样我们将鹿台岗晚期和葛家庄晚段综合考虑后，应该说下七垣文化第三期的下限或许可下延至二里头文化第四期的早段，或者可否这样说：下七垣文化的第一、二、三期分别对应于二里头文化的二期、三期和四期的早段。

---

① 李伯谦：《先商文化探索》，《庆祝苏秉琦考古五十五年论文集》，文物出版社1989年版；李伯谦：《夏文化与先商文化关系探讨》，《中原文物》1991年第1期。

② 中国社会科学院考古研究所编著：《中国考古学·夏商卷》，中国社会科学出版社2003年版，第150—151页，图3—3。

③ 宋豫秦：《论杞县与郑州新发现的先商文化》，《中国商文化国际学术讨论会论文集》，中国大百科全书出版社1998年版。

④ 魏兴涛：《试论下七垣文化鹿台岗类型》，《考古》1999年第5期。

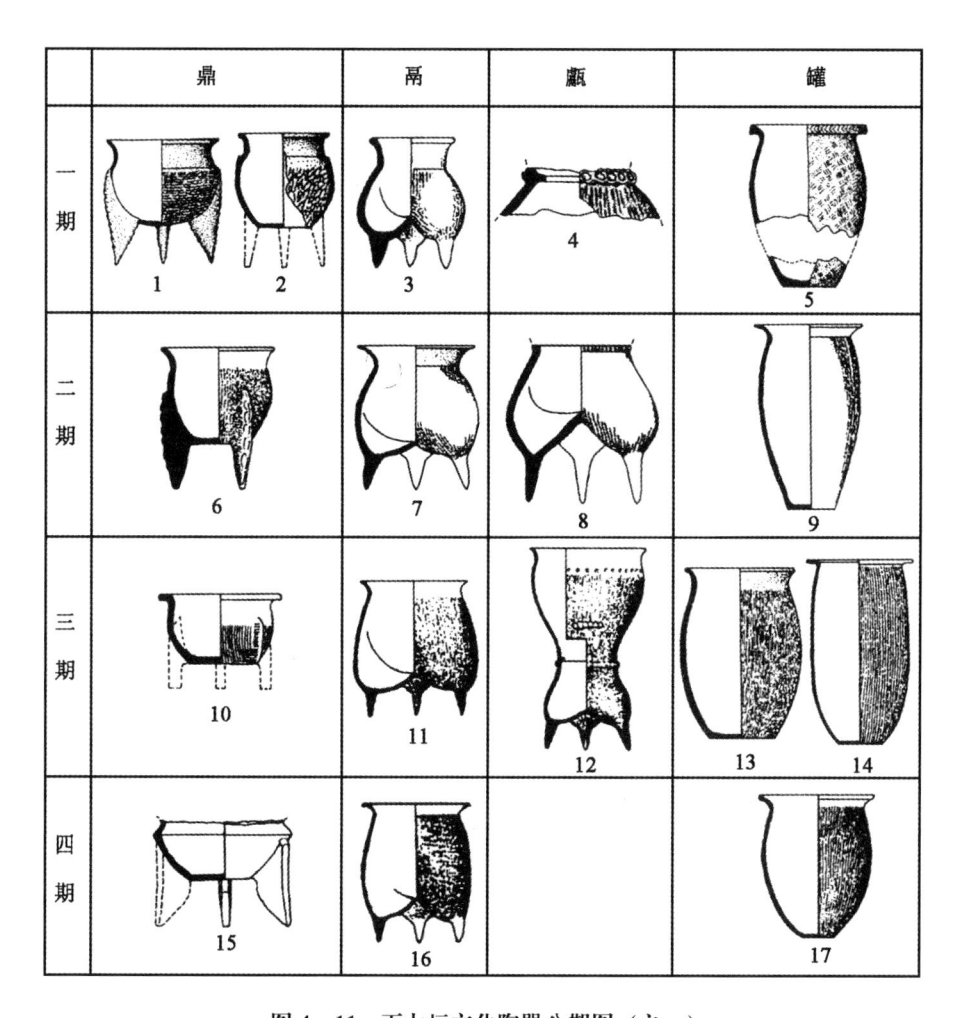

	鼎	鬲	甗	罐
一期	1　2	3	4	5
二期	6	7	8	9
三期	10	11	12	13　14
四期	15	16		17

图 4—11　下七垣文化陶器分期图（之一）

（《中国考古学·夏商卷》）

1. 鼎（下七垣 H61∶782）　2. 鼎（下七垣 T7④∶1334）　3. 鬲（巩固庄∶01）
4. 甗（下七垣 T14④∶1418）　5. 罐（下七垣 H61∶787）　6. 鼎（大寒 H8∶3）
7. 鬲（界段营 H8∶35）　8. 甗（涧沟 T10②∶14）　9. 罐（界段宽叶 H8∶6）
10. 鼎（下潘汪 H121∶1）　11. 鬲（涧沟 T3③a∶226）　12. 甗（涧沟 T10②∶14）
13. 罐（下七垣 T7③∶954）　14. 罐（鹿台岗 H9∶3）　15. 鼎（孝民屯 T301③∶5）
16. 鬲（何庄 H6∶1）　17. 罐（孝民屯 T301③∶20）

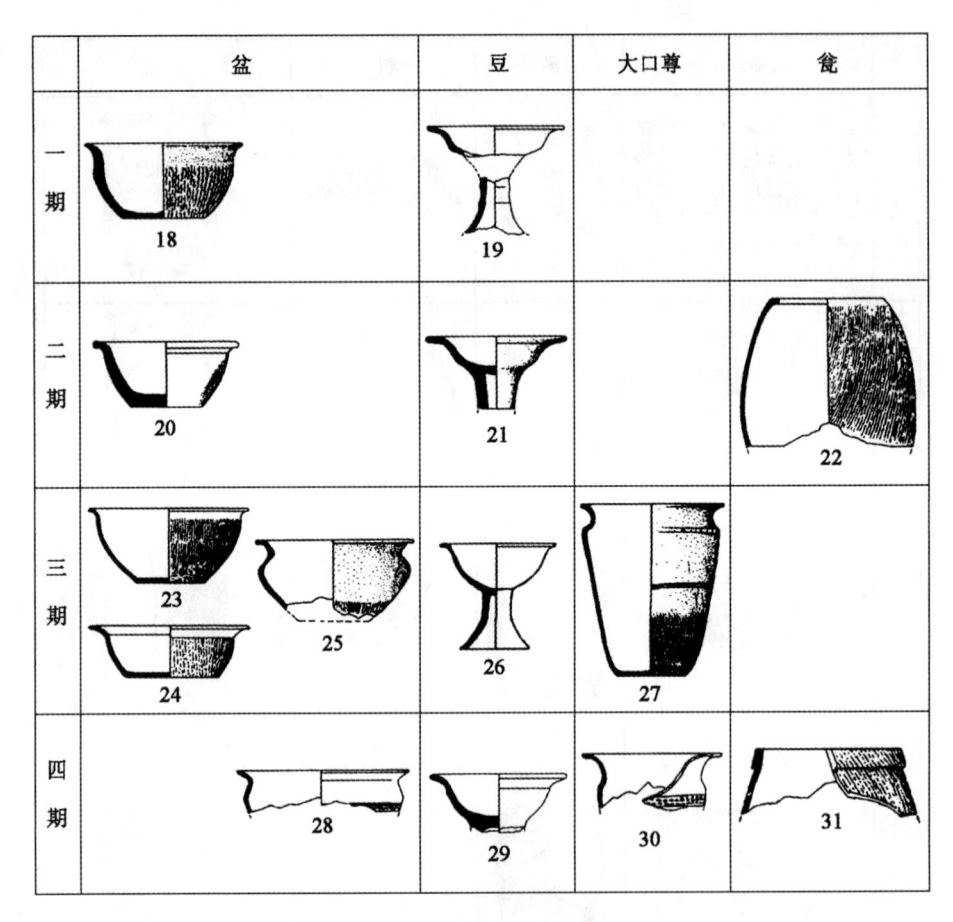

	盆	豆	大口尊	瓮
一期	18	19		
二期	20	21		22
三期	23 / 24	25 / 26	27	
四期	28	29	30	31

图 4—12　下七垣文化陶器分期图（之二）

（《中国考古学·夏商卷》）

18. 盆（下七垣 H12：848）　19. 豆（下七垣 T25④：1412、1411）
20. 盆（界段营 H8：6）　21. 豆（南三歧 T9①：2）　22. 瓮（下岳各庄 H23：19）
23. 盆（下岳各庄 H4：9）　24. 盆（何庄 H1：7）　25. 盆（下七垣 T11③：1404）
26. 豆（涧沟 T18③B：1）　27. 大口尊（鹿台岗 H9：9）　28. 盆（孝民屯 H301：7）
29. 豆（孝民屯 T301④：6）　30. 大口尊（梅园庄 T4⑥B：23）　31. 瓮（梅园庄 T3⑥B：24）

如前所述，自商契至成汤的商先公时期亦即自禹至夏桀的夏朝时期，所以夏文化的起止年代也大体上就是先商文化的年代范围。依据偃师商城"大灰沟"中相当于二里头第四期的早商文化的发现，使得夏代文化的结束和商代文化的开始已可推定在二里头文化第四期,而夏代文化的结束亦即先商文化的结束,既然作为先商文化的漳河型下七垣文化第一、二、三期是从二里头文化第二期开始与之平行发展,并相始终的,那么作为晚期夏文化的二里头文化第二、三期的年代也就是被目前学术界称为先商的下七垣文化的年代。

对于二里头类型文化的族属与夏代君王的对应关系,20 世纪 80 年代,李伯谦先生曾认为二里头类型是"后羿代夏"以后的夏文化[①]。应该指出李伯谦先生的这一判断是基于当时的碳十四测年的情况。如前所述,依据最新的碳十四测年数据,二里头第一期属于中期夏文化,二里头第二、三期属于晚期夏文化,这样,与二里头第二期相当的下七垣第一期,也就只能在夏代晚期的纪年内探寻它与商的先公先王的关系。

关于夏王与商先公的对应关系,今本《竹书纪年》说:"帝相十五年,商侯相土作乘马。""帝少康十一年,使商侯冥治河。""帝杼十三年,商侯冥死于河。""帝芒三十三年,商侯迁于殷。"(王国维疏证:"此因《山海经》引《纪年》'有殷王子亥',故设迁殷一事。")"帝泄十二年,殷侯子亥宾于有易,有易杀而放之。十六年,殷侯微以河伯之师伐有易,杀其君绵臣。""帝孔甲九年,陟。殷侯复归于商丘。""帝癸十五年,商侯履迁于亳。""帝癸三十一年,商自陑征夏邑。克昆吾。大雷雨,战于鸣条。夏师败绩……放之(桀)于南巢"。依据这些记载,约略可排出夏王与商先公年代对照表[②]:

```
禹——————————契
启
太康        昭明
中康
相——————————相土
羿          昌若
寒浞        曹圉
```

[①] 李伯谦:《二里头类型的文化性质与族属》,《文物》1986 年第 6 期。
[②] 参照韩建业《先商文化探源》(《中原文物》1998 年第 2 期)一文中的"夏王与商先公年代对照表"而略有调整。

少康――――――	冥
予（杼）―――	（冥）
槐（芬）	
芒――――――	振（王亥）
泄――――――	（王亥）
不降	微（上甲微）
扃	报乙
廑	报丙
孔甲	报丁
皋	主壬
发	主癸
履癸（桀）―――	汤（履）

夏王与商先公年代对照表
（横线表示文献中记载的夏王与商先公对应关系）

由上列对照表可知，夏的帝不降时期也就是商先公上甲微时期，所以自二里头文化第二期起，亦即自漳河型下七垣文化第一期开始的先商文化，很有可能只是商先公上甲微以来的文化遗存。也就是说，漳河型下七垣文化很可能只是先商的晚期文化。由前面章节的论述我们可以得知，王亥所居之地在殷，上甲微居邺，成汤所居之亳是河南内黄郼地之亳。这样，从居于冀南豫北古黄河中游地段的商先公冥至居于内黄郼亳的成汤，商族一直活动于冀南豫北地区，故分布于冀南豫北地区、典型的漳河型下七垣文化是上甲微至成汤时期以商族为主体所创造的文化。其中安阳至濮阳地区的漳河型下七垣文化，特别是在年代上与杞县鹿台岗接近的遗存，则应是汤居内黄郼亳时期的文化。而河南杞县鹿台岗遗址所代表的漳河型下七垣文化，特别是其晚期遗存，则应该是成汤与东夷联盟以及对"韦—顾—昆吾—夏桀"等国族进行征伐时所留下的文化。那么上甲微以前的先商文化，又应该是什么样的文化？

三 契至王亥时期的先商文化探索

确定商先公上甲微以前的先商文化，一是需确定契至王亥时期商族的活动地域；另一是在文化类型的特征上探寻该地域内早于下七垣文化的遗存与漳河型下七垣文化之间的联系。

上甲微之前的商先公，史书记载有七位，记有居住地点的有五位，即"契居蕃"（《世本》），"昭明居于砥石迁于商"（《荀子·成相篇》、《世本》），"相土徙商丘"（《世本》、《左传》襄公九年），"商侯冥治河"，"冥勤其官而水死"（《竹书纪年》、《国语·鲁语上》），"殷侯（王亥）迁于殷"（《竹书纪年》）。如前章所述，商契所居之蕃，亦即最早的商地，它是战国时的番吾，在古漳河边上，今河北磁县境，磁县一带的漳水地区是商族的发祥地。昭明所迁之砥石，应以丁山先生的考证为是，此砥石即泜石，是"泜水与石济水的混名"，古泜水、石济水所流经之地，约在今河北省石家庄以南、邢台以北的元氏县一带。昭明居于砥石，表明商族向北的扩展，其势力可达石家庄一带，只是昭明晚期又回到漳水地区的商地。相土所居之商丘在濮阳，由于相土的扩张，使商族的活动地域由冀南扩展到了豫北地区，此后的商侯冥和王亥也是活动于豫北冀南一带。①

商上甲微之前商族的活动地域确定之后，那么在北至河北石家庄、南到河南濮阳的范围内，在下七垣文化之前，有哪些文化类型能与漳河型下七垣文化有关联呢？由于我们在这一带尚未发现或尚未明确划分出相当于二里头文化一期和新砦期的遗址，故学者们在对漳河型下七垣文化探源时，每每与当地龙山时期的文化类型相联系。最早提出这一问题的是邹衡先生。邹先生在探寻"先商文化漳河型"的来源时曾提出它有三个主要来源："一是河北省的河北龙山文化涧沟型；二是山西省的河北龙山文化许坦型；三是山西省的夏文化东下冯型。"并特别强调说："若就地区而言，这三个主要来源中，有两个在山西省，因此在另一意义上又可以说，先商文化中的不少因素是从山西省来的"。② 邹衡先生在这里所说的"河北龙山文化涧沟型"，实际上是把河南省北部的安阳、辉县等地区也包括在内的③，所以后来一些学者就将此统称为"冀南豫北龙山文化"或用"后岗二期文化"来称呼之。但也有人认为冀南地区涧沟型龙山文化与豫北的后岗二期文化是不同的，应加以区

---

① 参见本书第一章"商族的起源及其早期迁徙"。
② 邹衡：《夏商周考古学论文集》（第二版），科学出版社 2001 年版，第 148 页。
③ 同上书，第 236 页。

别，因而在其所说的涧沟型龙山文化中是不包括豫北龙山遗存的。① 邹先生虽然对"漳河型先商文化"作了多方面的探源，但限于当年可资对比的材料不多，邹先生主要是对他所说的三个主要来源的河北龙山文化涧沟型作了较为详细的比较（见图4—13）②，至于二里头文化东下冯类型，今天看来，主要是与辉卫类型的文化（或称下七垣文化辉卫类型）互有影响，它与漳河型下七垣文化的关系实际上是较弱的。

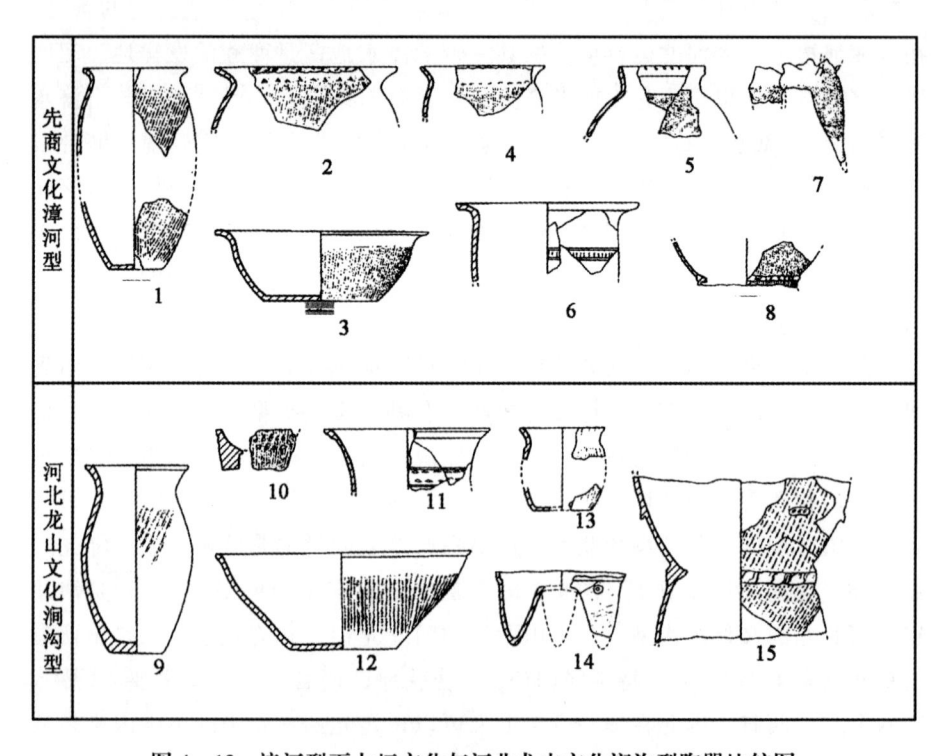

图4—13　漳河型下七垣文化与河北龙山文化涧沟型陶器比较图
（邹衡《夏商周考古学论文集》）
1、9. 夹砂橄榄形罐　2、8、15. 甗　3、6、12. 盆　4. 鬲　5. 瓮
7、14. 斝　10. 鼎足　11. 尊　13. 绳切纹罐
（7为邯郸龟台寺，余皆涧沟）

---

① 王立新、朱永刚：《下七垣文化探源》，《华夏考古》1995年第4期。
② 邹衡：《夏商周考古学论文集》（第二版），科学出版社2001年版，第146页，图十。

由于在漳河型下七垣文化中，鬲、夹砂有腰隔甗和橄榄形罐（或称深腹罐）是其主要特征，特别是鬲作为其最主要炊器，在下七垣文化与商文化的联系中占有重要地位，所以李伯谦先生在《先商文化探索》一文中，依据下七垣文化中大量存在的陶鬲，认为"位于太行山西麓的龙山期文化与其关系更密切。……这也许暗示出下七垣文化的主流是继承晋中龙山期文化逐渐发展而形成起来的"。① 就鬲的角度而言，许伟先生也曾指出"先商文化"的陶鬲是从晋中地区分化出去的。② 只是这种陶鬲，王立新、朱永刚两先生在《下七垣文化探源》一文中认为，它在下七垣文化中不出现于第一期，而出现于第二、三期，其理由是作为下七垣文化第一期的代表单位下七垣第四层没有鬲，李伯谦先生将徐水巩固庄采集的那件陶鬲归于下七垣文化第一期，没有地层上的证据，在晋中地区相当于二里头文化阶段的高领弧腹鬲才是"下七垣文化第二、三期大量见到的弧腹鬲的祖型"。以此为基础，尽管该文把下七垣文化分为六组器物群，但认为"A、B两群是下七垣文化中最主要的文化因素。其中A群应是冀南地区生长起来的本体因素，B群则是在第二期才大量涌入的来自晋中的异域文化因素，其他几群文化因素则处于从属的地位……所以，我们不能简单地认为它的主流是来自于山西境内。我们还应当承认它与本地区涧沟型龙山遗存有着较为明显的继承关系"。③

王立新、朱永刚两先生将整个下七垣文化划分出六组器物群，若从漳河型下七垣文化的视角而论，只是A、B两群与漳河型关系密切。而C、D两群主要出自辉卫型，F群出自保北型，所以自然不能依靠它们来探寻漳河型下七垣文化的来源。此外，关于漳河型下七垣文化中的陶鬲，李伯谦先生把徐水巩固庄采集的那件高领鬲依其形态特征划分为下七垣文化第一期，固然尚无地层上的根据，下七垣遗址第四层也无陶鬲出土，但是由于目前发现的属于漳河型下七垣文化第一期的遗存数量甚少，故下七垣文化第一期是否果真没有陶鬲，现在难以作出结论；还有，由于在冀南豫北地区尚未发现或至少还没有划分出相当于二里头文化一期乃至新砦期的遗存，所以，晋中地区的高领鬲与下七垣文化的关系，究竟是发生在下七垣

---

① 李伯谦：《先商文化探索》，《庆祝苏秉琦考古五十五年论文集》，文物出版社1989年版。
② 许伟：《晋中地区西周以前古遗存的编年与谱系》，《文物》1989年第4期。
③ 王立新、朱永刚：《下七垣文化探源》，《华夏考古》1995年第4期。

文化的第二、三期？还是发生在下七垣文化一期乃至相当于二里头文化一期的时期？都是需要今后探索的课题。就冀南地区与晋中、太原地区文化交往的关系而论，至少在龙山时代即已存在，邹衡先生曾指出山西光社文化许坦型与河北龙山文化涧沟型之间的影响①，也就是说，从龙山时期到下七垣文化时期，尽管中间尚有缺环，冀南与晋中及太原地区间的交流和往来一直在进行。

还有一种看法是对于漳河型下七垣文化中的甗和橄榄形罐从卷沿的角度追溯其来源，认为河北沧州地区任丘市哑叭庄一类遗址的龙山遗存是这类器物口沿的渊源，并进而提出漳河型下七垣文化是自上甲微开始至汤灭夏前的先商文化，此前的早期先商文化是河北境内的涧沟型和哑叭庄型龙山遗存，尤其是其后者。② 这一看法所考虑的一个重要因素是参考了丁山和赵铁寒两先生对于"契居蕃"的考证。丁山疑此蕃为亳的音伪，认为其地在今永定河与滱河之间③；赵铁寒认为契始居郰，即蓟，在今北京市区。④ 这一看法的论者认为丁、赵"二说近似，京、津、唐所在冀东北地区哑叭庄型龙山遗存恰好始于龙山后期，正与契的时代相合"。⑤ 然而，就契的居地而论，丁、赵两说未必可靠。如前所述，契所居之蕃和商族的发祥地就在今冀南磁县一带的古漳河地区，而非京、津、唐所在的冀东北地区。

通过上述分析可以看出，漳河型下七垣文化中的鬲，尤其是高领鼓腹鬲、蛋形瓮等，来自晋中地区；而夹砂有腰隔甗、橄榄形罐、卷沿深腹盆等来自涧沟型龙山遗存，但河北省的涧沟型龙山文化与晋中相当于二里头文化中、晚期的遗存，在年代上又有较大的距离，那么，漳河型下七垣文化究竟是在相当于二里头文化一期和新砦期的时候，由晋中地区的文化发展而来？还是先在冀南、后来扩展到豫北地区，由涧沟型龙山遗存（或者是由邯郸至磁县一带的龙山期文化遗存），并经目前尚有缺环的相当于新砦期和二里头文化一期的某类遗存发展而来？若是后者，还可以推测，在由邯郸磁县一带

---

① 邹衡：《夏商周考古学论文集》（第二版），科学出版社2001年版，第250—252页。
② 韩建业：《先商文化探源》，《中原文物》1998年第2期。
③ 丁山：《商周史料考证》，中华书局1980年版。
④ 赵铁寒：《汤前八迁的新考证》，《古史考述》，台北正中书局1956年版。
⑤ 韩建业：《先商文化探源》，《中原文物》1998年第2期。

的龙山期文化向漳河型下七垣文化一期的发展过程中，不断地有来自晋中地区的较强的影响，当然也有来自东夷和二里头文化方面的一些影响。对于前一种假设，我们虽然看到鬲等因素来自晋中地区，但在整体上我们还是看不出晋中地区某一类文化遗存就是漳河型下七垣文化的前身；对于后种假设而言，冀南豫北地区在时间上相当于二里头文化一期和新砦期时期的文化遗存，将成为问题的关键所在，遗憾的是目前我们在冀南豫北地区尚未发现或尚不能划分出这一时期的遗存。

在探讨文化的族属时是离不开该族活动地域的。先商前期自契至王亥主要活动于冀南豫北地区，其中以相土为界，又可分为两个阶段：契和昭明时期商族主要在冀南的漳河地区，昭明时期一度向北拓展到石家庄一带；相土居于濮阳的商丘，自此以后商族向南发展到了豫北地区。所以，契作为商族的发祥时期，从时空两项来考虑，应与龙山时代中、晚期的冀南漳河地区的文化类型相联系。龙山时代的中期和晚期，显然不是一个太短的时间段落，这是因为在先商的历史中，契的出现是与有娀氏简狄吞玄鸟卵而怀孕的神话联系在一起的，所以契的这段历史与契以后其他商先公的历史相比，其传说中的神话的性格要更浓一些。诚如张光直先生所指出："神话和历史确有一个最大的区别：即神话所代表的'时间深度'远比历史的为大。""历史"所要追寻的是"一个确定的时代"，而神话"自古十口相传"，它包含着一切"对过去的记录"、"对现在的说明"、"对未来的展望"。① 因而，契作为商族的始祖，虽然在商先公中只占据着一代，但由于其神话传说的性格更浓，其所代表的"时间深度"更大，故而在推定其为冀南漳河地区的某文化类型时，将它推定为龙山时代的中期至晚期这一较长的时间段内，也许更为合理。昭明时期，也许应与冀南地区（包括石家庄一带）相当于中原龙山文化晚期的文化相联系。相土至王亥时期，商族活动的中心地带在豫北，这一时期的先商文化应与豫北地区相当于新砦期及二里头文化一期的某类遗存相联系。基于以上的考虑，笔者认为涧沟型龙山文化或者说邯郸至磁县一带的龙山期文化是商族发祥期的先商文化，至于昭明至相土、相土至王亥时期的先商文化，目前尚未发现。

推定涧沟型龙山文化或邯郸至磁县一带的龙山期文化是商契时期即商族

---

① 张光直：《中国创世神话之分析与古史研究》，（台北）《民族学研究所集刊》，1959年。

发祥期的物质文化后，我们还可以此为基础，并结合古史传说对形成商族的两个主要方面的来源作一些推测。剖析古史传说，笔者认为构成商族的是简狄所代表的有娀氏与属于东夷的高辛氏，亦即商族是由北方的有娀氏与中原东部的高辛氏在漳水地区相融合而形成。① 田昌五先生也曾提出："先商文化既非东夷文化，也非戎狄文化，而是夷戎交合而成的戎商文化，即夷戎文化的共生体。尽管在这个共生体中，既有东夷文化的因素，也有戎狄文化的因素，但无论说它是东夷文化还是戎狄文化，都是不对的。"② 那么，有娀氏和高辛氏又是如何来到冀南漳水地区的？

有娀氏的居地历来有两说，一说在晋南的蒲州即今永济一带；一说在北方的不周山之北，即今山西北部、内蒙古岱海到河北北部、燕山南北乃至辽宁一带。对于这两说的取舍，笔者以为应参考龙山晚期涧沟型文化的特征。在涧沟型龙山晚期文化中可以看到有来自两个方面的明显的影响，一是来自山西太原、晋中地区的许坦型龙山文化的影响；另一是来自东夷文化的影响。对于来自晋中、太原地区的影响，邹衡先生曾将太原许坦遗址龙山时期的单柄鬲与邯郸涧沟遗址龙山期的单柄鬲做过比较。③ 根据近年发表的材料，在相当于龙山的时期，太原和晋中的遗址中各种形式的鬲颇为丰富，其中与涧沟型龙山文化相同或相似的单柄鬲占有一定的比例④，表明此时的太原、晋中地区与冀南地区的交往和影响是显著的。由此我们判断最初活动于山西北部、内蒙古岱海到河北北部、燕山南北的有娀氏，首先来到了太原和晋中地区，然后沿着清漳河和浊漳河水系，又从太原和晋中来到了磁县附近的漳水地区，此为简狄所代表的有娀氏；也许有娀族群中的另一部分人自太原、晋中地区继续南下，来到了晋南永济一带，从而流传下来"有娀当在蒲州也"的传说。

涧沟型（或邯郸至磁县一带）龙山期文化也受到山东龙山文化的

---

① 参见本书第一章"商族的起源"。

② 田昌五：《中华文化起源志》（《中华文化通志·第1典·历代文化沿革·中华文起源志》），上海人民出版社1998年版，第225页。

③ 邹衡：《夏商周考古学论文集》（第二版），科学出版社2001年版，第251页。

④ 国家文物局、山西省考古研究所、吉林大学考古系：《晋中考古》，文物出版社1998年版。

影响①,这大概就是商族作为夷戎共生体在考古学上的反映。据《左传》昭公元年,高辛氏之子阏伯曾迁于"商丘"。此商丘在濮阳。根据这一线索,我们认为作为东夷系统的高辛氏,最初从东方曾到过濮阳,然后又从濮阳北上来到磁县一带的漳水地区与有娀氏相合,因通婚而融合,形成了商族。

---

① 例如,除了邯郸涧沟水井 H6 的陶瓶与三里河大汶口文化晚期陶尊(M250:11、M288:11)相似外(参见韩建业《先商文化探源》,《中原文物》1998年第2期),磁县下潘汪遗址龙山文化遗存中Ⅰ—Ⅳ式鼎足,特别是所谓"鬼脸式"(实为鸟头形)鼎足,以及Ⅰ—Ⅳ式盆类器物等,也均与山东日照两城镇等地的山东龙山文化相近(参见河北省文管处《磁县下潘汪遗址发掘报告》,《考古学报》1975年第1期),这说明从大汶口文化晚期至山东龙山文化时期,冀南龙山期的文化一直受到来自东夷文化的影响,二者之间有着文化上的交往。

第五章

先商社会形态的演进

第一节　商契至王亥时期的中心聚落形态

一　"契为司徒"即"火正"之辨析

探讨先商时期的社会形态，主要依据的是商先公的一些传说和我们前面所推定的先商文化方面的考古学材料。而商先公的传说主要是他们的一些业绩，所以本章采用在叙述商先公业绩的同时分析其社会状况的方式，对先商时期社会形态的变迁作一些新的探索。

在古史传说中，商的始祖为契，契约略与虞舜、大禹处于同一时期。然而若考虑到在先商的历史中，契的出现是与有娀氏简狄吞玄鸟卵而怀孕的神话联系在一起的话，那么，契的这段历史与契以后其他商先公的历史相比，其传说中的神话的性格要更浓一些，因而这一神话所代表的"时间深度"远比契之后其他商先公的历史为大，故而我们在推测契时期的物质文化为冀南漳河地区的某文化类型时，是将它的时间推定为龙山时代的中期和晚期这一较长的时间段内的，即契时的物质文化应在考古学上冀南地区涧沟型龙山期文化（邯郸至磁县一带的龙山期文化）的范围内。这里我们以契约略与舜禹同时为前提，结合涧沟型龙山期文化的考古学资料，首先对契时商族的社会形态加以探讨。

《史记·殷本纪》说："契长而佐禹治水有功。帝舜乃命契曰：'百姓不亲，五品不逊，汝为司徒而敬敷五教，五教在宽。'"《殷本纪》的这段话来自《尚书·尧典》，《尧典》说帝舜在命"伯禹作司空"的同时又对契曰："契，百姓不亲，五品不逊，汝作司徒，敬敷五教，在宽。"按照《尧典》和《殷本纪》的这一说法，在尧、舜、禹时期，中原似乎已形成政治上大一统的一体格局，其中禹为司空，契为司徒，还有所谓"五品""五教"，等等。对此，田昌五先生曾指出："这里，显系战国时儒者之言，太史公因之，是不足取的。别说中国历史上的传说时代，就是夏、商、周三代，哪有什么'五品'、'五教'呢？"① 不但"五品""五教"在夏商周三代没有，就是"司徒"（司土）、"司空"之类官职在商代也是不存在的。那么，我们应如何看待"契为司徒"这一说法呢？在这里，问题显然有两个方面，一是《尧典》等篇中，确实含有战国时期的一些概念；另一是也有用战国时的语言对历史进行复述与概括的情况。困难的是我们究竟以什么为依据来判断哪些是战国时加进去的？哪些是自上古流传下来的？笔者以为，联系先商时期的另一些传说，可以作为我们进行判断和取舍时综合考虑的一个参考。在商契之前作为商族来源之一的高辛氏，据《左传》昭公元年，其子阏伯迁于商丘时，"主辰，商人是因，故辰为商星。"主辰就是主持对辰星即大火星的观测和祭祀。这种负责对大火星进行观测、祭祀乃至观象授时的也被称为"火正"，上古时期的火正也不限于高辛氏一族，颛顼②、祝融③和陶唐氏④等族中也都有火正。据《国语·楚语》火正的职务还"司地以属民"，为此，田昌五先生说"契为司徒，可能就是由此演绎出来的"⑤。田先生的说法是有道理的。在传说时代虽尚无"司徒（司土）"⑥，而却出现"司地以属民"的火正。当然，"火正"一语也不一定就是尧时的语言⑦，但联系《左传》《国语》中有关"火正"的一些记述，"火正"要比"司徒"更原始一些。火正祀大火，就是每年在大火星出现时举行隆重的祭祀，并以大火星的出现来纪年，即所谓以"火纪时"，一年的农事的开始也由此决定。可见，后世司徒所掌管的一些事情，在传说时代

---

① 田昌五：《中华文化起源志》(《中华文化通志·历代文化沿革典》)，上海人民出版社1998年版，第232页。

② 如《国语·楚语》说颛顼"乃命南正重司天以属神，命火正黎司地以属民……是谓绝地天通。"

③ 《左传》昭公二十九年："火正曰祝融。"《国语·郑语》："黎为高辛氏火正，以淳燿敦大天明地德，光照四海，故命之曰'祝融'。"

④ 《左传》襄公九年："陶唐氏之火正阏伯居商丘，祀大火，而火纪时焉。相土因之，故商主大火。"

⑤ 田昌五：《中华文化起源志》，上海人民出版社1998年版，第234页。

⑥ 司徒，在金文中作为"参有司"之一，写作"司土"。

⑦ 此为历史研究所同仁罗琨教授的意见，是有道理的。

是由火正职掌的。

　　传说时代的火正祀大火在考古学中是有发现的。我们说在山东大汶口文化的莒县陵阳河、大朱村、诸城前寨等遗址中曾发现"🔥"或"🔥"陶文，后来在安徽蒙城县尉迟寺的大汶口文化遗址中，在湖北石家河文化中也发现这样的陶文，在良渚文化的玉器和陶器上也有类似的符号和单纯的"火"符号。对此，笔者认为，在"🔥"、"🔥"、"火"诸形中，"火"是最基本最核心的符号。"🔥"符号的下部是"火"形，上部的"○"既可以释为"日"即太阳，也可以释为天空星星之"星"。如果释为"星"，那么它与"火"形的符号相结合，意为辰星"大火"即大火星；如果释为太阳，在这里，这个太阳也是天象或天的代表，从而整个图形意指的也是大火星，它表达了当时的人们对于星宿大火观察、祭祀和观象授时，而大汶口文化的这类图像在良渚文化乃至石家河文化遗址中一再出现，标志着对于辰星大火的祭祀和施行大火历的文化传统，从我国东部地区向外的传播，也说明负责祭祀"大火"和观象授时的"火正"早已出现。① 由于商族的一部分来源于东夷高辛氏，所以在先商时期已有火正一职和祭祀大火星的传统，契为先商初期商族的首领，在其所总领的诸多事物中，火正和对大火星的祭祀应该是其最重要的一项。

　　在古史传说中，契又被称为"玄王"。如《国语·周语》说："玄王勤商，十有四世而兴。"玄王即契，契至汤恰为十四世。《荀子·成相》也说："契玄王，生昭明，居于砥石迁于商，十有四世，乃有天乙是成汤。"称契为"玄王"即契被称为王，当然是春秋战国时期人的说法，而不能视为先商时期商人自己或他族对契的称呼，所以我们不能以此来说明契时商族中已有后世意义上的王、已存在王权，也不能说其社会形态已进入王国阶段。实际上，契被称为"玄王"所表达的应该是其在商族中并非普通的一员，而是先商最初的族长，亦即最高酋长的意思。这样，再联系前面所述"契为司徒"的说法有可能是由"火正"的职掌演绎而来的论述，我们可以对契时商族的情形做出这样的描述：当时在族内的身份地位上，至少存在族长即酋长与普通族众之间的等差，其最高酋长被后人称为"玄王"。契作为族长，亦即最

---

① 王震中：《试论陶文"🔥""🔥"与大火星及火正》，《考古与文物》1997 年第 6 期；王震中：《从符号到文字——关于中国文字起源的探讨》，《考古与文物研究》，三秦出版社 1996 年版；王震中：《良渚文明研究》，《浙江学刊》2003 年增刊。

高酋长，统领着族内的众多事务，也主管着最高的祭祀，其中依据商族的传统，对于辰星大火的观测、祭祀，以及通过对这种可称之为"大火历"的掌握而对于农事活动的安排等，都属于契的主要工作。

二 契至冥时期的社会分等与中心聚落形态

那么，对于由契所反映出来的先商初期的社会形态，我们应如何看待？以往一般依据契为商族的男性始祖以及契以后商的先公先王均为男性，从而认为先商时期是父系氏族社会。笔者以为，先商时期固然属于父系，但它已不是平等的父系氏族社会，而至少已进入弗里德（Morton H. Fried）社会分层学说中的"阶等社会"（rank society）① 乃至"分层社会"（stratified society），若用笔者所使用的术语则可称之为已进入"中心聚落"阶段。②

在欧美有关国家起源的研究中，塞维斯（Elman R. Service）的酋邦理论和弗里德的分层学说都是著名的。塞维斯的酋邦理论是依据社会组织形态把

---

① 对于弗里德的 rank 和 rank society 的汉译，最初多译为"等级"、"等级社会"。张光直先生还曾将之译为"阶层"（rank）和"分层社会"（ranked society）（见张光直《中国青铜时代》，三联书店 1983 年版，第 50 页）。也有学者认为把 rank、rank society 译为等级、等级社会不妥，故先是将其译为"级别"、"级别社会"，后又改译为"阶等"、"阶等社会"（见易建平《酋邦与专制政治》，载《历史研究》2001 年第 5 期；《约翰逊和厄尔的人类社会演进学说》，载《世界历史》2003 年第 2 期），主要是考虑到 rank 与欧洲中世纪的等级不同的是，rank 中不含有经济上的划分。rank society 在日语中曾被日本学者译为"地位社会"（见增田義郎《政治社会の諸形態——特に首長制社会・地位社会の概念について》，《思想》535 号，1969 年 1 月号），这主要是 rank society 说的是社会中身份地位的不同，所以，无论译为"等级"、"级别"还是译为"阶等"，都指的是身份地位上的等差和不同。这里为了引起人们对于这种细微差别的注意，暂且采用"阶等"的译法。至于张光直先生将之译为"分层社会"，似乎是把它与弗里德的 stratified society 合并的用法。而 stratified society 一般汉译为"分层社会"。然而在弗里德那里，rank society（阶等社会）与 stratified society（分层社会）是前后衔接而又有区别的两个发展阶段，分层社会（stratified society）指的是相同性别与相同年龄的社会成员，却不具有对于维持生活的基本资源的平等的占有和使用机会的社会。

② 王震中：《中国文明起源的比较研究》，陕西人民出版社 1994 年版。

社会划分为：游团（band）—部落（tribe）—酋邦①（chiefdom）—国家（state）四种类型及其依次演进的四个进化阶段。② 弗里德的社会分层理论是依据社会分层结构把社会划分为：平等社会（egalitarian society）—阶等社会（rank society）—分层社会（stratified society）—国家（state）四种类型及其依次演进的四个进化阶段。③ 对于塞维斯和弗里德的这两种划分，一些学者将它们作了相互的对应，其对应关系是④：

塞维斯	游团	部落	酋邦	国家
弗里德	平等社会	阶等社会	分层社会	国家

当然，关于二者的对应，塞维斯的意见是弗里德的"平等社会"等同于塞维斯的"游团和部落"社会；"阶等社会"大体等同于"酋邦"社会；"分层社会"是国家产生以后才出现的社会。而弗里德自己则认为"分层社会"是介于"阶等社会"与国家之间的一种社会，它先于国家而出现，或者说几乎与

---

① 将"chiefdom"译为"酋邦"，笔者认为是不妥的。因为在先秦文献中"邦"每每用于表示今之国家之意，如"周邦"、"小邦周"、"殷邦"、"大邦殷"、"多邦"、"庶邦"、"友邦"、"邦人"、"邦伯"等"邦"，都可用于表示国家这样的政治实体；先秦文献中的"邦"字可以与"国"字相互置换、通用。就像有学者用过"部落王国"一语一样，光看词语的表面，它究竟指的是部落还是王国，容易产生歧义。"酋邦"一词也是一样，说的究竟是酋长制社会还是邦国社会，词语本身上也容易引起误解。在日本语中，曾把"chiefdom"译为"首长制社会"，这一译法较"酋邦"一词就比较准确。所以，笔者建议将译为"酋邦"一词的"chiefdom"，改译为"酋长制社会"或"酋长制族落"简称为"酋落"。这样，原来称为"氏族"—"部落"—"酋邦"—"国家"，就可以称为"氏族"—"部落"—"酋落"—"国家"。只是，一个术语的使用尚需要约定俗成，为了在本书中不引起混乱，在这里我们暂且仍使用"酋邦"一词。

② Elman R. Service, *Primitive Social Organization: An Evolutionary Perspective*, New York, 1962.

Elman R. Service, *Origins of the State and Civilization: The Process of Cultural Evolution*, New York: W. W. Norton, 1975.

③ Morton H. Fried, *The Evolution of Political Society*, New York: Random House, 1967.

④ a. ［日］增田義郎：《政治社会の諸形態——特に首長制社会・地位社会の概念について》，《思想》535号，1969年1月号。

　　b. 易建平：《弗里德的政治社会演进学说》，《古代文明研究通讯》第16期。

国家一同出现。① 弗里德所说的阶等社会中的阶等，实属一种身份地位上的等差，这种等差每每又与血统世系联系在一起，从而发展出一种等级制的亲族制度，使得社会的每个成员与某个祖先的关系远近，成为阶等的重要的衡量因素。在现实中，酋长之所以具有特殊的身份地位，也是因其与祖先亦即神灵之间具有某种特殊关系的缘故，酋长往往是神灵特别是祖先神与该社会其他成员之间的中介，作为始祖嫡系后裔的酋长，因为祖先的崇高地位，而往往获得特殊待遇，本身被视为神圣，死后灵魂归化为神。② 但弗里德又认为这些阶等本身与经济生活是分开来的，它与经济意义上的分层或者说经济权力或者特权全然没有关系，在占有维持生活的基本资源方面，阶等社会与平等社会没有什么大的不同，实行的都是平等主义的方式③。这种阶等社会的进一步发展，就是分层社会。分层社会指的是相同性别与相同年龄的社会成员，却不具有对于维持生活的基本资源的平等的占有和使用机会的社会。也就是说，这种社会分层是与经济上的不平等联系在一起的，它类似于马克思主义理论中的阶级或阶层，但在国家产生之前它还不存在强制性的权力。这样，笔者所说的"中心聚落形态"④应相当于弗里德的"阶等社会"和"分层社会"的前段，或者相当于"酋邦"中的所谓"简单酋邦"和"复杂酋邦"⑤，也可以称为史前复杂社会。具体论到商契时期的商族，笔者以为其情形至少与弗里德所划分的阶等社会的后期大体吻合，因而笔者认为商契时商族的社会形态属于一种阶等社会，并且还处于由阶等走向分层的发展中，在当时的社会中，人们因身份的不同、与祖先神关系远近的不同而存在着地位上的等差和不平等，其中契作为族长亦即最高酋长，统领着族内的众多事务，也掌管着最高的祭祀，也许契活着时即已被视为神圣，其死后灵魂归化

---

① 易建平：《酋邦与专制政治》，《历史研究》2001 年第 5 期。
② 易建平：《弗里德的政治社会演进学说》，《古代文明研究通讯》第 16 期，2003 年 3 月。
③ 同上。
④ 王震中：《中国文明起源的比较研究》，陕西人民出版社 1994 年版。
⑤ 其实人们对酋邦的研究以及酋邦理论本身也在发展变化，例如作为早期的最著名的酋邦理论家塞维斯，并没有对酋邦作进一步的分类，到 20 世纪八九十年代，在厄尔（Timothy Earle）等人的酋邦研究中，不但提出了"复杂酋邦"的概念，还将酋邦在类型上作了进一步的区分，将其区分为：简单型、复杂型、等级型、非等级型、神权型、军事型、热带雨林型等。就简单型与复杂型而言，走向早期国家的应该是复杂型酋邦。

为神，在甲骨文中被称为"高祖夒"①而受到商族的祭祀。

在河北邯郸涧沟遗址的龙山期文化层中，曾出土有房基、陶窑、水井、丛葬坑、灰坑、陶器、石器（含有一些细石器）、蚌器、骨角器、卜骨、穿孔龟甲，以及牛、羊、猪、鹿、狗、獾、豪猪、豹、鳖、蚌、蛤蜊等动物遗骸。②在磁县下潘汪遗址的龙山期文化层中，出土有房屋、灰坑、陶器、石器（含有细石器）、骨器、蚌器和卜骨等，并发现两条壕沟。③由房屋、陶窑、水井以及石器中主要是磨制的石铲、石斧、石锃、石镰等农业生产工具来看，当时有稳定的定居生活，以农业生产为主。同时我们从涧沟型龙山文化遗址中每每出土一些细石器以及出土牛、羊、猪、鹿、狗等动物遗骸看，当时对畜牧和狩猎也是比较重视的。商契时期在以农业为主的同时，也比较重视畜牧业，这与后来的商王朝的商人既有发达的农业又有发达的畜牧业是一致的，也就是说商王朝对畜牧业的重视，在先商时期就有其历史传统。涧沟型龙山文化中出土卜骨，这一现象在其他类型的龙山期文化中也存在，这说明当时已较普遍地用占卜决疑。用兽骨和龟甲占卜这一习俗，先商与商王朝也是有联系的，至于是否像后来那样已形成一个"贞人"阶层，则尚无法确定。

邯郸涧沟遗址发现的丛葬坑和剥人头皮现象，是值得引起注意的。1959年邹衡先生在涮洗涧沟龙山文化人骨时，发现有几件头骨上有切割痕，当时怀疑是剥人皮，后经中国科学院古脊椎动物与古人类研究所鉴定，认为是剥人皮无疑。据分析，在涧沟龙山遗址中，总共发现9个人头骨，同层位或附近并未发现肢骨，其中4个有刀割痕，分别出于3个灰坑。因为有的是连皮肉切割的，说明不是当时人们拾到的骷髅；而有的头骨，其额结节下部的砍击痕是平行于眼耳平面围绕额骨一周，刚好揭去一个连有枕骨的顶盖，可以证明是从人体上砍下来的。对比民族志方面"猎取人头"或"剥人头皮"的材料，邹衡先生认为涧沟龙山灰坑中发现的这些人头骨，大概也是猎取来

---

① 参见本书第一章第一节。
② a. 北京大学、河北省文化局邯郸考古发掘队：《1957年邯郸发掘简报》，《考古》1959年第10期。
　　b. 河北省文化局文物工作队：《河北邯郸涧沟村古遗址发掘简报》，《考古》1961年第4期。
③ 河北省文物管理处：《磁县下潘汪遗址发掘报告》，《考古学报》1975年第1期。

的。① 不论是因对军事光荣和胜利品的追求，还是因为了举行原始的血祭而猎取人头和剥人头皮，都是野蛮残忍的，这一习俗使得本村寨、本氏族部落与外界时常处于对立纷争状态之中。

涧沟遗址的丛葬坑是一个圆形袋状坑②，坑口的口径1.37米，底径1.64—1.70米，坑深1.5米以上，坑口以下填土中夹杂有大量的红烧土块，其下发现10副人骨架，分三层，属于三次埋入。第一次埋下4人：3个成人，1个小孩。成人皆约30岁左右，2男1女。小孩约6—8岁。第二次埋下2人，都是男性。其一俯身，25—30岁。另一仰身，35—40岁，头骨上有6处伤痕，其中一处在前囟点处，似为不甚锋利的工具所砍，应为致命伤。第三次埋下4人：第一人为30—35岁的女性，作挣扎状；在此人骨腹部下有一堆小肋骨，似为胎儿。第二人为18—25岁的男性，俯身，头骨保留上缘部分，有火烧痕，左臂骨有缺损。第三人为8—9岁的小孩，俯身，枕骨上有火烧痕数处。第四人为小孩头骨。作为当年这一丛葬坑的清理者邹衡先生认为，从以上数具头骨有伤痕或火烧痕来看，这些人不会是病死的，而是被处死的，其中有1人可能是活埋。许多人被同时杀害，大概是由血族复仇之类的部落之间的战争所致，这种战争在当时是经常发生的，因此在居住区外围往往修建各种防御工事，例如磁县下潘汪龙山遗址发现的两条深陷的壕沟，正是为了防御侵犯的敌人。③

涧沟遗址丛葬坑被杀害的10人，确有可能是因战争俘虏而来的外族外部落之人，只是这些人究竟是一俘虏而来即被处死，还是俘获后过了一些时间才被处死，尚不得而知。若是后者，这些被俘获而至的人们，在被杀害之前，在涧沟聚落中应处于被奴役的地位。总之，涧沟遗址发现的剥人头皮、丛葬坑以及下潘汪遗址发现的用于防御的壕沟等现象，都说明当时部落与部落、族与族之间的冲撞和战争是经常发生的，这种战争不但是其后的邦国乃至王国形成过程中重要的机制之一④，也在阶等社会中对于社会等差的促进、酋长和军事将领地位的巩固诸方面，有其作用；对于社

---

① 邹衡：《夏商周考古学论文集》（第二版），科学出版社2001年版，第239页。
② 同上书，图版34。
③ 同上书，第238页。
④ 王震中：《炎黄尧舜时期的战争：早期国家形成的机制之一》，载刘正主编《炎黄文化与21世纪中国社会发展》，岳麓书社2002年版。

会由阶等走向分层,有推动作用。因为战争很容易使战胜者内部逐渐产生一个军功贵族阶等或阶层,它也能使战俘转化为奴隶,它不但在改变着原有的部落间的秩序,也在改变着战胜者内部的社会结构。所以,若涧沟型龙山文化是商契时期的先商文化,那它也有助于说明契时商族至少已进入阶等社会,或者是处于由阶等向分层的发展途中。

契子为昭明。文献中除了昭明居砥石外,无其他事迹可查。昭明居砥石,说明此时商族已由漳水流域发展到了石家庄以南、邢台以北的古泒水、石济水流域,所以昭明也是先商的一个发展时期。此外,商的先公即商族族长名为昭明,似乎告诉我们此时的商族崇拜光明和太阳。

在先商史中,昭明之子相土是赫赫有名的。相土的居地,本书第二章已考证为濮阳的帝丘亦即商丘。相土时期,商族活动的中心地带在豫北,这一时期的先商文化应与豫北地区龙山晚期的末期或相当于新砦期的某些遗存相联系,只是目前我们还没有发现或尚未划分出这一时期的先商文化。所以,关于相土时期商族的社会,只能依据文献加以考察。

《诗·商颂·长发》曰:"相土烈烈,海外有截。"这是说相土时期商族的活动空间得到了很大的发展。这里的海外,过去不少人认为指今东海、渤海之外,其实是一种误解。田昌五先生对此作了很好的辨析,他指出古以内陆湖泊为海,此海实指雷泽和巨野泽。如《战国策·赵策》苏秦说:"秦攻赵则韩军宜阳,楚军武关,魏军河外,齐涉渤海,燕出锐师以佐之。"这个渤海,以地望言之,当指巨野泽。《史记·河渠书》:"今天子(汉武帝)元光之中,而河决于瓠子,东南注巨野,流入淮泗。"《汉书·武帝纪》则作:"元光三年春,河水徙,从顿丘东南流,入渤海。"这个渤海就非巨野泽莫属了。巨野泽亦称东海,见于《史记·项羽本纪》。在楚汉战争中,刘、项在广武对峙,彭越驻军巨野,扰乱项羽后方,被项羽击溃。《本纪》说:"项王已定东海,来西,与汉俱临广武而军。"后来的《晋书·地道记》仍用此称:"廪丘者,春秋之齐邑,实表东海者也。"廪丘在今河南范县,东海分明是指巨野泽。所以,田先生说:"相土烈烈,海外有截",是说相土打到巨野以东去了。①

《左传》襄公九年:"陶唐氏之火正阏伯居商丘,祀大火,而火纪时焉。相土因之,故商主大火。"如前所述,火正的职掌是以"火纪时",即以每年

---

① 田昌五:《中华文化起源志》,上海人民出版社1998年版,第241—242页。

的大火星的出现来纪年;"祀大火",就是每年在大火星出现时举行隆重的祭祀。相土将其聚落中心迁到濮阳商丘后①,其历法依旧实行的是"大火历",他既是族长即最高酋长,也掌管着对大火星的祭祀,由于这是与一年的农事的开始有关的祭祀,所以是当时最重要的祭祀之一。这也说明当时的祭祀与管理是联系在一起的。相土的另一业绩就是《世本·作篇》所说的"相土作乘马。"乘马,即用马驾车。这件事,《荀子·解蔽》作:"乘杜作乘马。"王先谦注曰:"杜与土同。乘马四马也。四马驾车,起于相土,故曰作乘马。"《吕氏春秋·勿躬》进而讹为:"乘雅作驾。"许维遹《吕氏春秋集释》曰:"雅一作持,持杜声相近。持乃杜字之误,杜即相土。"联系商代以车为战的情景,相土发明的用马驾车是否即为战车,还有待于今后的考古发现来证实。总之,在先商前期,相土时商族的发展是显著的,只是其社会的复杂化程度还处于由"阶等"走向社会"分层",还属于笔者所说的"中心聚落形态"阶段或人类学上所划分的"酋邦"阶段。

相土以下二世——昌若和曹圉,无业绩可查。到曹圉之子冥时,《国语·鲁语上》说:"冥勤其官而水死。"冥所治的水,虽不一定就是治理黄河,但也应是与黄河有关的水域,若水不大,也不会因此而殉职。如第二章和第三章所述,上古时的黄河是走河北从天津入海,并不走山东境内,其中,由河南省的浚县至河北省的巨鹿大陆泽为南北走向,穿于安阳与内黄之间,自西而来的漳河、洹河都东注入黄河之中。冥所治理的与黄河有关的某一水域,其黄河的走向应该是豫北至冀南、由南向北流的这一段黄河。由于这一段黄河流域是当时商族活动的中心地带,它与商族的生活和生产息息相关,在商族人的心中,冥因治水而死是一位有大功于本族的人,因而被列入重要的祀典之中。如《国语·鲁语上》说:"夫圣王之制祀也,法施于民则祀之,以死勤事则祀之,以劳定国则祀之,能御大灾则祀之,能扞大患则祀之。非是族也,不在祀典。……故有虞氏禘黄帝而祖颛顼,郊尧而宗舜;夏后氏禘黄帝而祖颛顼,郊鲧而宗禹;商人禘舜而祖契,郊冥而宗汤;周人帝喾而郊稷,祖文王而宗武王。"《国语·鲁语》说商人"郊冥",《礼记·祭法》也说商人"郊冥",郊祀是一种祭天之礼,这意味着将冥配祀上帝②,可见在商

---

① 关于商丘在何地的考辨,参见本书第二章第二节。
② 田昌五:《中华文化起源志》,上海人民出版社1998年版,第242页。

人的传说中，冥具有重要的地位。

依据笔者的研究，冥与夏少康同时，少康时的夏文化是"新砦期文化"，而与新砦期相对应的先商文化，目前尚未发现或还没有辨认出来，所以，依据目前的考古发现，我们还无法分析商先公冥时期的社会形态。

三　王亥时期的社会分层与向邦国的转变

冥之子是王亥，其孙是上甲微，从冥经王亥到上甲微，是先商历史重要的转变时期。这一时期一个最大的事件是王亥宾于有易而被杀，对此先秦不同的典籍都有记载。如《竹书纪年》曰：

> 殷王子亥，宾于有易而淫焉。有易之君绵臣杀而放之。是故殷主甲微，假师于河伯以伐有易，灭之，遂杀其君绵臣也。（《山海经·大荒东经》注引）

再如《山海经·大荒东经》曰：

> 有困民国，勾姓而食。有人曰王亥，两手操鸟，方食其头。王亥托于有易、河伯仆牛。有易杀王亥，取仆牛。

还有《楚辞·天问》曰：

> 该秉季德，厥父是臧。胡终弊于有扈，牧夫牛羊？干协时舞，何以怀之？平胁曼肤，何以肥之？有扈牧竖，云何而逢？击床先出，其命何从？恒秉季德，焉得夫仆牛？何往营班禄，不但还来？昏微遵迹，有狄不宁。何繁鸟萃棘，负子肆情？眩弟并淫，危害厥兄。何变化以作诈，后嗣而逢长？

这三段材料讲的是一件事，可以相互印证。据王国维研究，《天问》中的有扈即有易，扈乃传写之误；该即王亥，甲骨文中即写作"王亥"或"高祖王亥"、"高祖亥"；恒乃王亥之弟，在甲骨文中也称"王恒"；季即冥也，《天问》曰："该秉季德，厥父是臧"，又曰："恒秉季德"，则该与恒皆季之子，季也见于甲骨文，当为王亥、王恒之父冥也；《天问》中的昏微即上甲微，有狄即有易也。①

《天问》中的恒即卜辞中的王恒，为王亥之弟，是没有问题的。但也有人根据《天问》"危害厥兄，何变化以作诈，后嗣而逢长"的语气，推测上甲微"当为王恒之子，不当为王亥之子"。② 胡厚宣在论证甲骨文中商族鸟图腾的遗迹时，举出一条王亥为上甲微之父的甲骨文，即曾著录于《殷墟卜辞》738 的祖庚祖甲卜辞："□□卜，王，贞其燎〔于〕上甲父〔王〕夒。"卜辞中王亥之亥，有时也写作夒，即加以鸟旁，胡厚宣先生认为这是商族以鸟为图腾的遗迹。③ 总之，这条甲骨文的提出，以确凿的证据证实了上甲微是王亥之子。此外，《山海经·大荒东经》和《楚辞·天问》中"仆牛"，《世本》、《吕氏春秋·勿躬篇》作"服牛"，《天问》有"该秉季德……胡终弊于有扈，牧夫牛羊"。仆、服、牧都是一声之转，指王亥牧牛羊。《管子·轻重戊》曰："殷人之王，立帛牢，服牛马"，也指此事。但王亥远到有易之地"仆牛"或"服牛"，并非一般意义上的畜牧牛羊。《竹书纪年》说他是"宾于有易"，《易经》旅上九"旅人……丧羊于易"，再联系《尚书·酒诰》"肇牵车牛，远服贾"的说法，王亥这种远距离旅行、宾于有易的"仆牛"，实际上是驾着牛车，载上货物，到有易去进行贸易。这样，综合上引三段材料，简单来说，这个故事是说：王亥驾着牛车，载上货物，赶着牛羊，到有易去进行贸易。同行的还有其弟王恒和河伯。④ 王亥与其弟王恒淫于有易之女，有易之君绵臣杀死王亥，夺取了牛车和货物。其后王恒得到了被夺取的"仆牛"，并继承了其兄王亥之位。上甲微为父报仇，假师于河伯攻伐有易，杀死有易之君绵臣。

---

① 王国维：《殷卜辞中所见先公先王考》，《观堂集林》卷九，中华书局 1959 年版。
② 吴其昌：《卜辞所见殷先公先王三续考》，《燕京学报》14 期，1933 年 12 月。
③ 胡厚宣：《甲骨文商族鸟图腾的遗迹》，《历史论丛》第一辑，1964 年。
④ 由《山海经·大荒东经》"王亥托于有易、河伯仆牛"以及《天问》"眩弟并淫，危害厥兄"可知，王亥宾于有易，其弟王恒和河伯是同行的。诚然，有的注疏把《天问》"眩弟并淫，危害厥兄"中的"眩弟"解释为上甲微诸弟，如林庚《天问论笺》曰："眩弟：指上甲微诸弟作乱，这里不止是一弟，故曰并淫。这并淫的诸弟也可能正是王恒之子，总之是一场王位之争。"但更多的解释则是把"眩弟并淫"中的"眩弟"解释为王亥、王恒兄弟二人，如袁珂《山海经校注》在解释《天问》中王亥被杀故事时说："末四句谴责王恒既与兄并淫，复以诈术危害其兄，其后嗣反而繁荣昌盛，足见天道之难凭也。"（袁珂：《山海经校注》，上海古籍出版社 1980 年版，第 352 页。）

但也有学者对王亥死因提出质疑。田昌五先生指出:"从材料上看,他初到有易时并未受到抵制,而是笑逐颜开地到达那里的,'丧牛于易'是后来的事。《易·旅》上九爻辞云:'鸟焚其巢,旅人先笑后号咷,丧牛于易,凶。'即指此事。如果说他到达后因淫于有易之女而被杀,则这种行为对于古人来说实在算不得什么。不宁唯是,古人还往往以此为荣呢!后来燕国还有一种习俗,有好朋友来时,主人便将自己的妻子让给他过夜,以示款诚。何况,王亥作为一方邦君,即使淫于绵臣之女,甚至'眩弟并淫',那双方结亲通好就行了,为何'有易之君绵臣杀而放之'呢?"为此,田先生作出了两种解释:"一种是:王亥与其弟恒带着商队到达有易,在有易境内有抢掠妇女的行为,被绵臣带兵攻击王亥,杀之。"他认为后来商朝众多的女奴就是抢掠而来的。"另一种是:王亥所淫确为绵臣之女,但不是一般的男女关系,也不是邦君之间的这类问题。而是王亥通过绵臣之女,谋取有易而有之。结果被绵臣发现,因而杀掉王亥,夺了他的商队。这种可能性很大,后来成汤灭夏桀前也采用了类似的手段。"①

罗琨教授也提出一种新的解释,她也认为所谓"因淫被杀"的说法是不符合远古道德规范和婚姻关系的,并提出《天问》"干协时舞"、"平胁曼肤"两句,"是对'夸富宴'盛大的礼仪歌舞和铺张的盛宴场面之描述",而有易为什么要这样款待王亥呢?"应该说乐舞盛宴是进行交易的一部分,有易款待的初衷也是为了交易的成功,只不过双方未能达成彼此满意的协定,利益的冲突将仇神召唤到了战场,引来牧童的行刺,有易牧竖乘黑夜对着床下了手后抽身走脱。从《天问》看,绝非出于一己嫉愤,而是有幕后指使者,即'有易之君'绵臣。"②

王亥之死,确实耐人寻味。如果说是"因淫被杀",那么王亥与其弟恒是"眩弟并淫",即兄弟俩"并淫",为何只是"危害厥兄"王亥?而其弟恒则安然无恙?不但如此,恒随即"得夫仆牛",即被有易之君绵臣夺得的"仆牛",又由恒得之③;并且还"往营班禄,不但还来"。"营班禄",有人解

---

① 田昌五:《中华文化起源志》,上海人民出版社1998年版,第244页。
② 罗琨:《殷卜辞中高祖王亥史迹寻绎》,《胡厚宣先生纪念文集》,科学出版社1998年版。
③ 《天问》中的"恒秉季德,焉得夫仆牛?"可以理解为:恒如果秉持季之德,怎能只是得到由王亥失去的仆牛而甘心,为何不为其兄报仇?

释："营，谋也。班，位。禄，食也。"①也有人解释说："班，颁布。禄，爵禄"，并引《尚书·尧典》"班瑞于群后"，说班瑞"实际上也就是'班禄'的意思。这里指王恒继位时往求大国的公认"。②也就是说，恒在其兄王亥被杀后，得到了一系列好处，并继位为君。从甲骨文中恒被称为"王恒"来看，王亥之后的继位者应该是恒。但与甲骨文中王亥受到隆重的祭祀相比，王恒的地位要低得多。从《天问》中屈原的那些质疑来看，王亥被杀，即使不是有易之君绵臣与王恒的合谋，也是得到恒的默许的。王亥带领着商队旅行到有易去做客、贸易，有易之君绵臣为何要杀王亥？这当然不会是因淫于其女，而应是感到了王亥的危险。这种危险，一是当时的商族在王亥的领导下，渐感强大，这对邻邦有易是不利的；二是诚如田先生所言，王亥通过绵臣之女，谋取有易而有之，结果被绵臣发现，因而杀掉王亥，解除危险。对于恒而言，其兄王亥被杀，自己正好继位为君，出于为自己谋取私利，他只是取回了被绵臣夺得的仆牛而已，并不谋求为其兄报仇，而且还"往营班禄"，即所考虑的仅仅是对其继承兄位而往求大国的公认。

从社会形态推移的角度看，王亥、王恒时期商族的社会大概是由中心聚落形态（相当于酋邦）向初始国家即邦国的过渡阶段。王亥之称"王"，不但见于传说的文献，也见于甲骨文。王恒其人，文献中只见于《天问》，但在甲骨文中也称为"王"。也就是说，王亥、王恒之称为"王"，与战国时人称契为"玄王"是不同的，这是商代商人自己对王亥和王恒的称呼，这种称呼的产生应该是在先商的王亥王恒时期。从政治身份地位上讲，随着"王"的称呼的出现，以王为核心的雏形性质的"王族"也会形成，这是一个最主要的贵族阶层，从而此时的社会结构已不是"阶等社会"，而应开始进入"分层社会"。为此，笔者赞成弗里德的看法，社会的分层出现于酋邦社会的末期或由酋邦向国家的过渡时期，并一直延伸到国家阶段以后。

王亥、王恒时商族的首领虽然称为"王"，但这时的"王"以及由此时一直到成汤之前商族的"王"，与成汤及成汤以后的商王是不同的。其不同点表现为：一、由于从王亥、上甲微到成汤之前的先商之"王"，只是王之雏形，故其王权也是一种萌芽状态的王权。二、这种萌芽状态的王权也只是体现在商族社会内部，并没有支配邻近的其他邦国或部落，也未形成其他邦

---

① 游国恩：《天问纂义》，中华书局1982年版。
② 林庚：《天问论笺》，人民文学出版社1983年版，第59页。

国或部落对自己的称臣、纳贡。三、对于商族来讲，王亥、上甲等首领或邦君的所在地，当然是本族的政治、经济、军事、文化、宗教诸方面的中心，但它与成汤以后商朝的王都既是本族的中心也是商势力所及的整个"天下"的中心，显然是不同，从而也就没有那种中央王国所具有的正统观念。为此，正像下面所要讲到的那样，笔者认为王亥、王恒为过渡期，王亥以后，自上甲微开始至成汤六世六代，先商的社会形态为邦国，在邦国内虽已产生萌芽状态的王权，但还不属于王国。成汤是由邦国向王国的过渡期。成汤建立商王朝以后，商的社会形态为王国形态，其国家结构为"复合型"国家结构。

此外，单就王亥时"王"的观念来讲，更多体现的是宗教性，这也属于雏形状态之王的一种表现。例如，在甲骨文中王亥之"亥"字，除了写作亥，有时从亥从鸟，有时从亥从隹，隹也是鸟。从隹的卜辞，可以举出《甲骨文合集》34294号卜辞："辛巳，贞王亥上甲即于河〔宗〕"（图5—1：1）。从鸟的卜辞，可以举出《合集》30447号卜辞："其告于高祖王亥三牛"（图5—1：2），这是在王亥之"亥"字上加以手执鸟形。这两种写法现都隶定作夒。这种在王亥之"亥"上，冠以鸟形的卜辞，胡厚宣先生先后曾举出10条，以此来论证早期商族以鸟为图腾。① 笔者以为由简狄吞玄鸟卵而生契的商族始祖诞生神话来看，在商族的历史上应该有过鸟图腾崇拜。但商族历史发展到王亥时，理应已越过了图腾崇拜阶段。而且无论是王亥之前的商先公，还是王亥之后的先公先王，都不见在其名号上冠以鸟形，只有王亥独树一帜。对此，除了从图腾的遗迹考虑外，还可以有两种解释。

第一种解释是：作为商的先公之一的王亥是一位来自东方崇拜鸟的外来人。《山海经·大荒东经》在讲到王亥时说："有困民国，勾姓而食。有人曰王亥，两手操鸟，方食其头。王亥托于有易、河伯仆牛。有易杀王亥，取仆牛。河念有易，有易潜出，为国于兽，方食之，名曰摇民。帝舜生戏，戏生摇民。"袁珂注引吴其昌的说法是："困民国"之"困"，乃"因"字之误，《海内经》说"有嬴民，鸟足，有封豕，""因民"、"摇民"、"嬴民"，一声之转。又说据《史记·秦本纪》，秦祖先之一的"孟戏"，"鸟身人言"而姓嬴，伯益（柏翳）之裔孟戏与舜之裔戏，为一人，从而可证成"困民"为"因

---

① 胡厚宣：《甲骨文商族鸟图腾的遗迹》，《历史论丛》第一辑，1964年版。胡厚宣：《甲骨文所见商族鸟图腾的新证据》，《文物》1997年第2期。

图 5—1　甲骨文中从"隹"和从"鸟"的王亥
（1.《合集》34294　2.《合集》30447）

民"之误，而"因民"、"摇民"即"嬴民"。① 袁珂先生的校注有可取之处，可是它也只解决了这段文字中王亥与鸟的关系方面的某些问题，在这里，无论"困（因）民国"是勾姓还是嬴姓，都与商族子姓是不同的。所以，《山海经·大荒东经》的这段文字，在叙述了王亥与鸟崇拜的关系（如"两手操鸟"等）以及王亥与有易的纠葛的同时，也告诉我们王亥似乎是非子姓族人。当然，也可以解释说文中的"勾姓"之"勾"字有误，或者干脆说文中"有困民国，勾姓而食"② 与下文"有人曰王亥"云云没有关系。只是这样做，其主观武断太明显了。此外，王亥在《天问》中被称为"该"③，而《左传》昭公二十九年曰："少皞氏有四叔：曰重、曰该、曰修、曰熙……世不失职，遂济穷桑。"杨伯峻注："此四叔疑少皞氏之弟辈。"在《左传》中"少皞氏鸟名官"（昭公十七年）也是著名的，所以从崇拜鸟这一角度着眼，

---

① 袁珂：《山海经校注》，上海古籍出版社 1980 年版，第 351 页。
② 袁珂注说"勾姓而食"是"勾姓，黍食"传写的讹脱所致。
③ 王亥一名，甲骨文、《古本竹书纪年》、《山海经·大荒东经》均作王亥；《楚辞·天问》作该，又作眩，云"该秉季德"，"眩弟并淫"；《吕氏春秋·勿躬篇》作王冰，云"王冰作服牛"；《世本·作篇》作胲，云"胲作服牛"；《史记·殷本纪》作振，云"冥卒，子振立"；《汉书·人表》作垓。

王亥是否即来自少皞氏四叔之一？然而少皞嬴姓，也非子姓。根据以上所述，我们可否怀疑王亥是来自崇拜鸟的东方部族之人？由于他是来自崇拜鸟的部族，其鸟为神鸟，故当他被推举为王时，其所具有的神力也与鸟密不可分，作为一种标志，在《山海经·大荒东经》中被描述成："两手操鸟"；在卜辞中有时在其名上冠以鸟形。

第二种解释是：王亥就是商先公冥（即甲骨文和《天问》中的季）之子，甲骨文已明确说他是上甲之父，并称他为商族的"高祖"，而且在甲骨文中，从王亥之子上甲开始，商先公先王的祀谱是连续而完备的，所以王亥绝非外族之人，《山海经·大荒东经》中的"有困民国，勾姓而食"之类说法，可以另作它解。在这里，王亥之亥之所以加上鸟形，是因为这时的"王"只不过是"玄王"，即具有玄鸟神性之王。我们说在商王朝的商王，从宗教的角度来看，其活着的时候，扮有人与祖神之中介的角色，其死后才升为神灵，具有颇大的神力，可以为害、作祟于时王、族人等。而王亥则与此不同，《大荒东经》说他"两手操鸟"，卜辞中他的名号上也冠以鸟形，这表明在商人的眼里，他活着的时候就具有玄鸟之神性，其死后则更不用说了。由此我们可以作出这样的推论：在商人看来，王亥是第一个被称为"王"的首领，但由于此时的"王"所具有的力量中，主要是继承了来自玄鸟崇拜的神性和神力，所以此时"王"的观念主要表现的是宗教性。在这里，我们暂以第二种解释为依据，总之想要说明的是王亥时期是一个过渡期，处于由中心聚落形态向邦国的过渡。

第二节　上甲微至成汤时期的邦国形态

一　从上甲微的继位看其权力的强制性

经王亥与王恒的过渡，商族自上甲微开始进入了初始国家即邦国阶段。作为中心聚落形态或酋邦与邦国的区别，在笔者看来，一是社会分层的出现；二是强制性权力的存在。[1]但由于社会分层在中心聚落形态的末期或由中心聚落向初始国家的过渡期即已出现，所以考察这一问题的关键还在于强

---

[1] 王震中：《文明与国家》，《中国史研究》1990年第3期；王震中：《中国文明起源的比较研究》，陕西人民出版社1994年版，第3、345页；李学勤主编：《中国古代文明与国家形成研究》，云南人民出版社1997年版，第7页。

制性权力这一方面。然而在先商的古史传说中，能直接说明强制性权力乃至权力问题方面的资料，基本没有，所以这里我们只能从自上甲微开始的一些其他方面的变化，来探讨这一问题。

首先，就上甲微的继位来讲，他是通过为父报仇才登上邦君之位的。在《楚辞·天问》中，王亥被有易之君绵臣杀死后，其弟王恒只是取回了被绵臣夺取的"仆牛"，并不谋求为兄报仇，他所考虑的是"往营班禄"，即对其继位"往求大国的公认"。① 如前所述，从甲骨文中"恒"也称王，并受到一些祭祀来看，王亥死后的继位者应是王恒。但王亥之子上甲微对此并不甘心，《天问》说"昏微遵迹，有狄（易）不宁"，昏微即上甲微，"遵，循；迹，行迹。这里指沿着王亥遇害的线索追究死因"②，有易从此感到不安。也就是说王恒要么是不知道王亥真正的死因，要么是知道而不说，而上甲微却非要弄个究竟。据今本《竹书纪年》，帝泄十二年，王亥宾于有易而被害，十六年上甲微以河伯之师伐有易。可见上甲微为其父王亥报仇，是五年之后的事情，亦即王亥被杀五年后，上甲微才弄清王亥的死因。接着，《竹书纪年》说，上甲微借河伯之师伐有易，并杀其君绵臣。《天问》在"有狄（易）不宁"之后讲到"繁鸟萃棘，负子肆情"。这两句历来难解，林庚解释说："繁鸟萃棘，犹后文之'苍鸟群飞孰使萃之'，指战场上勇士丛集，耀武扬威"，"负子，指上甲微"，"肆情，纵兵逞豪情"，因此这两句说的是上甲微攻伐有易时的士气、场面和大获全胜的情形。③ 上甲微之所以借河伯之师以伐有易，大概一是担心仅仅用商族的兵力还难以打败有易；二是当时上甲微所能调动的商族兵力也可能很有限。上甲微以河伯之师伐有易后，也即成为商族之邦君。罗琨教授依据这种权力的变化，认为上甲微是"商人国家的缔造者"④，联系后面我们所要讲的商人祭祀的祀谱正是从上甲微开始才完整而有序这一现象，罗琨教授这一观点显然是颇有见地的。

上甲微之所以能从王恒手中夺回君权，主要依靠的是对外战争和对军权的掌握，尽管发动这次战争打的是为王亥报仇的旗号。正像笔者曾论述过的那样，战争无论是在早期国家还是在其后的王权的形成过程中，都发挥过重

---

① 林庚：《天问论笺》，人民文学出版社1983年版，第59页。
② 同上书，第60页。
③ 同上书，第61页。
④ 罗琨：《殷卜辞中高祖王亥史迹寻绎》，《胡厚宣先生纪念文集》，科学出版社1998年版。

要的机制作用。①战争不但打破了原有族落之间的平等关系，它也使战胜者内部产生一个军功贵族阶层，加之战争所带来的战俘奴隶，这些都可以改变战胜者内部的阶层与阶级结构。上甲微正是通过对有易族的战争，使自己在商族中的军事实力得以加强，地位也大大提高，因而，在攻伐有易获胜之后，上甲微随即获得了邦君之位。上甲微的继位给人以军事强权感觉，上甲微之后商族内的权力系统，在宗教神权之中，自然也就含有强制性权力的色彩。

二　上甲六示祀谱与君位的世袭

其次，根据甲骨文，在商人的祭祀的祀谱中，无论是武丁时期对于直系先王的祭祀，还是祖甲以后的周祭，作为先王的首位都是从上甲算起的，而且从上甲起至大乙前的六世，既是直系先王的祀谱中所要祭祀的，也是周祭所要祭祀的。如"乙未酌㽅品上甲十，报乙三，报丙三，报丁三，示壬三，示癸三，大乙十，大丁十，大甲十，大庚七，燎三□，〔大戊□，中丁〕三，祖乙十，〔祖辛□〕"（图5—2，《合集》32384），这是祖庚祖甲时期对于直系先王祭祀的卜辞，辞中的上甲、报乙、报丙、报丁、示壬、示癸，就是上甲以下的所谓"六示"，大乙即成汤。再如"甲戌翌上甲，乙亥翌报乙，丙子翌报丙，〔丁丑〕翌报丁，壬午翌示壬，癸未翌示癸，〔乙酉翌大乙〕，〔丁亥〕翌大丁，甲午翌〔大甲〕，〔丙午翌外丙〕，〔庚子〕翌大庚。"（《合集》35406）这是周祭卜辞中对包括上甲以来六示在内的祀序的一种安排。另外，在周祭卜辞中有一种合祭多个先王的合祭卜辞，其所合祭的多个先王每每都写作"自上甲至于多后"，如"癸未王卜，贞酌彡日自上甲至于多后，衣，亡尤自畎？在四月，隹王二祀。"（图5—3，《合集》37836）这条卜辞研究者认为很可能是合祭上甲至康丁诸王的②，当然包括上甲六示。还有一条卜辞："丁酉卜，贞王宾㲋自上甲至于武乙，衣，亡尤。"（《合集》35439）明确地说"自上甲至于武乙"，上甲至示癸的六示自然也包括在其中。此外，在卜辞中有一种被称为"大御"的大型隆重的祭祀，也主要是用于自上甲的合

---

① 王震中：《祭祀、战争与国家》，《中国史研究》1993年第3期；王震中：《炎黄尧舜时期的战争：早期国家形成的机制之一》，载刘正主编《炎帝文化与21世纪中国社会发展》，岳麓书社2002年版。

② 常玉芝：《商代周祭制度》，中国社会科学出版社1987年版，第305页。

祭，如：

图 5—2 含有"上甲六示"直系先王祭祀卜辞（《甲骨文合集》32384）

图 5—3 "自上甲至于多后"合祭卜辞（《甲骨文合集》37836）

大御自上甲，其告于大乙，在父丁宗卜。
大御自上甲，其告于祖乙，在父丁宗卜。
大御自上甲，其告于父丁。
其大御王自上甲，盟用白豭九，下示𠂤牛，在大乙宗卜。
〔其大御王〕自上甲，盟用白豭九……在大甲宗卜。
其大御王自上甲，盟用白豭九，下示𠂤牛，在祖乙宗卜。（《屯南》2707）

也就是说，无论是对直系先王的祭祀、合祭，还是周祭，往往是自上甲祭起，其中周祭与非周祭，一般被看成是两个差异较大的祭祀类别。这正如伊藤道治先生所指出，在祖甲的某一时期获得确立的周祭，使得兄弟相继的所有商王都按其即位的顺序而得到的祭祀，这是与祖甲之父武丁时代只祭祀直系先王的原则有相当大差异的，如果说祭祀直系强调的是殷王室内的血统，那么周祭这样的祭祀则是对所有即了王位的先王加以重视的祭祀，也可以说是重视王统的政治性的祭祀。① 然而，这两种不同类别的祭祀却又都是自上甲微算起的，都将上甲、报乙、报丙、报丁、示壬、示癸六示包括在内的，所以，我们完全有理由认为，在商代的祀谱中，商人自己是把上甲以后的先王作为"有史"以来的历史对待的。这种祀谱实际上就是后来所谓"世系"、"谱系"的原型，鉴于商代时的谱系是从上甲开始才完整而有序，商人的"有文字记载的历史"亦即文明史，也应从上甲微算起。

说到上甲至示癸六世，王国维曾因上甲至示癸的庙号"与十日之次全同，疑商人以日为名乃成汤以后之事，其先世诸公生卒之日至汤有天下后定祀典时已不可知，乃即用十日之次以追名之"。② 王国维之后，也有学者承接王国维的说法，认为上甲至示癸六示"是武丁时代重修祀典时所定。……观于甲乙丙丁壬癸的命名次第，并列十干首尾，可知如此命名，实有整齐划一之意，不然，无论此六世先公生日死日，皆不能够如此巧合"。③ 于省吾先生认为：这种说法"有得有失。六示中上甲和三报的庙号，乃后人所追定。至于六示中示壬示癸的庙号，并非如此"。其理由是：一是示壬示癸这二示之前的庙号由于于典无稽可考，故后人有意识的排定为甲乙丙丁；二是示壬示癸的配偶妣庚和妣甲的日干并不相次，而且周祭中的先妣是自二示的配偶开始，"很明显，她们的庙号是根据典册的记载，绝非后人所追拟。因此可知，示壬示癸的庙号也有典可稽。"三是示壬示癸与上甲和三报之间上有戊己庚辛四个日干不相衔接，还不能说是完全的整齐划一。为此他提出"商代先公和先妣的庙号，自二示和二示的配偶才有典可稽"，我国成文历史的开始也始于商人先公的示壬示癸时期。④

笔者以为于省吾先生的考释是有道理的，上甲以下六示庙号的排定，人为的因素固然有，但它绝非向壁虚构，很可能的是经淘汰和筛选而确定了六

---

① [日]伊藤道治：《王权与祭祀》，载《华夏文明与传世藏书——中国国际汉学研讨会论文集》，中国社会科学出版社 1996 年版。

② 王国维：《观堂集林》卷九。

③ 董作宾：《甲骨文断代研究例》，载《中央研究院历史语言研究所集刊》外编第 1 种《庆祝蔡元培先生六十五岁论文集》（上册），1933 年 1 月。

④ 于省吾：《释自上甲六示的庙号以及我国成文历史的开始》，《甲骨文字释林》，中华书局 1979 年版。

世中有代表性的六位先王的结果。王国维虽然发现了卜辞中庙名与祭日之间的联系，但从上引的那段话中可以看出，他和董作宾先生都是主张庙号的天干乃生卒之日名的。若果真商王庙号的天干乃生卒之日名，而前后相连的六世先王的生卒之日是很难恰恰依照天干的顺序依次而成，那么上甲至示癸六示恰恰依了天干的顺序排列的情形，当然会得出王国维所说的这是成汤以后用十日之次序"以追名之"的结论。然而所谓庙号产生于生卒之日名的这种说法，是很难证明的。陈梦家先生曾举出武丁卜辞所见称父的天干庙号有：父甲、父乙、父丙、父丁、父戊、父己、父庚、父辛、父壬、父癸、〔父甲〕、父乙，即武丁诸父自父甲至父癸都有。到了武丁之子祖庚、祖甲卜辞，武丁十二父只剩了甲、丙、戊、庚、辛、乙，称之为祖。到了廪辛没了祖丙、祖戊，只剩下了甲、庚、辛、乙，即曾及王位的阳甲、般庚、小辛、小乙。也就是说，武丁诸父原来至少有名甲至乙十二人，到了廪辛及其以后只剩了甲（阳甲）、乙（小乙）、庚（般庚）、辛（小辛）四名，其中所缺的乃是后来被淘汰去了的。为此，陈梦家先生说："由上可证卜辞中的庙号，既无关于生卒之日，也非追名，乃是致祭的次序；而此次序是依了世次、长幼、即位先后、死亡先后、顺着天干排下来的。凡未及王位的，与即位者无别。"① 笔者以为陈梦家先生的这一说法是有道理的，也即先王的天干庙号原本是在商王族各世代诸位祖先中依了世次、长幼、即位先后、死亡先后、顺着天干排下来的，其中自大乙成汤以后诸王的天干庙号之所以并非依次排列，是后世淘汰前世，逐渐被淘汰的结果。那么，上甲至示癸六世的庙号又何以是按着天干次序排列？这应该是六世中每一世只取了一位祖先作为代表并以天干为次序排列的结果。笔者认为，六世中只留存了六位父死子继的祖先，可以视为是一种淘汰和筛选，参照大乙成汤以后父死子继与兄终弟继并存情形，上甲至示癸这六世也应有兄终弟继的君主存在，被淘汰去了的正是兄弟相继的即位者，也就是说这六世中每一世只取了一位祖先作为代表，每一位代表一世，这样一种淘汰和筛选确实有人为的因素，而这六位祖先的庙号又是依了天干的顺序排列，也属于一种人为的排列。所以笔者认为上甲至示癸六世，从天干庙号的次序上讲，是有人为的因素，但六世的存在却应是事实，并非向壁虚造。

于省吾先生所提出的示壬示癸配偶的问题，是有说服力的。在商代的周

---

① 陈梦家：《殷虚卜辞综述》，中华书局1988年版，第405页。

祭卜辞中，上甲至示癸六世中的示壬、示癸的法定配偶是妣庚、妣甲，如"庚申卜，贞王宾示壬奭妣庚壹，亡尤。甲子卜，贞王宾示癸奭妣甲壹，亡尤"(《合集》36184)。示壬的配偶妣庚、示癸的配偶妣甲也见于武丁时卜辞，只是武丁时代对于先王之配偶尚不称奭，而是或称母或称妻或称妾，如"辛丑卜，王夕坐示壬母妣庚犬，不用"(《合集》19806)、"贞坐于示壬妻妣庚……"(《合集》938)、"癸丑卜，王宰示癸妾妣甲"(《合集》2386)、"贞来庚戌坐于示壬妾妣……"(《合集》2385)。示壬配偶妣庚和示癸配偶妣甲存在于卜辞之中，而且妣庚和妣甲的日干并不相次，这两点在说明妣庚、妣甲的庙号绝非追名，而是原本就有的同时，也告诉我们其夫示壬、示癸的庙号也应是原本就有的。示壬示癸之前的上甲、报乙、报丙、报丁四王配偶的庙号所以未见到，可能是武丁以来她们的庙号已无从稽考的缘故，这也反映了商人实事求是的态度，这种态度有助于说明上甲至示癸六王庙号代表了六世的真实性。

  商代的祀谱就是后来所谓的世系之谱，或者反过来说后来的世系之谱起源于早年的祀谱。如果说上甲微之前商族的首领是由推举而产生的话①，那么自上甲微起商族中王族的祀谱完整而有序，似乎说明其君位的继承已在王族的范围内开始世袭，尽管其继位的方式也许是父辈与子辈相继和兄弟相继两种形式相并存。② 君位代表一种权力，权力的世袭与权力带有强制性是联系在一起的。特别是周祭这样的祭祀是对即了王位加以重视的祭祀，也就是重视王统的政治性的祭祀，在这样的祀谱中，祭祀起自上甲微，不也可以说明先商时期出现某些强制性的权力是从上甲微开始的吗？

  从考古学上看，如果说下七垣一期文化是商先公上甲微和报乙、报丙时期的物质文化的话，那么下七垣二期文化则有可能是报丁和示壬、示癸时期的文化，而下七垣三期文化则应为成汤灭夏之前后的文化。下七垣文化第一

---

  ① 究竟是否经所谓议会由推举而产生，既无材料可证明，也无反证材料。

  ② 所谓父辈与子辈相继，是说继位的子辈与死去的君主之间的关系不限于肉亲的父子关系，在卜辞中存在着多父、多妣、多母等情形，所以卜辞里的父、兄、母等称呼有时是作为一种类别称呼而存在的。参见伊藤道治著、江蓝生译：《中国古代王朝的形成》，中华书局2002年版，第96页注49。

期的遗址发现甚少,出土的遗物也不多。据《磁县下七垣遗址的发掘报告》[1],下七垣文化一期的遗存,在陶器上可以看到二里头文化即夏文化的影响,说明二者是有交往的;在石器方面,由镰、斧等农业生产工具反映出农业生产是主要的;出土的三块卜骨,全为兽骨,骨料未加整治,只有灼痕,可知其有占卜的传统,但不甚精致。所以目前发现的下七垣文化第一期的遗存,对于我们分析先商时期的社会形态,尚不能提供更多的信息。

属于下七垣文化第二期的遗址有河北磁县界段营 H8、H11[2]、石家庄市内邱南三坡[3]、邢台葛家庄先商文化第一段遗存[4]、河南杞县鹿台岗 H39 所代表的鹿台岗第一期偏早遗存[5],等等。由于这些遗址都是一些普通聚落遗址,所以从出土的情况看,当时一般人居住的是半地穴式房屋,使用的主要是陶器、石器、骨器、蚌器,也发现有残铜刀之类的小件铜器和卜骨。目前已有的考古发现提供不了这一时期商族的社会组织结构和权力结构这方面的情况。

属于下七垣文化第三期的遗址有河北磁县下七垣遗址上层[6]、磁县下潘汪[7]、邯郸涧沟、邢台葛家庄先商文化第二段遗存、河南杞县鹿台岗 H35 和 F1 所代表的鹿台岗第二期遗存,以及安阳至濮阳、滑县乃至郑州一带的一些遗存。这些遗址也多为普通聚落遗址,很难显示当时商族社会发展所达到的高度,只有郑州一带作为成汤灭夏前夕商人的重要军事重镇,提供了一些信息。如 1998 年郑州商城的考古工作者在商城内城的东北内侧发掘的宫殿遗存中,有些地层关系是二里岗下层的基址下仍有多层夯土基址,这说明有的宫殿的兴建和废弃在二里岗下层二期以前至少已经历三次,其最早的可早到成汤灭夏前的先商时期。还有,位于商城东北部、被称为 W22 的夯土基

---

[1] 河北省文物管理处:《磁县下七垣遗址发掘报告》,《考古学报》1979 年第 2 期。

[2] 河北省文物管理处:《磁县界段营发掘简报》,《考古》1974 年第 6 期。

[3] 唐云明:《河北境内几处商代文化遗存记略》,《考古学集刊》第 2 辑,中国社会科学出版社 1982 年版。

[4] 郭瑞海、任亚珊、贾金标:《邢台葛家庄先商文化遗存分析》,《三代文明研究》(一),科学出版社 1999 年版。

[5] 郑州大学文博学院等:《豫东杞县发掘报告》,科学出版社 2000 年版。

[6] 河北省文物管理处:《磁县下七垣遗址发掘报告》,《考古学报》1979 年第 2 期。

[7] 同上书,《考古学报》1975 年第 1 期。

址，现发现长度约 110 米，宽约 8 米，主要为基槽部分，它有可能为一小段早期城墙基础或大型夯土基址的回廊部分。从打破它的灰坑的出土物的年代判断，这段基址的年代要早于二里岗下层一期①，从而也有可能属于汤灭夏前的先商时期。这些都说明成汤从内黄或其附近的郼亳出发，在其四处征战中来到郑州一带后，在这里建有宫殿乃至城邑，以此作为灭夏的前沿重镇，而此时郑州南关外下层和化工三厂 H1 之类遗存中所包含的东夷岳石文化因素，又说明跟随成汤来到郑州一带的还有商的东夷盟军。总之，郑州一带先商时期商人所建的宫殿乃至小的城邑可以在某一侧面说明当时商的社会发展所达到的某种高度。

第三节　成汤时期由邦国向王国的转变

一　成汤时期的对外战争、宗教祭祀与王权

从文献上着眼，商族自上甲微开始进入初始国家即邦国后，历经报乙、报丙、报丁、示壬、示癸，到了成汤时期，商族又经历了一个重要的转变，即在这一时期，成汤通过战争征伐和宗教祭祀这两个重要的机制，使原处于雏形或萌芽状态的王权获得了长足的发展，并随着对夏王朝的推翻和取而代之，商族实现了由邦国走向王国的转变。

说到成汤，留在先秦文献中记载最多的是"汤居亳"，如《墨子》的《非命》、《非攻》，《孟子》的《滕文公》，《荀子》的《正论》、《王霸》，《管子》的《轻重》，《战国策》的《楚策》，《逸周书》的《殷祝》，《吕氏春秋》的《慎大》等篇，都说到汤居亳。《尚书·书序》和《史记·殷本纪》还说："汤始居亳，从先王居。"成汤所居之亳，依据第三章的考证，就是《吕氏春秋》所说的"郼薄（亳）"，地在殷都安阳东边的内黄或内黄靠近濮阳的地方。汤居亳的考订只是确定了亳邑的空间位置，而亳邑对于商人由邦国走向王国所发挥的政治、军事方面的作用，还有待于进一步的阐述。《吕氏春秋》曾说过郼亳的重要性，如《具备篇》言："汤尝约于郼薄矣，武王尝穷于毕裎矣。"高诱注："薄或作亳。"《慎势篇》又曰："汤其无郼，武其无岐。贤虽十全，不能成功。"高注："郼岐，汤武之本国，假令无之，贤虽十倍，不

---

① 袁广阔：《关于郑州商城夯土基址的年代问题》，《中原文物考古研究》，大象出版社 2003 年版。

能以成功。"也就是说，郼薄即郼亳对于成汤来说，就像岐地的周原对于周武王一样，都是十分重要的。这种重要性除了说它是入主中原、取代前一王朝之前的"本国"外，还告诉我们与商先公先王其他居地相比，汤所居之亳有军事上的意义。

甲骨文和金文中的"亳"字（图5—4）①，像城堡之上筑有台观、城堡之下生有草丛，为此丁山先生说："亳字，正像小城之上筑有台观，所以保障人物安全的。然则，汤之居亳，殆即城主政治的开始，也是殷商文化划时代的标志。"② 目前我们虽然在内黄及其附近尚未发现先商晚期的城邑遗址，但甲骨文"亳"字字形已告诉我们，商族在其邦君所在地筑城或者是在城堡之上筑有台观，始于成汤所居之亳，这自有其军事和政治上的意义。

图5—4 甲骨文和金文中的"亳"字
（高明《古文字类编》）

---

① 高明：《古文字类编》，中华书局1980年版，第405页。
② 丁山：《商周史料考证》，中华书局1988年版，第27页。

成汤以内黄郼亳为根据地,在灭夏的战略经营中,对外既有联合亦有征伐。据研究其联合结盟的对象,有伊尹所代表的有莘氏①,以及"有缗"、"有仍"、薛、卞等其他东夷诸国②,《左传》昭公四年所说的"商汤有景亳之命"之景亳,即习惯上所说的"北亳"(春秋时宋国之亳邑),就是成汤与东夷诸国会盟之地。成汤所征伐的夏的与国,最著名的当然是《诗经·商颂·长发》所说的韦、顾和昆吾。不过《孟子·滕文公下》还说"汤始征,自葛始,十一征而无敌于天下"。可见《商颂·长发》所列举的只是被商汤征伐的诸国中三个有代表性的夏的与国而已。可以毫不夸张地说,在成汤灭夏、由邦国走向王国的过程中,虽有利用夏朝内外矛盾,以及网罗诸如伊尹之类杰出人才和与东夷诸国结盟等一系列谋略手段,但作为这一过程的一个极其重要的方面是通过逐渐扩大的对外征伐的战争中完成的。如前所述,战争在由中心聚落形态(含有初步不平等的阶等社会乃至分层社会)向初始国家(邦国)的演进中,就曾发挥过重要的机制作用,战争在由邦国走向王国的过程中也依然发挥着重要的机制作用。③ 就成汤时期的战争而言,首先,被成汤所征伐的诸国,每每是夏的与国或附属国,成汤对它们的征伐,打破了这些原臣服于夏王朝的小国与夏的结构关系,使得作为征服者的商与被征服者之间有可能建立一种新的纳贡宾服关系。这样,因征战所产生的商与其被征伐国的这种关系,改变了上甲微以来商族中处于萌芽状态的王权只是体现在商族社会内部的状况,原本萌芽状态的王权在成汤身上获得了极大的发展,开始向外扩张,即开始支配邻近的其他邦国或部落,形成某些邦国或部落对自己的称臣、纳贡。其次,战争使战胜者内部产生一个军功贵族阶层,同时也带来了战俘奴隶。《国语·周语下》太子晋曾说,自九黎、三苗至夏商时期,那些被灭的国族,往往是"人夷其宗庙,而火焚其彝器,子孙为隶"。也就是说,征服战争它能带来战俘奴隶,因而它不但改变了原有的部族间的秩序,也改变了战胜者内部的阶级结构。作为因军功而上升的军功贵族阶层,其最高的顶点依然是商王成汤,因为王权中包含着军事指挥权,战

---

① 晁福林:《夏商西周的社会变迁》,北京师范大学出版社 1996 年版,第 76—77 页。
② a. 田昌五、方辉:《"景亳之会"的考古学观察》,《夏商周文明研究》,中国文联出版社 1999 年版。
　　b. 张国硕:《论夏末早商的商夷联盟》,《郑州大学学报》2002 年第 2 期。
③ 王震中:《邦国、王国与帝国:先秦国家形态的演进》,《河南大学学报》2003 年第 4 期;王震中:《良渚文明研究》,《浙江学刊》2003 年增刊。

争在产生军功贵族阶层的同时，也使王权获得了加强和发展。

成汤时期第二项变化就是通过宗教祭祀使王权得到发展。《孟子·滕文公下》说："汤居亳，与葛为邻。葛伯放而不祀，汤使人问之曰：'何为不祀？'曰：'无以供牺牲也。'汤使遗之牛羊，葛伯食之，又不以祀。汤又使人问之曰：'何为不祀？'曰：'无以供粢盛也。'汤使亳众往为之耕，老弱馈食。葛伯率其民，要其有酒食黍稻者夺之，不授者杀之。有童子以黍肉饷，杀而夺之。《书》曰：'葛伯仇饷'，此之谓也。为其杀是童子而征之，四海之内皆曰：非富天下也，为匹夫匹妇复仇也。汤始征，自葛载（始），十一征而无敌于天下。"由这段传说可以看到，成汤对祭祀是何等的重视！就连邻国葛伯不祀，他又是馈送牛羊，又是使亳众为之耕种，最后还为此而出兵征伐葛国，并由此而一连征伐了十一个邦国，那么成汤在其本国对于宗教祭祀的高度重视显然是不言而喻的。据《尚书·汤誓》，成汤在伐夏时所作的战争动员说到："有夏多罪，天命殛之……予畏上帝，不敢不正。"从中我们可以看出，在成汤和当时人的观念里，商及其盟军对于夏桀的征伐是奉上帝之命，是替天行道，是为宗教神鬼所驱使，是非常正当的行为。借用上帝和宗教的力量来作战争动员，也说明宗教祭祀在当时政治生活中具有何等重要的意义！在《墨子·兼爱下》、《吕氏春秋·顺民》、《尚书大传》、《淮南子·主术训》、《说苑·君道》等典籍中，都讲到汤灭夏后天下大旱。如《尚书大传》说，为了求雨，"汤乃翦发断爪，自以为牲，而祷于桑林之社"，再如《吕氏春秋·顺民》曰："昔者汤克夏而正天下，天大旱，五年不收。汤乃以身祷于桑林，曰：'余一人有罪，无及万夫。万夫有罪，在余一人。无以一人之不敏，使上帝鬼神伤民之命。'于是剪其发，磨其手，以身为牺牲，用祈福于上帝。民乃甚说，雨乃大至。则汤达乎鬼神之化，人事之传也。"这里的"余一人"的称谓，也出现在殷墟卜辞商王的自称之中，据吾师伊藤道治先生的统计，从第一期至第五期有 11 例①。其中《英国所藏甲骨集》第 1923 条卜辞云："癸丑卜，王曰贞：翌甲寅乞酻晵自上甲至于后，余一人亡祸？丝一品祀。在九月。荓示癸袁夒。"在此辞中，诚如伊藤先生所指出，其祸被认为集于余一人即王之身，说明殷王统治的世界是由王一人来

---

① ［日］伊藤道治：《王权与祭祀》，《华夏文明与传世藏书——中国国际汉学研讨会论文集》，中国社会科学出版社 1996 年版。

体现的。① 也就是说，由《吕氏春秋·顺民》和卜辞中的"余一人"可知，从成汤时期的商初到武丁乃至帝辛时期，商王既是世俗权力的集中体现者，是政治领袖，也是群巫和祭司之长，是神与人的中介。王权中含有浓厚的神权，或者说神权实为王权的体现，也有力地说明对于最高神灵和王族祖先神灵的宗教祭祀的独占，是王权获得发展和加强的又一机制。为此，笔者认为从王亥、上甲微开始出现的萌芽状态的王权，到了成汤时期又因对外征战和宗教祭祀的缘故而获得了进一步的发展，从而再次证明笔者曾提出的这样一个观点，即王权有三个来源与组成：王权有源于宗教祭祀权的一面，也有源于军事指挥权的一面，还有源于族权的一面，这三个方面的发展构成了王权发展的三个重要机制②，而成汤时期商的王权的发展，特别是商对于夏的取代，使得自上甲微至成汤的作为初始国家——邦国的商，转变成了具有天下共主结构的王国的商。

二 族落、邦国与王国的多层次结构

总括上述，自商契至成汤，商族社会形态的推移，经历了由中心聚落形态走向邦国（初始国家）再走向王国这样三个演进阶段。这三个阶段中的后两个阶段，都属于国家形态的范畴，只是邦国为初始的国家，或可称为早期国家③，处于小国寡民的状态，邦国的进一步发展是王国和王朝。王国以后，通过专制主义的中央集权走向了帝国。这样，在笔者所提出的中国古代作为国家形态演进的邦国—王国—帝国三个阶段中④，商族在成汤前和成汤后就经历了邦国与王国两个形态。

---

① ［日］伊藤道治：《关于天理参考馆所藏第二期祭祀卜辞之若干片——兼论第二期周祭之社会的宗教意义》，《殷墟博物苑苑刊》创刊号第156页；伊藤道治：《王权与祭祀》，《华夏文明与传世藏书——中国国际汉学研讨会论文集》，中国社会科学出版社1996年版。

② 王震中：《祭祀·战争与国家》，《中国史研究》1993年第3期；王震中：《中国文明起源的比较研究》，陕西人民出版社1994年版，第350—374页。

③ 笔者所使用的"早期国家"的概念与谢维扬先生在《中国早期国家》一书中所使用的"早期国家"的概念有所不同，他所说的中国的早期国家是指夏商周春秋战国时期的国家，以与秦汉以后的国家相区别。笔者所说的早期国家是指最早的国家形态，也称之为初始国家，即王国之前的邦国形态的国家。

④ 王震中：《邦国、王国与帝国：先秦国家形态的演进》，《河南大学学报》（社会科学版）2003年第4期；又载于《中国社会科学院古代文明研究中心通讯》第7期，2004年1月。

邦国较史前的"中心聚落"形态（亦即人类学中所说的"酋邦"），其最显著的区别是强制性权力机构的出现，而邦国与王国的区别不仅在于王权，更主要的是夏商周三代时期的以王国（王邦即王畿）为核心的王朝（或可称为"王朝国家"）在政体结构上是一种"复合型国家"。[1] 一般来说邦国可以没有王权或仅有萌芽状态的王权，商族的情况就是因王亥、王恒时开始有王称而出现王的雏形，自上甲微以后产生萌芽状态的王权。但真正的王权是邦国中强制性的权力经过一个发展过程后，进一步集中的体现，它不但支配着本邦即王邦，也支配着附属之邦，有"天下共主"之地位。只有真正的王权的出现才使得权力系统呈现出金字塔式结构。在王国和王朝中，君王位于权力的顶点，王与臣下的差别是结构性的、制度化的，而且无论是由商还是由夏和周诸王朝的情况来看，这种王权还是在家族或宗族的范围内世袭的。由于王权的世袭性、结构性和制度化，才形成了王朝或王权的"正统"意识和"正统"观。在以王国为核心的王朝中，这种王权不仅仅行使于王的直辖地的王邦（王畿），也行使于王朝中的其他庶邦即属邦。在复合型国家结构的王朝国家中，王为"天下"共主，王所直辖的王邦亦即所谓的"王畿"，为"天下"之中央，我们可以称之为中央王国，属于"国上之国"；臣服或附属于王邦的其他众邦，属于"国中之国"，它们既非王朝的地方一级的行政机构，亦非主权完全独立的国家，由于"天下"共主的王权的存在以及这些庶邦的服属的性质，使得这些庶邦就成了主权不完整之邦。所以，由"国上之国"与"国中之国"共同组成的夏商周王朝国家即夏商周三代王朝，区别于它之前的作为初始国家的邦国的最显著的特征之一即在于复合型的国家结构。

与夏相比，商族无论是进入邦国还是进入王国和王朝，都要相对的晚一些。不仅在时间上晚，而且商在走向邦国乃至王国的过程中是受到夏的影响的，从这个意义上讲，夏王朝为原生形态亦即原始性的王朝国家，商则属于

---

[1] "复合制国家结构"这一概念已见于周书灿《中国早期国家结构研究》（人民出版社2002年版）一书，但他仅将之用于西周王朝，他认为夏、商时期还只是"共主制政体下的原始联盟制的国家结构"（第85页）。而笔者认为，夏商周三代都属于"复合型国家结构"，夏商周三代的区别只是在于其"复合型国家结构"的发展程度不同而已。这种复合型国家结构的王朝，就是所谓"天下共主"的结构，它是由王邦与众多庶邦组成的，因而是复合型的，就像数学中的复合函数一样，函数里面套函数。

进一步发展了的王朝国家，也就是说作为复合型国家结构，商的发展程度比夏要高一些。到了西周时期，由于分封邦国已成为一种制度，不但有"畿外"（王畿之外）诸侯，也明显地存在"畿内"（王畿之内）诸侯，因而其复合型的国家结构获得了高度的发展，可以说西周属于最典型、发展程度最高的复合型国家。笔者曾分析指出，在夏王朝之前的龙山时代的早中期，我国的黄河与长江流域地区处于诸邦国与诸族落①相互林立的状态，当时众多族落与小国错综杂处，分立各地，夏王朝之所以能在诸族落与小国中崛起，就在于中原地区为四方会聚之地，也是诸族落邦国冲撞最激烈之地，这一方面使中原地区容易吸收四方不同的文化和文明的因素，另一方面也使中原成为战争和冲突最显著的地区，这样的地理条件决定了这一地域的对外战争远较其他地区激烈和持久，战争使得邦国中萌发状态的王权获得了发展，这种王权不但支配本邦，而且还建立了"天下"（即"王朝"）共主的制度和体制，促使了由邦国走向王国与王朝国家，这就是作为第一个王朝亦即原生形态的夏王朝诞生时的环境与机制。②

　　位于中原的夏王国和王朝是在与周围的诸邦国或其他族落的冲撞与竞争中崛起的，而夏王朝的建立又对诸邦国走向王国的发展速度有某种程度的抑制作用。何以言之？因为夏王朝的建立，也就在天下建立了一种新的秩序，这就是《礼记·礼运》所说的"家天下"，用我们今天的话讲，就叫多元一体的政治格局，它一方面要求王权在王族中世袭，另一方面也把夏王国（王邦即王畿）与诸邦国之间的不平等纳入了礼制的范畴，夏王国为了维持自己政治中心的地位，也为了维护天下的安宁和秩序，并不希望各地的方国即邦国的实力和其政治权力结构获得太大的发展。这种对以夏王国为中心的"家天下"（夏王朝）新秩序的维持，就客观上是对诸方国迈向王国步伐的抑制。然而，抑制只能减缓发展的速度，并不能完全阻止诸方国某个邦国走向王国。在夏代后期，作为方国的商，就是通过推翻夏王朝，取而代之，成为新的中央王国，建立了新王朝。需要指出的是，夏朝晚期时，在诸方国即诸邦中意欲灭夏的也许不止是商国一个，但成汤的商国肯定是其实力最为强大者。此外，中央的夏王国对其属邦乃至各地其他方国的发展有抑制意图，但

---

① 主要指尚未进入邦国、处于中心聚落阶段或部落阶段的族落共同体。
② 王震中：《邦国、王国与帝国：先秦国家形态的演进》，《河南大学学报》（社会科学版）2003 年第 4 期。

与中央王国有关系、有交往的诸邦诸方国乃至部落，在其发展过程中又不可能不受中央王国、中原地区的影响，为此我们说，商王国和商王朝的出现，商取代夏，显然是在夏王朝的影响下进行的。后来的周取代商王朝，也同样是在既被其抑制又受其影响的过程中，与当年的商有过同样的经历，走过了同样的轨迹。

以商王的王权和复合型结构为特征的商王朝，在政治体制上属于君主制政体。这种君主制政体的权力结构是以王权为顶点而相对集中的。如前所述，无论是从《吕氏春秋·顺民》中成汤自称的"余一人"，还是从卜辞中其他商王自称的"余一人"来看，商王统治的世界是由王一人来体现的，在商的王权中，集中有族权、军权和宗教祭祀权。然而，在早期历史的条件的限制下，当时的王权又是不能和后来的专制君主拥有绝对和无限的权力相比拟的。对此，笔者曾作过一些分析[1]，概括地讲，首先，当时的王权是通过神权来表现的；商王是通过卜问祖先神和上帝、自然神来行事的。这就是所谓"国之大事，在祀与戎"中的"祀"。所以，无论是殷墟遗迹中的人殉与人牲，还是甲骨文中的人牲，都不能简单地归结为是专制君主的残暴，而是一种宗教行为，是其所谓宗教祭祀的需要。其次，当时的王权受习惯法和传统礼制的约束，也就是说，君王必须遵循祖先留传下来的传统习惯和逐渐形成的礼制进行统治和支配民众。如若违反礼俗制度而自行其是，独断专行，便被视为不合法度，是暴君所为。第三，当时的王权在不同程度上受到其他力量的制约。如商代初年"伊尹放太甲"于桐宫，而在殷墟甲骨文中对伊尹有很高的祭祀，即说明了伊尹的地位和历代商王对伊尹的崇敬。伊尹原为有莘氏之媵臣，因商汤与有莘氏联姻，伊尹得以入商为相，协助成汤处理军政大事。伊尹能放太甲于桐宫，足以说明商初辅政大臣和"母党"力量之强大。从盘庚迁殷的《盘庚》篇中也可以看到贵族对君王的牵制力量。《盘庚·下》的讲话对象是"邦伯、师长、百执事之人"，《盘庚·上》的对象是"在位"者，与《盘庚·下》的对象同属贵族之列。这两篇的要旨都是劝贵族们不要助长以至煽动众民对于迁殷的不满情绪。在《盘庚·上》的最后，盘庚要求贵族们做好各自的一方之长，努力工作，听他一人的命令。他重申赏善罚恶，要求贵族们认真办事，恪守职责，说话适当，否则就要受罚，后

---

[1] 王震中：《邦国、王国与帝国：先秦国家形态的演进》，《河南大学学报》（社会科学版）2003年第4期。

悔莫及。从这些话中，我们可以看到君权即王权是在贵族之上的。但《盘庚》篇中也说到"古我先王，亦惟图任旧人共政"，就是说，商王一向有与"旧人"即旧臣、世袭贵族共政的传统。在殷墟卜辞中，既有商的先王与旧臣"合祀"的情形，也有单独祭祀旧臣的情况。这是因为能够作祟为灾于商王的，不仅有商的先公先王，还有与先公先王一起共政的旧臣。这些旧臣是有力量的。总之，我们既不能把当时王权下的君主制政体理解为后世的专制主义，也不必把对王权的某些制约因素的存在，生硬地解释成国家的民主政体。

后 记

本书作为中国社会科学院重大项目——十一卷本《商代史》中的第三卷,其初稿于2004年即已完成,当时是与《商代都邑》合在一起,作为《先商文化与商代都邑》的前半部分来撰写的。当时课题组的考虑是:商族有"前八后五"的迁徙(即先商时期的八次迁徙和进入商代后的五次都邑迁徙),故而产生把二者放在一起作为一卷的内容来撰写的计划。后来考虑到先商的社会文化与商代的都邑毕竟是两个相对独立的内容,而且这两部分内容的量都很大,为此征得出版社的同意,将原来的《先商文化与商代都邑》分为两卷,形成了作为本书的《商族起源与先商社会变迁》与作为另一卷的《商代都邑》这样两部专著。

由于十一卷本《商代史》是集体项目,每卷写作进度不一,而出版社的计划是各卷全部完稿后一起出版,故本书2004年交稿后,被搁置了三四年。在等待出版的这几年中,河南登封王城岗、新密新砦、偃师二里头等遗址最新的碳十四测年数据,相继在考古发掘报告和《考古》杂志中得到发表,从而使得我们对二里头文化一至四期是否都属于夏代文化以及它们属于夏代什么时期的文化?不得不有一些新的考虑;以此为参照系,对于漳河型下七垣文化究竟属于先商什么时期的文化,它与商的哪些先公相对应?不得不作出新的推断。为此,本书最后的定稿与2004年的初稿相比,在《先商的文化与年代》这一章中有较大的修改,特别是增写了《夏文化分期与夏商划界之新说》一节,并对漳河型下七垣文化与商先公的对应关系作了新的调整。

在本书的写作过程中，时常受到先秦史研究室以宋镇豪主任为首的许多同仁的关心和帮助，也得到贤妻王馥凝的鼎力支持，此外，中国社会科学出版社的黄燕生主任作为本书的责任编辑，为本书付出了许多辛劳，在此一并深表谢意！

2008 年 8 月 5 日于中国社会科学院历史研究所